全国高等院校财经管理类创新规划教材
江西科技师范大学教材出版基金资助

技术经济学

——技术经济理论与方法——

汤新发 编著

中国商业出版社

图书在版编目(CIP)数据

技术经济学:技术经济理论与方法/汤新发编著
. -- 北京：中国商业出版社，2021.10
ISBN 978-7-5208-1795-0

Ⅰ.①技… Ⅱ.①汤… Ⅲ.①技术经济学-研究生-教材 Ⅳ.①F062.4

中国版本图书馆 CIP 数据核字(2021)第186270号

责任编辑:李 飞 蔡 凯

中国商业出版社出版发行
010-63180647 www.c-cbook.com
(100053 北京广安门内报国寺1号)
新华书店经销
北京广达印刷有限公司印刷

*

787毫米×1092毫米 16开 17印张 350千字
2021年10月第1版 2021年10月第1次印刷
定价:68.00元

* * *

(如有印装质量问题可更换)

编委会成员

编　著：汤新发

编写人员：周　荣　蒋　冲　黄　磊
　　　　　钟　甜　徐　倩

前　言

　　信息技术的发展推动教学智能化发展，使教学资源和教学过程进入全新的数字化时代，数字化赋能教学成为新时代高等教育显著特征。一方面，数字化提升了教师课前、课中、课后驾驭课堂的能力，使老师有更多的时间用于学生能力提升的教学设计；另一方面，数字化也提升了学生获取知识的途径，使学生可以轻松便利通过网络获得所需知识。早在 2018 年，教育部就明确指出课程是人才培养的核心要素，提出"两性一度"的教学要求。所谓"两性一度"，即高阶性、创新性、挑战度。所谓"高阶性"，就是知识能力素质的有机融合，是要培养学生解决复杂问题的综合能力和高级思维。所谓"创新性"，是课程内容反映前沿性和时代性，教学形式呈现先进性和互动性，学习结果具有探究性和个性化。所谓"挑战度"，是指课程有一定难度，需要跳一跳才能够得着，对老师课前备课和学生课后学习有较高要求。适应"两性一度"高等教育改革要求，我们编写了这本教材，做了以下工作

　　第一，对技术经济学课程的教学内容进行梳理。把传统教材里包含的内容进行了分拆，以便使本书更加精简适用。我们精选七部分内容分章节陈述，以期读者对技术经济学的理论体系有个较好的理解。

　　第二，结合当前中国经济社会发展需要，在第七、八章重点介绍了技术选择、技术创新、技术创业的相关理论知识，以期提升本书的高阶性。

　　第三，建设有技术经济学精品在线开放课程，以期让线上、线下教学有机融合，为混合式教学改革创造条件。

　　本书的编写由汤新发博士负责完成，周荣、蒋冲、黄磊等老师参与了本书相关章节的编写，硕士生钟甜、徐倩等也做了大量工作，最后由汤新发老师总纂并定稿。由于作者水平有限，编写中难免有少量错误，请读者批评指正，以便今后进一步完善。

　　本书的出版获得江西科技师范大学教材出版基金和江西省教育厅科技项目（项目编号：GJJ180610）资助。

汤新发
2021 年 7 月于南昌

目 录

前言 ··· 1
第一章 绪 论 ·· 1
1.1 科学、技术与工程 ·· 1
1.1.1 科学 ·· 1
1.1.2 技术 ·· 2
1.1.3 工程 ·· 3
1.2 技术与经济的关系 ·· 3
1.3 技术经济学的基本概念 ·· 4
1.3.1 技术经济学的概念 ·· 4
1.3.2 技术经济学的研究对象 ···································· 4
1.3.3 技术经济学的研究内容和特点 ······························ 7
1.3.4 技术经济学的产生与发展 ·································· 8
1.3.5 工程项目管理人员应具备的技术经济学知识 ·················· 11
1.4 技术经济分析的基本要素 ······································ 12
1.4.1 投资 ·· 12
1.4.2 成本 ·· 20
1.4.3 营业收入与税费 ·· 27
1.4.4 利润 ·· 29
1.4.5 技术经济分析要素间的关系 ································ 30
【习题】 ·· 31
第二章 资金时间价值计算 ·· 32
2.1 资金时间价值计算 ·· 32
2.1.1 资金时间价值 ·· 33
2.1.2 利息与利率 ·· 35
2.1.3 单利 ·· 39

2.1.4　复利 ·· 40
2.2　资金时间价值计算公式 ·· 43
　　2.2.1　资金时间价值的计算 ··· 43
　　2.2.2　年金终值与现值的计算 ·· 44
2.3　名义利率与实际利率 ·· 52
　　2.3.1　周期利率（计息周期实际利率） ··· 54
　　2.3.2　名义利率 ··· 54
　　2.3.3　实际利率（年实际利率） ··· 54
　　2.3.4　实际利率的重要意义 ··· 58
【习题】 ··· 59

第三章　财务分析 ·· 62

3.1　项目财务分析概述 ··· 63
　　3.1.1　财务分析的概念 ·· 63
　　3.1.2　财务分析的内容 ·· 63
　　3.1.3　财务分析的步骤 ·· 64
3.2　财务效益与费用估算 ·· 65
　　3.2.1　财务效益与费用估算的基本问题 ··· 65
　　3.2.2　财务效益与费用的估算 ·· 67
3.3　项目盈利能力分析 ··· 73
　　3.3.1　盈利能力分析概述 ··· 73
　　3.3.2　盈利能力分析报表的编制 ··· 74
　　3.3.3　项目财务盈利能力评价 ·· 84
3.4　项目偿债能力分析 ··· 89
　　3.4.1　偿债能力分析概述 ··· 89
　　3.4.2　偿债能力分析报表的编制 ··· 93
3.5　财务生存能力分析 ··· 93
　　3.5.1　财务生存能力分析概述 ·· 93
　　3.5.2　财务生存能力分析报表的编制 ·· 96
【习题】 ··· 97

第四章　评价理论工具 ·· 98

4.1　技术方案经济效果评价的内容与方法 ·· 98
　　4.1.1　技术方案经济效果评价的内容的确定依据 ·························· 98
　　4.1.2　技术方案经济效果评价的方法 ·· 102

  4.1.3 技术方案经济效果评价的内容 ……………………………… 105
 4.2 投资回收期 ……………………………………………………… 108
 4.3 财务净现值 ……………………………………………………… 113
 4.4 财务内部收益率 ………………………………………………… 115
 4.5 基准折现率的测定 ……………………………………………… 119
 4.6 众筹项目融资 …………………………………………………… 124
 【习题】 ……………………………………………………………… 126

第五章 评价实践 …………………………………………………… 129
 5.1 财务评价 ………………………………………………………… 129
  5.1.1 项目财务评价概述 ………………………………………… 129
  5.1.2 净现值法 …………………………………………………… 130
  5.1.3 内含报酬率法 ……………………………………………… 131
  5.1.4 获利指数法 ………………………………………………… 133
 5.2 国民经济评价 …………………………………………………… 134
  5.2.1 国民经济评价概述 ………………………………………… 134
  5.2.2 经济效益与费用分析 ……………………………………… 136
  5.2.3 国民经济评价参数 ………………………………………… 136
  5.2.4 经济费用效益分析 ………………………………………… 141
 5.3 社会评价 ………………………………………………………… 142
  5.3.1 项目社会评价概述 ………………………………………… 142
  5.3.2 项目社会评价的内容 ……………………………………… 143
  5.3.3 项目社会评价的方法 ……………………………………… 144
 5.4 风险评价 ………………………………………………………… 146
  5.4.1 项目风险分析概述 ………………………………………… 146
  5.4.2 不确定性分析 ……………………………………………… 148
  5.4.3 项目风险的概率分析 ……………………………………… 150
 5.5 项目后评价 ……………………………………………………… 152
  5.5.1 项目后评价概述 …………………………………………… 152
  5.5.2 项目后评价的内容 ………………………………………… 153
  5.5.3 项目后评价的方法 ………………………………………… 154
  5.5.4 项目后评价的组织与实施 ………………………………… 155
 【习题】 ……………………………………………………………… 156

第六章　价值工程 ································· 158
6.1　价值工程基本原理 ····························· 158
6.1.1　价值工程的概念 ·························· 158
6.1.2　价值工程的计算公式和特点 ·················· 161
6.2　价值工程的工作内容和工作步骤 ······················ 163
6.3　价值工程对象选择与情报收集 ······················· 166
6.3.1　分析对象选择原则 ·························· 166
6.3.2　分析对象选择方法 ·························· 167
6.4　方案评价的内容与方法 ···························· 173
6.4.1　方案评价的内容 ··························· 173
6.4.2　价值系数法 ··································· 176
6.5　基于价值工程的成本控制 ··························· 178
6.5.1　对象目前成本的确定 ······················ 178
6.5.2　对象目标成本的确定 ······················ 178
【习题】 ··· 180

第七章　技术选择 ··································· 182
7.1　技术选择概述 ····································· 182
7.2　技术选择分析的内容 ······························· 186
7.3　技术选择评价 ······································· 189
7.4　技术预见 ··· 198
7.5　预测理论 ··· 206
【习题】 ··· 215

第八章　技术创新与技术创业 ····························· 216
8.1　技术进步与技术创新 ······························· 216
8.2　创业管理 ··· 225
8.3　技术创业 ··· 233
8.3.1　技术创业与技术商业化 ····················· 233
8.3.2　技术创业机会、创业风险技术以及创业企业的设立 ········ 235
8.3.3　技术创业策略 ······························· 243
【习题】 ··· 246

附录　复利因素表 ···································· 249
参考文献 ··· 259

第一章 绪 论

【本章导读】

技术经济学是一门研究技术领域经济问题和经济规律,研究技术进步与经济增长之间的相互关系的科学,是研究技术领域内资源的最佳配置,寻找技术与经济的最佳结合以求可持续发展的科学。技术经济学的研究对象是研究在一般的工程项目中,采用什么方法、建立哪种方法体系,才能正确预测项目在技术上的可行性和经济上的合理性,寻求技术上的最佳结合点。本章主要是学习掌握技术经济学的概念、技术经济学的研究对象、技术经济学的产生与发展、技术经济分析的基本要素等相关知识。

【学习目标】

1. 知道科学、技术与工程的概念。
2. 掌握技术经济学的概念。
3. 掌握技术经济学的研究对象。
4. 了解技术经济学的产生与发展。
5. 理解掌握技术经济分析的基本要素。

1.1 科学、技术与工程

1.1.1 科学

(1) 科学的概念

科学是关于事物的基本原理和事实有组织、有系统的知识。科学的主要任务是研究世界万物变化的客观规律,它解决"是什么""为什么"的问题。例如解释电灯为什么会亮、新冠病毒的来源是什么。

科学是指发现、积累并公认的普遍真理或普遍定理的运用，已系统化和公式化了的知识。科学是对已知世界通过大众可理解的数据计算、文字解释、语言说明、形象展示的一种归纳、总结和认证；科学不是认识世界的唯一渠道，它具有公允性与一致性，是为探索客观世界最可靠的实践方法。

我们通常提到的科学是指自然科学，即通常将自然科学简称科学，并不包括社会学和思维学的内容。我们平时所说的科学技术（简称科技）中的科学也指的是自然科学（仅包括自然科学）。

（2）科学的基本特征

科学具有解释性、目的性、精确性的基本特征。

（3）科学的分类

按研究对象的不同可分为自然科学、社会科学和思维科学，以及总结和贯穿于三个领域的哲学和数学。

按与实践的不同联系可分为理论科学、技术科学、应用科学等。

按人类对自然规律利用的直接程度，科学可分为自然科学和实验科学两类。

按是否适合用于人类目标来看，科学又可分为广义科学和狭义科学两类。

已经成熟并被社会承认的科学称为"显科学"，尚未成熟，还处于幼芽阶段的科学则可称为"潜科学"。

1.1.2 技术

（1）技术的概念

技术是指科学研究所发现或传统经验所证明的规律转化为各种生产工艺、作业方法、设备装置等，它解决如何实现的问题，如怎样使电灯发亮、怎样避免感染新冠病毒。

科学是创造知识的研究，技术是利用知识的研究；科学上的突破叫发现，技术上的突破叫发明；科学是技术的理论指导，技术是科学的理论基础。

（2）技术的基本特征

技术具有复杂性、依赖性、多样性和普及性的基本特征。

（3）技术的分类

根据生产行业的不同，技术可分为：农业技术、工业技术、通信技术、交通运输技术等。

根据生产内容的不同，技术可分为：电子信息技术、生物技术、三药技术、材料技术、先进制造与自动化技术、能源与节能技术、环境保护技术、农业技术等。

1.1.3 工程

（1）工程的概念

工程是指人类创造和构建的一种有组织的社会实践活动过程和结果。"工程"被界定为"对人类改造物质自然的完整的、全部的实践活动和过程"的总称。工程的本质可以被理解为各种资源与工程要素的集成过程、集成方式和集成模式的统一。

工程是科学和数学的某种应用，通过这一应用，使自然界的物质和能源的特性能够通过各种结构、机器、产品、系统和过程，是以最短的时间和最少的人力、物力做出高效、可靠且对人类有用的东西。将自然科学的理论应用到具体工农业生产部门中形成的各学科的总称。技术是工程的基本要素，工程和技术密切相关。

（2）工程的基本特性

工程具有建构性、实践性、集成性、创造性、科学性、经验性、复杂性、系统性、社会性、公众性、收益性和风险性等基本特征。

（3）工程的分类

按自然科学的理论应用到具体工农业生产部门中形成的各学科的总称可分为：水利工程、化学工程、土木建筑工程、遗传工程、系统工程、生物工程、海洋工程、环境微生物工程等。

按需较多的人力、物力来进行较大而复杂的工作，要一个较长时间周期内来完成可分为：城市改建工程、京九铁路工程、菜篮子工程等。

1.2 技术与经济的关系

技术是改造自然、从事生产斗争的一种手段。也可以说是人们运用技术的一种艺术，是科学与生产力的纽带，根据生产实践经验和自然科学原理发展起来的技能。技术是生产要素的组合方式，即劳动工具、劳动对象、劳动方法与技能等。技术按技术程度可分为：尖端技术、先进、适用、中间、落后技术等。按物质层次可分为硬件技术、软件技术等。技术体系是指社会不同技术类型按照一定的技术规模和总体原则组成能满足社会目标所需要的，具有综合功能的统一体。技术规范是指能保证技术体系网状结构有机运行的标准、准则和规范。

经济是指社会生产关系的总和；经济是指社会再生产过程各个环节的经济活动，如生产、分配、交换、消费等社会经济活动；经济是指一个社会或国家的国民经济的总和及其组成部分；经济是指节省或节约。经济是价值的创造、转化与实现。人类经济活动就是创造、转化、实现价值，满足人类物质文化生活需要的活动。经济规律是指各种经济现象之间内在的、本质的、必然的联系。如供求规律、价值规律等。

技术和经济是人类社会物质生产时不可缺少的两个方面，任何一项技术的实施和采用都必须耗用一定的人、财、物，两者既有统一，又有矛盾，既相互联系，又相互制约，既要考虑技术进步、先进性，又要考虑经济可行、合理性。

技术是推动经济发展的最重要的物质基础，经济发展需要的是推动技术进步的动力和方向，技术发展也要受到经济合理性的制约。技术经济是当代技术发展与社会经济发展密切结合的产物，而技术经济是研究技术领域经济问题和经济规律，研究技术进步与经济增长之间相互作用的科学。

作为生产的手段，目的性是很重要的，技术的先进性与经济上的合理性是一致的。技术提高过程也是经济发展过程，但由于经济条件制约，一些技术的经济效益也受到影响和限制，在一定条件下采用何种技术比较合理可行，就需要进行比较、分析和判断。由此提出了"适用技术的概念"——技术上相对先进，而工业应用上经济合理。

技术经济的特点：

① 它是社会科学和自然科学密切相关的边缘科学，技术方案优劣的评价基础是经济可靠、合理；技术的经济评价也是判断一项技术方案经济性的重要手段。

② 它是一门应用科学，以研究方法论为主的学科。

③ 它具有很强的预测性，其评价方案的结果允许有一定的误差。

④ 它是一门定性和定量相结合的科学，但以定量为主。

1.3 技术经济学的基本概念

1.3.1 技术经济学的概念

技术经济学是研究技术与经济相互关系的学科，它通过对各种实践活动的技术分析、经济比较和效益评价，寻求技术与经济的最佳结合，从多种方案比较中选择出技术先进、经济合理的最优方案。

1.3.2 技术经济学的研究对象

技术经济学的研究对象：研究技术经济关系中矛盾与统一，寻求技术和经济协调发展的规律，使二者达到最优的结合。简而言之，研究经济规律在工程技术中如何应用，主要有以下三个方面。

（1）技术经济学是研究技术方案的经济效果，寻求提高经济效果的途径与方法的科学。

在这个意义上，技术经济学也可以称为技术的经济效果学。随着社会化大生产的发展，技术已从各种生产工具、装备和工艺等物质手段，即物化的形态的"硬技术"，发展到"广义技术"。广义技术是指把科学知识、技术能力和物质手段等要素结合起来所形成的一个能够改造自然的运动系统，包括硬技术与软技术。技术作为一个系统，既不是知识、能力或物质手段三者中任何一个孤立的部分，也不是三者简单的机械组合，而是在解决特定问题中体现的有机整体。从表现形态上看，技术可以分为机器、设备、基础设施等生产条件和工作条件的物质技术（或称为是硬技术）与体现为工艺、方法、程序、信息、经验、技巧和管理能力的非物质技术（或称为是软技术）。不论是物质技术还是非物质技术，它们都是以科学知识为基础形成的，并且遵循一定的科学规律，相互结合，在生产活动中共同发挥作用。

技术的使用直接涉及生产活动中的投入与产出。人在社会生产活动中可以使用的资源总是有限的，在这个意义上，技术本身也属于资源的范畴。它虽有别于日益减少的自然资源，可以重复使用和再生，但是在特定的时期内，相对人的需求而言，无论是在数量上还是在质量上，都是稀缺的。如何有效地利用各种资源，满足人类社会不断增长的物质文化生活的需要是经济学研究的一个基本问题。而技术的经济学效果就是研究在各种技术的使用过程中，如何以最小的投入取得最大产出的一门学科。所谓产出是指技术方案实施后的一切效果，包括可以用经济指标度量的和不能用经济指标度量的产品和服务；所谓投入是指各种资源的消耗和占用，任何技术的采用都必须消耗和占用人力、物力和财力。在技术经济分析中，投入和产出一般被归结为用货币量计算的费用和效益，所以，也可以说，技术的经济效果是研究技术应用的费用与效益之间关系的科学。

由于资源的有限性，特别是一些自然资源的不可再生性，要求人们有效地利用各种资源，以满足人类社会不断增长的物质文化生活的需要。而技术经济学就是研究在各种技术的使用过程中，如何以最小的投入取得最大产出的一门学科，即研究技术的经济效果。

研究技术的经济效果，往往是在技术方案实施前，通过对各种可能方案的分析、比较、完善，选择出最佳的技术方案，保证决策建立在科学分析之上，以减少失误，这是关系到有限资源最佳利用的大事，关系到国家和企业竞争力强弱的重大问题，这方面我们有过许多正反两方面的经验和教训。

第一个五年计划期间，我们引入了苏联的技术经济分析方法，要求各个重点项目都要进行技术经济论证。由于重视经济效果分析，基本建设取得了较好的经济效果，"一五"期间固定资产交付使用率达到了83.7%。

在"二五""四五"期间，由于采取了"大跃进"等所谓群众运动的方法来搞工业建设，事前不作经济分析，始终不作投资控制，事后不作审计分析，致使固定资产交付使用率大大下降，"二五"期间仅为59.5%，"四五"期间为61.4%，与"一五"期间相差甚远。如果按照"一五"期间的水平来计算，从1950年至1980年30年交付使用的固定资产应该接近6000亿元，而实际上还不到5000亿元，形成了1000亿元的固定资产。

改革开放后，我们在过去技术经济分析的基础上，引进了西方国家的"可行性研究"的内容。可行性研究是指在调查研究的基础上，通过对投资项目的市场分析、技术分析和经济效益分析等，对项目的技术可行性和经济合理性进行综合评价。

可行性研究内容的引入丰富了技术经济评价的理论与方法，研究技术的经济效果，不仅仅应用在投资项目实施前的科学论证上，还广泛应用于产品设计开发中的经济效果比较和分析，应用于设备更新、原料选择、工艺选择等领域。

（2）技术经济学是研究技术和经济的相互关系、探讨技术与经济相互促进、协调发展途径的科学。

技术和经济是人类社会发展不可缺少的两个方面，其关系极为密切。

一方面发展经济必须依靠一定的技术手段，技术的进步永远是推动经济发展的强大动力，人类社会的发展历史雄辩地证明了这一点。另一方面，技术总是在一定的经济条件下产生和发展的，经济上的需求是技术发展的直接动力，技术的进步要受到经济条件的制约。众所周知，任何技术的应用，都伴随着人力资源和各种物力资源的投入，依赖于一定的相关经济技术系统的支持。只有经济发展到一定的水平，相应的技术才有条件广泛应用和进一步发展。技术和经济这种相互渗透、相互促进又相互制约的紧密联系，使任何技术的发展和应用不仅是一个技术问题，同时又是一个经济问题，研究技术和经济的关系，探讨如何通过技术进步促进经济发展，在经济发展中推动技术进步，是技术经济学责无旁贷的任务，也是技术经济学进一步丰富和发展的一个新领域。

在这一领域中，与工程技术人员的日常工作关系最密切的问题是技术选择问题，即在特定的经济环境条件下，选择什么样的技术去实现特定的目标。技术选择分宏观技术选择和微观技术选择。宏观技术选择是指涉及面较广的技术采用问题，其影响的广泛性和深远性超出一个企业的范围，影响到整个国民经济的发展和社会进步。

世界各国的经济、文化和科学技术的发展是不平衡的，自然条件和资源条件也千差万别。这种不平衡和差别使得不同的国家不能按照相同的模式进行技术选择。

技术的发展具有继承性和累进性，任何新技术的应用都要求相应的社会环境、经济结构、资源条件和相关技术系统的支持。对于任何国家来说，技术选择要考虑本国现存的技术体系和技术基础，要与本国的技术水平、生产发展水平、社会成员的文化教育水平、生产要素条件、市场需求结构及历史文化背景相适应。技术选择首先要强调技术采用后的效果，而不仅仅是技术的新颖程度。所选择的技术可以是世界上的最新技术，也可以是不那么新的技术，关键在于技术的采用必须能对社会目标、经济目标和环境目标作出最大的贡献。

（3）技术经济学是研究通过技术创新，推动技术进步，促进企业发展和国民经济增长的科学。

所谓经济增长是指在一国范围内，年生产的商品和劳务总量的增长，通常用国民收入或国民生产总值的增长来表示。经济增长可以通过多种途径来取得，例如，可以通过增加投入要素、增加投资（最终形成新的生产能力）、增加劳动力的投入等以实现经济增长。也可通过提高劳动生产率，即提高单位投入资源的产出量实现经济增长。十分明显，资金和劳动力投入的增长速度会直接影响经济增长的速度。但是，各国的经济发展历史也表明，经济增长的速度与科学技术的发展也有着密切的关系。人们发现，在工业发达的国家中，后期与前期相比，产出量增长的差额往往大于投入要素增长量的差额，显然，这是技术进步因素的作用所致。这里所说的技术进步并不仅指人们通常理解的技术的发展和进步，而是指在经济增长中，除资金和劳动力两个投入要素增加以外所有使产出增长的因素，即经济增长因素中去掉资金和劳动力增长外的"余值"。

技术创新是技术进步中最活跃的因素，它是生产要素中一种新的组合，是创新者将科学知识与技术发明用于工业化生产，并在市场上实现其价值的一系列活动，是科学技术转化为生产力的实际过程，技术创新是在商品的生产和流通过程中实现的。单纯的创造发明不成其为技术创新，只有当它们被用于经济活动时才成为技术创新。技术创新是通过由科技开发、生产、流通和消费这样四个环节构成的完整系统，实现其促进经济增长的作用。技术创新不断促进传统产业的改造和新产业的诞生，不断为经济注入新的活力，因此，各工业发达国家，无不想尽各种办法，利用各种经济技术政策，力图形成一种推动技术创新的机制与环境。像我们中国这样的发展中大国，只有加速技术创新，才能从根本上解决技术落后、效率低下的问题。这是经济发展和国家富强的根本之路。

1.3.3 技术经济学的研究内容和特点

技术经济学所研究的内容相当广泛，既包括生产领域中的技术经济效果问题，又包括非生产领域中的技术经济效果问题，在横向上，它研究国民经济各部，如农业、工业、交通运输和邮电业、建筑业、商业、服务业以及文教卫生、科学研究、国防等技术经济效果；在纵向上，它研究生产建设各个阶段如试验研究、勘测考察、规划设计、建设施工和生产运行等的技术经济效果。技术经济学所研究的技术经济效果不仅包括整个国民经济的宏观技术的经济效果，同时也包括诸如一个企业、一个工艺条件和一个技术参数选择中的微观经济效果。总之，技术经济学已对一切领域中的技术经济效果进行预测、计算、分析、评价和论证所需要理论和方法的研究为主要内容。

从全局的范围来看，技术经济学研究技术进步对经济发展的速度、比例、效果、结构的影响，以及它们之间的最佳关系问题；生产力的合理布局、合理转移问题；投资方向、项目选择问题；能源的开源与节流、生产与供应、开发与运输的最优选择问题；技术引进方案的论证问题；外资的利用与偿还，引进前的可行性研究与引进后的经济效果评价问题；技术政策的论证、物资流通方式与渠道的选择问题等。

从部门和企业范围看，技术经济学研究厂址选择的论证，企业规模的分析，产品方向的确定，技术设备的选择、使用与更新的分析，原材料路线的选择，新技术、新工艺的经济效果分析，新产品开发的论证与评价，等等。

从生产与建设的各个阶段看，技术经济学研究试验研究、勘测考察、规划设计、建设施工、生产运行等各个阶段的技术经济问题的研究，综合发展规划和工程建设项目的技术经济论证与评价，等等。

技术经济学具有：综合性、系统性、交叉性、比较性、预测性、定量性、决策性、时间性等特点。

1.3.4 技术经济学的产生与发展

（1）技术经济学的外国渊源

技术经济学是研究技术与经济的相互作用、寻求技术与经济最佳结合的学科，它是技术科学与经济科学相交叉的边缘学科，是现代管理学科中一门新兴的综合性学科，是现代软科学的重要组成部分，技术经济学是根据现代科学与社会科学发展的需要，在自然科学和社会科学的发展过程中相互渗透、相互促进，逐渐形成和发展起来的。

19世纪以前，技术相当落后，其推动经济发展的速度极为缓慢，人们看不到技术对经济的积极促进作用，只能就技术论技术。19世纪以后，科学技术迅猛发展，蒸汽机、发电机、计算机等的新兴和普及带来了经济繁荣。马克思在《资本论》中以很大的篇幅总结了资本主义发展过程中技术进步对经济所起的作用，指出科学技术创造一种生产力，会生产较大量的使用价值，减少一定效果上的必要劳动时间。

19世纪末20世纪初，泰勒管理思想的形成与发展为技术与经济的协调发展以及从对立到统一奠定了基础。20世纪前半期，西方就有一批学者开始研究工程技术中的经济问题。1887年，美国土木工程师威灵顿（A. M. Wellington）在其出版的著作《铁路布局的经济理论》中首次将成本分析方法应用于铁路最佳长度和路线的曲率选择上，并提出了工程资金利息的概念，开创了工程领域的经济评价。1920年，戈尔德曼（O. B. Goldman）教授出版了《财务工程学》，提出了相对价值的复利模型，并将其理论运用到不同方案的经济价值比较中。1930年，格兰特（E. L. Grant）教授发表《工程经济学原理》一书，由于该书对工程经济学原理深入浅出的阐述和具有较强的实用性，深受当时工程专业学生的欢迎，也为从事工程技术工作的人员提供了一本具有实用价值的专业参考书，从而得到较高的评价。同时这也是西方工程经济的第一本著作。这本书问世后，工程经济作为一门独立的学科得到了迅速的发展，格兰特本人也被誉为"工程经济学之父"。

20世纪30年代美国在开发西部的田纳西河流域中，开始推行"可行性研究"方法，从而把工程技术和工程项目的经济问题推向一个新的阶段。在20世纪40年代后期，美国通用公司组织如何开发物质代替，有效利用资源，降低成本研究。1947年美国通用公司工程师迈尔斯以《价值分析》为题发表其研究成果，提出了价值分析的一整套方法。在20世纪50年代这一新兴管理技术得到了极大的发展，称为"价值工程"，这对完善技术经济分析方法起到了很大的作用。这一时期在苏联，技术经济分析论证开始出现，并逐步推广到规划、设计和工程建设项目中，后被广泛应用于企业生产经营各项活动中，逐步形成了一套比较完整的技术经济论证程序与分析方法。

据测算，20世纪50~70年代发达国家中技术进步对国民收入增长速度的贡献为50%~70%。在此之后，随着数学和计算机技术的发展，特别是运筹学、概率学、数理统计等方法的应用，以及系统工程、计量经济学、最优化技术的飞跃发展，技术经济学得到了长足的发展。

20世纪70年代以后，西方经济学界也有技术经济学的提法。1978年布西（L. E. Bussey）出版了《工业投资项目的经济分析》，全面系统地总结了工程项目的资金筹措、经济评价、优化决策以及项目的风险和不确定性分析等。1982年里格斯（J. L. Riggs）出版了《工程经济学》，系统地阐明了货币的时间价值、货币管理、经济决策和风险与不确定性分析等。也有人研究技术经济问题，但是其研究的理论比国内技术经济学要窄，在经济学分类中尚未见到过独立的技术经济学学科。国内比较成熟的、与国内技术经济学相关的学科和研究主要有西方的"工程经济学""费用—效益分析""技术进步经济学"，苏联的"技术经济论证"和日本的"经济性工程学"等。

（2）中国技术经济学的创立与发展

中华人民共和国成立之初，在经济建设方面，除了引进苏联的科学技术，同时也引进了苏联的一整套技术经济学分析评价方法，并且首次用到重点建设项目论证上，在建成投产后取得了较好的经济效果。应该说，我国第一个五年计划的制订和实施并获得成功，与技术经济理论和方法的应用有很大的关系，至少是其成功的因素之一。1960年，经济学界开始讨论投入—产出效果问题。随着中央政府开始实施"调整、巩固、充实、提高"的经济八字方针，1961年11月，经济学界进一步开始对"两大部类"、"农轻重"、"积累与消费"和"速度与比例"等重大经济问题进行讨论。这次讨论从国民经济核算体系的角度出发，然后涉及各个领域，并与生产技术联系起来，深入到工业建设项目各个层次。这样就需要一门学科，专门研究技术方案经济效果。于是在20世纪50年代苏联的技术经济分析的基础上，产生了中国的技术经济学。它以1962年初中央科学小组和国家科委在广州召开的我国"1963—1972年科学技术发展规划会"为标志，在这次大会上制订了《1963—1972年科学技术发展规划》，并且把技术经济研究作为规划的七大部分之一，与工业科学技术、农业科学技术、资源科学技术、医疗科学技术、基础科学技术和科学技术研究并列写进规划。

应该说"十年规划"是我国技术经济发展史上的里程碑，在这以后四五年的时间里，具有中国特色的技术经济学理论方法体系开始形成，并且有了自己的特点。后来有学者概括了这些特点："以马克思主义和毛泽东思想的经济理论为指导；以社会主义基本经济规律、有计划按比例发展规律和价值规律为依据；以多快好省建设社会主义的要求为目标；以定量和定性相结合的方法为手段；以结合中国社会主义四化建设的具体内容为基础；以认识和正确处理技术同经济之间的实际矛盾关系为目的。"总之，这个时期技术经济学学科随着中国经济建设的需要而产生，初步形成了自己的学科体系。

1978年，党的十一届三中全会作出了实行经济改革、对内搞活、对外开放的重大决策。在十一届三中全会以后，技术经济学也随着这一伟大的历史转折而开始真正进入了发展的"黄金时期"。

1978年11月，在中国社会科学院的规划会议上，制订了《技术经济和管理现代化理论和方法的研究规划（1978—1987）》，明确地提出了技术经济学的学科性质，即技术经济学是一门介于自然学科和社会学科之间的边缘学科，是一个重要的科学技术研究领域。阐述了技术经济学工作的概念，同时提出了技术经济工作的意义，分析了国内外技术经济研究工作现状和发展现状，也提出了技术经济研究工作的奋斗目标，确定了技术经济研究和应用的方法。1979年末，中国建筑学会正式成立了建筑经济学术委员会，以建筑经济学为主的建筑经济得到了迅猛的发展。其间，不仅继续了建筑经济学科理论研究、建筑经济工程技术研究，同时，还进行了诸如建筑工程招标承包制、建筑产品价格改革、建筑产业政策研究、我国住宅建设技术政策等经济体制改革的理论研究。1982年，党的第十二次全国代表大会提出"计划经济为主，市场调节为辅"的经济发展指导思想。1984年，党的第十二届三中全会制定的《中共中央关于经济体制改革的决定》明确指出，社会主义经济是有计划的商品经济。1987年第十三次全国代表大会进一步明确地把计划商品经济的运行机制概括为"国家调节市场，市场引导企业"。

在这样一个渐进的，以市场为取向的改革时期，技术经济学为适应改革的需要也发生了重大变化。变化的主要特点是引进大量西方工程经济学理论与方法以及西方经济学理论中有关技术的研究成果。具体地说，从20世纪70年代末开始，我国的技术经济学工作者把国外工程经济学等相关学科的理论与方法引入技术经济学。影子价格、时间价值、可行性研究、价值工程、费用效益分析、技术进步、技术创新、技术选择、技术转移、全要素生产率等理论与方法在很多技术经济学的教科书中已经成为主体的内容。

到了20世纪80年代末，技术经济学的发展速度明显放慢，主要特点是加强对引进理论方法的消化和吸收，同时更加注意对技术经济学理论应用的研究，对技术经济学理论本身的研究重视不够，新产生的技术经济学研究专题较少。

进入20世纪90年代，随着我国经济体制改革的不断深入，特别是实施两个具有全局意义的根本转变及实施"科教兴国""可持续发展战略"等，为技术经济学科的深入发展提供了良好的机遇，使技术经济学的研究范围丰富和完善了微观层次的理论和方法，而且将研究领域扩展到宏观层次，同时借鉴了国外工程经济学、预测和决策理论方法，丰富了技术经济学的内容。并且，我国建筑经济研究人员将其研究领域进一步扩大到土木工程以及其他建设项目领域，既吸收了国外先进的工程项目管理经验，又结合我国工程管理的实际，逐渐形成了一套工程经济理论体系和方法。

总之，技术经济学是伴随着中国经济建设的实践需要而不断发展的，它的理论方法来源于中国经济建设的实践，同时又接受中国实践的检验。

1.3.5 工程项目管理人员应具备的技术经济学知识

技术经济学是研究项目在技术和管理上取得最佳经济效果的一门学科，因此，取得最佳经济效益是技术经济学的"目的"，而设法达到这一"目的"的最有效的技术经济分析方法和现代管理方法则是技术经济学的"手段"。从实践的角度说，目的与手段是紧密相连，不可分开的，只有明确了工程的经济目的，才能合理地选用达到此目标的有效手段（或措施）。

在工程项目管理中，技术经济学可以分为两个层次，一是根据经济学的基本理论与方法，结合项目特点，以项目的实施过程为主，运用相应的技术经济手段，选择技术上先进、经济上合理的建设方案；二是根据国家和有关部门制定的各项政策、法律法规、进行工程项目的有效管理，保证项目最佳效益目标的实现。因此，技术经济学已经成为现代管理人员必备的基础知识。

为了满足现代化工程的要求，工程师（或项目管理人员）应具备的工程经济学知识与能力为：

① 了解社会需求及需求变化的规律，做好建设项目的可行性研究工作。熟悉建设项目的资金筹措方式和合理调整资金结构的技巧，正确了解国家的经济、技术发展战略和有关政策。

② 能够运用经济分析方法，对拟建项目计算期（寿命期）内的投入、产出等诸多因素进行调查、分析、研究、计算和论证，并利用资金时间价值概念、价值工程原理、成本—效益分析等技术经济分析方法以及善于把定性分析与定量分析结合起来，进行投资方

案与更新方案的比较与选择，在达到产品必要的使用功能的前提下，有效地控制建设项目投资。

③ 要学会拟订多种替代方案从中选择最佳方案。

④ 熟悉建设项目的风险分析方法，能够及时识别项目的风险大小，制定相应的风险对策，控制风险对项目的影响程度。

⑤ 掌握建设项目的财务评价方法，了解国民经济评价方法。

⑥ 具有获得工程信息、资料的能力，并能运用工程信息系统提供的各类技术与经济指标，结合工程项目特点，对已完成项目进行后评估。

1.4　技术经济分析的基本要素

1.4.1　投资

(1) 投资项目费用及构成

广义的投资是指人们的一种有目的的经济行为，即以一定的资源投入某项计划，以获取所期望的报酬。投资可分为生产性投资和非生产性投资，所投入的资源可以是资金，也可以是人力、技术或其他资源。本章所讨论的投资是狭义的，是指人们在社会经济活动中为实现某种预定的生产、经营目标而预先垫支的资金。项目评价中，总投资是指项目建设和投入运营所需要的全部投资，为建设投资、建设期利息和全部流动资金之和。其具体做法如图1-1所示。

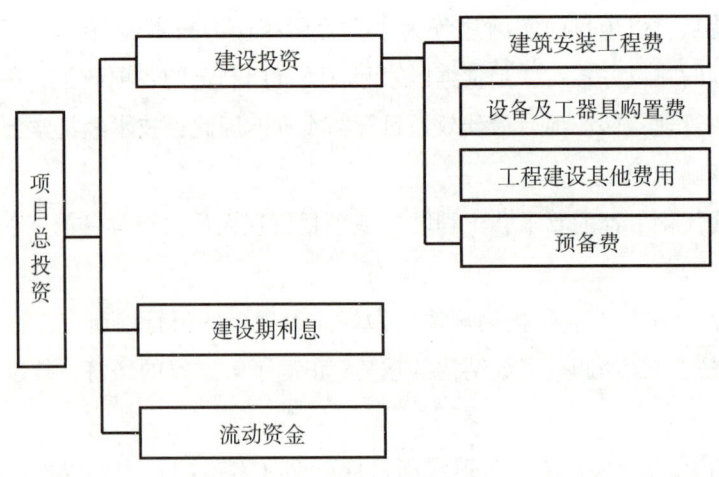

图1-1　项目总投资组成

建设投资由建筑安装工程费、设备及工器具购置费、工程建设其他费和预备费四部分组成。如图1-2所示：

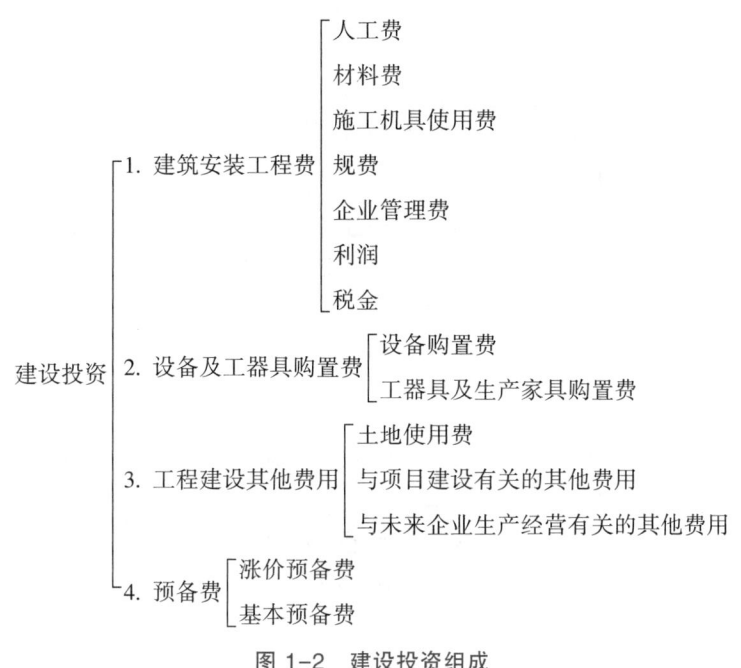

图1-2 建设投资组成

1）建筑安装工程费

建筑安装工程费，一般由形成工程实体的工程费用（如人、材、机费用）、发生于工程施工前和施工过程中非工程实体项目的费用（措施费）、与施工管理相关的费用（如企业管理费、规费）、利润及应缴纳的税金等构成。如图1-3所示：

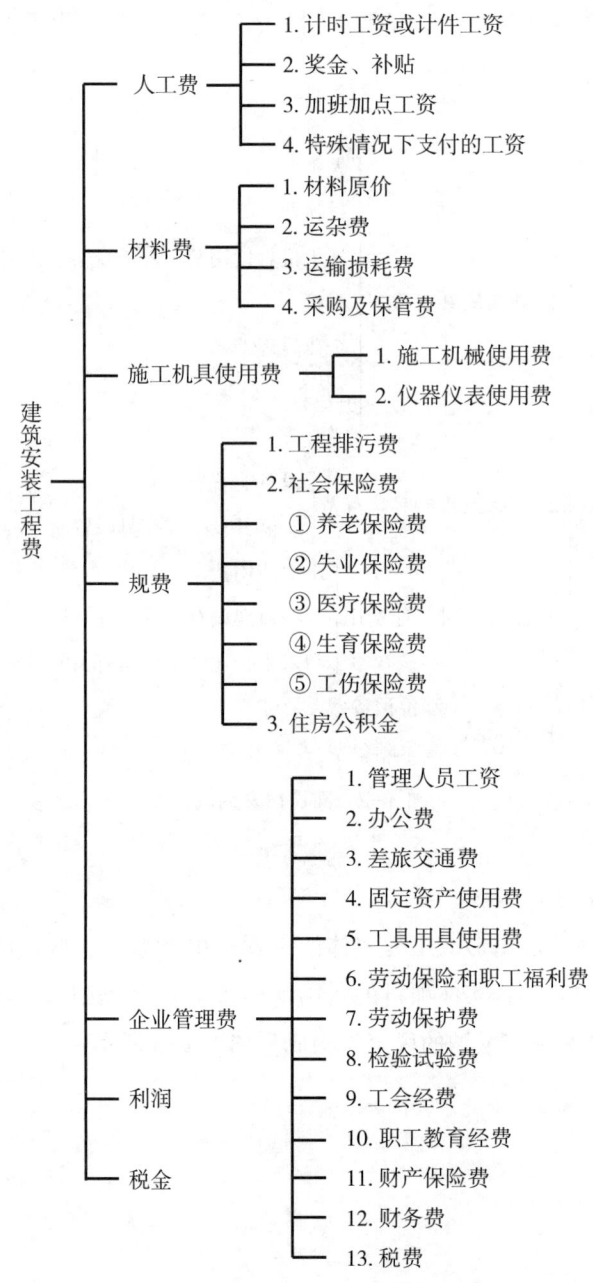

图1-3 建筑安装工程费组成

建筑安装工程费的项目组成,根据考虑的角度不同,费用组成略有差异。

原建设部、财政部关于印发《建筑安装工程费用项目组成》的通知,将建筑安装工程费用的组成分为直接费、间接费、利润和税金。

中华人民共和国住房和城乡建设部和国家质量监督检验检疫总局联合发布的国家标准

《建设工程工程量清单计价规范》（GB 50500—2008）（以下简称"08 规范"），将建筑安装工程费用的组成分为分部分项工程费、措施项目费、其他项目费、规费和税金。

2）设备及工器具购置费

设备及工器具购置费由设备购置费和工器具及生产家具购置费组成。

设备购置费是指为建设工程购置或自制的且满足固定资产特征的设备、工具、器具的费用。一般由设备原价与运杂费构成。

工器具及生产家具购置费是指新建项目或扩建项目初步设计规定所必须购置的但不够满足固定资产标准的设备、仪器、工卡模具、器具、生产家具和备品备件的费用。

3）工程建设其他费

工程建设其他费是指工程项目从筹建到竣工验收交付使用止的整个建设期间，除建筑安装工程费、设备及工器具购置费和预备费以外的，为保证工程建设顺利完成和交付使用后能够正常发挥效用而发生的费用。

工程建设其他费按其内容大体可分为三类：第一类为土地使用费，第二类是与项目建设有关的费用，第三类是与项目未来生产和经营活动有关的费用。

土地使用费是指按照《中华人民共和国土地管理法》等规定，项目征用土地或租用土地应支付的费用，具体有：农用土地征用费（包括土地补偿费、安置补助费、土地投资补偿费、土地管理费、耕地占用税等）和取得国有土地使用费（包括土地使用权出让金、城市建设配套费、拆迁补偿与临时安置补助费等）。

与项目建设有关的费用有：建设管理费（包括建设单位管理费、工程监理费、工程质量监督费）、可行性研究费、研究试验费、勘察设计费、环境影响评价费、劳动安全卫生评价费、场地准备及临时设施费、引进技术及进口设备其他费（包括出国人员费用、国外工程技术人员来华费用、技术引进费、分期或延期付款利息、担保费、进口设备检验鉴定费用）、工程保险费、特殊设备安全监督检验费、市政公用设施建设及绿化补偿费。

与项目未来生产和经营活动有关的其他费用有：联合试运转费、生产准备费（包括生产职工培训费、提前进厂职工工资福利劳保费）、办公和生活家具购置费。

4）预备费

按我国现行规定，预备费包括基本预备费和涨价预备费。

基本预备费是指在项目实施中可能发生难以预料的支出。需要预先预留的费用，主要包括设计变更及施工过程中可能增加工程量导致的费用，又称不可预见费。

基本预备费 =（设备及工器具购置费用+建筑安装工程费用+工程建设其他费用）
×基本预备费率

涨价预备费是对建设工期较长的项目，由于在建设期内可能发生材料、设备、人工等价格上涨引起投资增加，需要事先预留的费用。

$$P_f = \Sigma I_t[(1+f)^t - 1]$$

式中：

P_f——计算期价格变动引起的投资增加额；

I_t——计算期第 t 年投资使用计划额（建筑安装工程费用、设备及工器具购置费、工程建设其他费及基本预备费之和）；

f——投资价格指数。

【例1-1】某项目的静态投资为22310万元，按项目实施进度计划，项目建设期为三年，每年的投资分配使用比例为：第一年20%，第二年55%，第三年25%，建设期内平均价格变动率预测为6%，试估算该项目建设期的涨价预备费。

$P_{f1} = 22310 \times 20\% \times ((1+6\%) - 1) = 267.72(万元)$

$P_{f2} = 22310 \times 55\% \times ((1+6\%)^2 - 1) = 1516.6338(万元)$

$P_{f3} = 22310 \times 25\% \times ((1+6\%)^3 - 1) = 1065.39274(万元)$

$P_f = P_{f1} + P_{f2} + P_{f3} = 267.72 + 1516.6338 + 1062.39274 = 2849.74654(万元)$

（2）建设期利息

建设期利息包括项目债务资金在建设期内发生并计入固定资产的利息和其他融资费用。其他融资费用是指项目债务资金发生的手续费、承诺费、管理费、信贷保险费等融资费用。

在项目评价中，对于分期建成投产的项目，应注意按投产时间分别停止借款费用的资本化，即投产后再发生的借款费用不作为建设期利息计入固定资产原值，而是作为运营期利息计入总成本费用。

建设期利息分为两种：

1）一次性发放贷款

$$I = F - P = P[(1+i)^n - 1]$$

式中：

F——建设期还款本利和；

P——建设期借款金额；

I——利息；

n——借款年限；

i——实际利率。

适用于贷款在年内一次性发放，按复利计算，企业连本带息到还款期偿还。但是实际工程建设中，贷款一般在年内不是一次性发放。

2）分年均衡发放贷款

为了计算的简化，在计算工程贷款利息时，一般都将贷款看作是年内均匀发放。计算时按当年借款在年中支用考虑，即当年贷款按半年计息，上年贷款按全年计息。

$$Q_j = (P_{j-1} + \frac{1}{2}A_j) \times i$$

式中：

Q_j——建设期第 j 年应付的利息；

P_{j-1}——建设期第 $j-1$ 年年末贷款余额，即第 $j-1$ 年贷款额累计金额与利息累计金额之和；

A_j——建设期第 j 年贷款金额；

i——年利率。

【例1-2】某新建项目，建设期为3年，在建设期第一年贷款200万元，第二年贷款500万元，贷款年利率为10%。每年借款平均支用，各年贷款均在年内均匀发放，计算建设期借款利息。

解：第一年利息：$Q_1 = \frac{1}{2} \times 200 \times 10\% = 10(万元)$

第一年末本利和：$P_1 = 200 + 10 = 210(万元)$

第二年利息：$Q_2 = (210 + \frac{1}{2} \times 500) \times 10\% = 46(万元)$

第二年末本利和：$P_2 = 210 + 500 + 46 = 756(万元)$

第三年利息：$Q_3 = 756 \times 10\% = 75.6(万元)$

总利息：$Q_1 + Q_2 + Q_3 = 10 + 46 + 75.6 = 131.6(万元)$

(3) 流动资金

流动资金是指企业在运营期内长期占用并周转使用的营运资金。在企业生产经营时，用流动资金购买原材料、燃料等，投入生产，经过加工制成产品，经过销售收回资金，完成一个生产过程。流动资金就是这样由生产领域进入流通领域，又从流通领域进入生产领域，依次通过供、产、销三个环节，不断周转，长期占用。

流动资金＝流动资产－流动负债

流动资产＝应收账款+预付账款+存货+现金

流动负债＝应付账款+预收账款

(4) 投资形成的资产

项目总投资投入项目建设，开始运营后分别形成固定资产、无形资产、其他资产和流动资产四部分。固定资产、无形资产和其他资产的价值通过逐期从产品营业收入中提取折旧（或摊销）予以收回；流动资产通过当期从产品营业收入中提取经营成本予以收回。

1) 固定资产

固定资产是指同时具有以下几种特征的有形资产：①为生产商品、提供劳务、出租或经营管理而持有的；②使用寿命超过一个会计年度。此外，固定资产的成本能够可靠地计量。

固定资产——在社会再生产过程中较长时间为生产和人民生活服务的物质资料。通常要求使用期限在一年以上，单位价值在规定限额以上。

按照《企业会计制度》规定：固定资产是指企业使用期限超过一年的房屋、建筑物、机器、机械、运输工具以及其他与生产、经营有关的设备、器具、工具等。不属于生产经营主要设备的物件，单位价值在 2000 元以上，并且使用年限超过两年的，也应当作为固定资产。

其特点为能长期使用，并在其使用过程中仍然保留原有物质的形态；其价值会随着使用时间长短而磨损，并以折旧形式计算其损失的使用价值；通过计算折旧额来收回这部分资金。

总投资中，建筑安装工程费、设备及工器具购置费、固定资产其他费用、预备费和建设期利息形成固定资产。固定资产其他费用是指工程建设其他费用中按规定将形成固定资产的费用，主要包括建设单位管理费、可行性研究费、研究试验费、勘察设计费、环境影响评价费、场地准备及临时设施费、引进技术和引进设备其他费用、工程保险费、联合试运转费、特殊设备安全监督检验费和市政公用设施建设及绿化费等。

对于土地使用权，按照有关规定，在尚未开发或建造自用项目前，土地使用权作为无形资产核算，房地产开发企业开发商品房时，将其账面价值转入开发成本；企业建造自用项目时将其账面价值转入在建工程成本。

2）无形资产

无形资产是指企业拥有或者控制的没有实物形态的可辨认非货币性资产，由工程建设其他费用中技术转让费或技术使用费（含专利权和非专利技术）、商标权。与固定资产类似，无形资产通常也有一定的有效服务期，无形资产的价值也要在服务期内逐步转移到产品价值中去。无形资产的价值转移是以无形资产在其有效服务期内逐年摊销的形式体现的。递延资产也应在项目投入运营后的一定年限内平均摊销。无形资产和递延资产的摊销费均计入产品成本。

无形资产特征是指没有实物形态；能在较长的时期内使企业获得经济效益；持有的目的是使用而不是出售；无形资产，能够给企业提供未来经营效益的大小具有较大的不确定性；无形资产是企业有偿取得的。

其中，专利权是指由国家专利局或代表几个国家的地区机构认定，根据法律批准授予专利所有人在一定期限内对其发明创造享有的独占使用权、转让权、许可权等权利，包括发明（15 年），实用新型（5 年）和外观设计（5 年）专利权。非专利技术，也称专有技术，是指未公开或是未申请专利，但能为拥有者带来超额经济利益或竞争优势的知识和技术,包括设计资料、工艺流程、配方、经营诀窍、特殊的产品保存方法,质量控制管理经验、图纸数据等。商标权用来辨认特定的商品或劳务的标记,具有独占使用权和禁止权。著作权也称版权,指作者对其创造的文学、科学和艺术作品享有的某些特殊权利。包括人身权利和财产权利,享有权利的时间从作品产生到作者身故后50年。特许权也称为经营特许权、专营权,是指企业在某一个地方经营或销售某种特定商品的权利,或是一家企业接受另一家企业的使用商标、商号、技术秘密等权利。特许权多为政府授权:如烟草专卖权、水、电、邮电通信等专营权。企业间签订合同,有期限或无期限地使用,如连锁店分店使用总店的名称。土地使用权是国家准许某企业在一定期限内对国有土地享有开发、利用、经营的权利。其取得的方式有行政划拨取得、外购取得、投资者投入等。

3) 其他资产

其他资产,以前称为递延资产,是指除流动资产、长期投资、固定资产、无形资产以外的其他资产,如长期待摊费用。其他资产由工程建设其他费用中的生产准备费、开办费、样品样机购置费和农业开荒费等形成。按照有关规定,除购置和建造固定资产以外,所有筹建期间发生的费用,先在长期待摊费用中归集,待企业开始生产经营起计入当期的损益。

4) 流动资产

流动资产是指可以在1年或者超过1年的一个营业周期内变现或耗用的资产,包括存货、现金、银行存款、应收及预付款项、短期投资等,由总投资中的流动资金与流动负债共同构成。如图1-4所示:

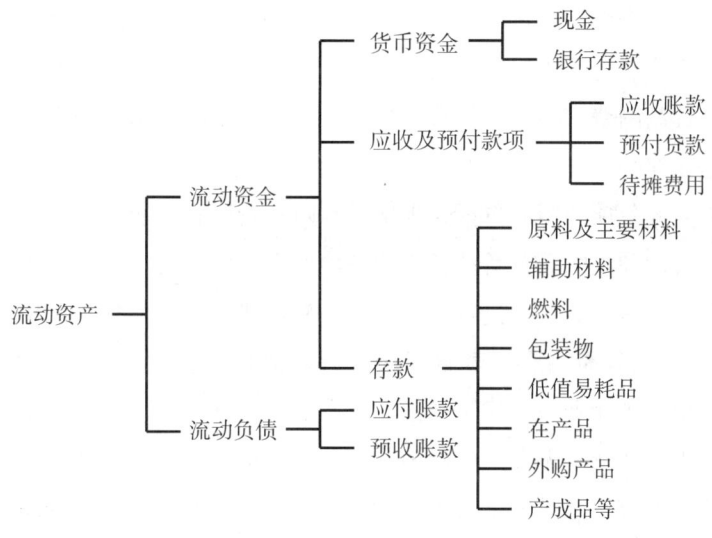

图1-4 流动资产组成

固定资产和流动资产的经济性质的区别:

固定资产的作用为劳动资料，多次参加生产过程，但仍然保持原有物质形态，直到报废为止，才进行实物形态的补偿或替换。按消耗程度逐渐转移到产品中。

流动资产的作用为劳动对象，只参加一次生产过程，会改变或消失本身形态，每个生产周期后必须进行实物形态的补偿。一次性全部转移到产品中去。

1.4.2 成本

（1）成本费用的构成

成本费用（Cost）是企业在运营期内为生产产品或提供服务所发生的全部费用。在实际工作中，成本费用的构成与估算可从不同角度解读。

1）生产成本加期间费用法

本法是从总成本费用的形成过程来估算，总成本费用由生产成本（营业成本）和期间费用所构成。

生产成本（营业成本）是指企业为生产产品或提供服务而发生的备项生产费用，包括直接材料费、直接燃料及动力费、直接工资及福利和制造费用。直接材料费是指生产经营过程中实际消耗的原材料、辅助材料、设备零配件、外购半成品、包装物、低值易耗品以及其他直接材料费；直接燃料及动力费是指生产经营过程中实际消耗的燃料、动力费；直接工资及福利费包括企业直接从事产品生产人员的工资、奖金、津贴、补贴和职工福利费；制造费用是指企业各个生产单位（分厂、车间）为组织和管理生产所发生的各项费用，包括生产单位（分厂、车间）管理人员工资、职工福利费、折旧费、维简费、修理费、物料消耗、低值易耗品摊销、劳动保护费、水电费、办公费、差旅费、运输费、保险费、租赁费、设计制图费、检验试验费、环境保护费以及其他制造费用。

期间费用是指在企业本期发生的、不能直接或间接归入生产成本（营业成本），而是直接计入当期损益的各项费用，包括管理费用、财务费用和营业费用。管理费用是指企业行政管理部门为管理和组织经营活动发生的各项费用，包括公司经费（工厂总部管理人员工资、职工福利费、差旅费、办公费、折旧费、修理费、物料消耗、低值易耗品摊销以及公司其他经费）、工会经费、职工教育经费、劳动保险费、董事会费、咨询费、顾问费、交际应酬费、税金（如企业按规定支付的房产税、车船使用税、土地使用税和印花税等）、土地使用费、技术转让费、无形资产摊销、开办费摊销、研究发展费以及其他发展费。财务费用是指企业为筹集资金而发生的各项费用，包括生产经营期间的利息净支出、汇兑净损失、调剂外汇手续费、金融机构手续费以及筹资过程中发生的其他财务费用等。营业费用是指企业在销售产品和提供劳务等过程中发生的各项费用以及专设销售机构的各项经费，包括应由企业负担的运输费、装卸费、包装费、保险费、委托代销费、广告费、展览费、租赁费和销售服务费、销售部门人员工资、职工福利费、差旅费、办公费、折旧费、修理费、物料消耗、低值易耗品摊销以及其他经费等。

$$总成本费用 = 生产成本（营业成本）+ 期间费用$$
$$= 生产成本（营业成本）+ 管理费用 + 财务费用 + 营业费用$$
$$= 直接材料费 + 直接燃料及动力费 + 直接工资及福利费 +$$
$$制造费用 + 管理费用 + 财务费用 + 营业费$$

2）生产要素法

从构成总成本费用的生产要素来看，总成本费用由外购原材料费、外购燃料和动力费、工资及福利费、修理费、其他费用等经营成本以及折旧费、摊销费和利息支出构成。即：

$$总成本费用 = 经营成本 + 折旧费 + 摊销费 + 利息支出$$
$$= 外购原材料费 + 外购燃料及动力费 + 工资及福利费 +$$
$$修理费 + 其他费用 + 折旧费 + 摊销费 + 利息支出$$

其中：外购原材料费、燃料及动力费中的原材料计算公式为：

$$外购原材料 = 年产量 \times 单位产品原材料成本$$

燃料及动力费计算公式为：

$$外购燃料及动力成本 = 年产量 \times 单位产品燃料及动力成本$$

而工资及福利费包括在制造成本、管理费用、销售费用之中。

（2）折旧与摊销

1）折旧、摊销的概念

固定资产由于使用，不断磨损，逐渐丧失使用价值，企业为了将来更新固定资产，逐年从总成本费用中提取磨损部分价值、补偿固定资产价值的损耗。这种补偿固定资产价值损耗的方法称为折旧（Depreciation）。因此，折旧是总成本费用的重要组成部分。

固定资产每年的折旧额取决于折旧年限和折旧方法。2007年11月颁布的《中华人民共和国企业所得税法实施条例》规定的与建设工程密切相关的固定资产折旧最低年限为：房屋、建筑物为20年；机器、机械和其他生产设备为10年；与生产经营活动有关的器具、工具、家具等为5年；电子设备为3年。

按照国家的有关规定，企业固定资产折旧方法可在税法允许的范围内由企业自行确定，一般采用年限平均法和工作量法，税法也允许对某些机器设备采用快速折旧法，即双倍余额递减法和年数总和法。

采用加速折旧法，提高了折旧率，从而加速补偿固定资产的损耗，提前摊销固定资产折旧额。从总量上来看，其折旧总额没有因加速而改变，改变的只是折旧额计入成本费用的时间。由于折旧是所得税的一项重要扣除项目，加速折旧虽没有改变折旧期内应纳税所得额和应纳税额的总量，但改变了所得税计入现金流出的时间。根据货币时间价值原理，加速折旧使资金的收回速度阶段性的加快，使纳税人应纳税额在前期减少，后期增加，因而实际上推迟了纳税额款的时间，等于向政府借得一笔无须支付利息的贷款。因此，准予采用加速折旧法，实际上是国家给予的一种特殊的缓税或延期纳税优惠。

虽然加速折旧可以使得项目每年提取固定资产折旧额度大，有利于企业尽早收回固定资产原值，便于企业及时采用先进技术更新设备，提升企业科技水平，生产高品质产品，从而增加企业和国家效益，但是每年提取折旧额度大会直接造成产品或服务的成本高，从而降低企业利润，减少国家税收（所得税以企业利润总额作为纳税基数）。因此，折旧不是一个简单的企业行为，企业应遵循国家的折旧制度。

无形资产和其他资产的原始价值需要在规定的年限内，转移到产品成本中，这种从成本费用中逐年提取部分资金补偿无形资产和其他资产价值损失的做法，称为摊销，企业通过逐年计提摊销费，收回无形资产和其他资产的原始价值。

无形资产和其他资产摊销采用年限平均法，不留残值。《企业会计准则—基本准则》规定，使用寿命有限的无形资产应在寿命期内摊销，使用寿命不确定的无形资产不予摊销。无形资产摊销年限取无形资产法定有效期与合同协议规定受益年限中的最小值；没有规定期限的，按不少于10年分期摊销。

2）年限平均法

年限平均法也称直线折旧法，是一种将固定资产耗损值（即固定资产原值−预计净残值）在规定的折旧年限内平均提取的折旧方法。即：

年折旧额 =（固定资产原值−预计净残值）/折旧年限

或年折旧额 =［固定资产原值×（1−预计净残值率）］/折旧年限

上式中，固定资产原值由总投资中的建筑安装工程费、设备及工器具购置费、固定资产其他费、预备费和建设期利息构成。预计净残值是指固定资产处于使用寿命终了时，企业预计从该项资产处置中获得的扣除处置费用后的余值。预计净残值率为固定资产预计残值与固定资产原值比率，一般为3%~5%。在项目经济分析中，因折旧年限根据项目固定资产经济寿命期确定，固定资产残值较大，净残值率可取10%。

3）工作量法

工作量法是按设备完成的工作量计提折旧的方法，属于年限平均法的派生，适用于各时期使用程度不同的专用大型机械、设备。

① 按行驶里程计算折旧

单位里程折旧额 =［原值×（1−预计净残值率）］/规定的总行驶里程

年折旧费 = 单位里程折旧额×年行驶里程

② 按工作小时计算折旧

每小时折旧额 =［原值×（1−预计净残值率）］/规定的总工作小时

年折旧费＝每小时折旧额×年工作小时

4）双倍余额递减法

双倍余额递减法是一种加速折旧的方法，其年折旧率是年限平均法的两倍，折旧基数为年初固定资产净值。

年折旧率＝（2/折旧年限）×100%

年折旧费＝年初固定资产净值×年折旧率

这里需要注意两点，一是双倍余额递减法折旧的基数是年初固定资产净值，即固定资产原值减去本年之前各年累计折旧费，因此，折旧的基数逐年减少；二是采用双倍余额递减法折旧，固定资产折旧年限到期前两年的折旧费计算应采用年限平均法，即以此时年初固定资产净值扣除预计净残值后的净额在最后两年平均摊销，以确保折旧年限内累计折旧总额恰好等于固定资产价值损耗额。

5）年数总和法

年数总和法也是一种加速折旧的方法，其折旧基数固定不变，年折旧率逐年递减。

年折旧率＝（尚可使用年限/折旧年限年数总和）×100%

或年折旧率＝［（折旧年限－已使用年限）/折旧年限×（折旧年限+1）÷2］×100%

年折旧费＝（固定资产原值－预计净残值）×年折旧率

由上可知，年数总和法的折旧率各年不相同，随着已使用年限的增加，年折旧率逐渐减少。

【例1-3】某设备资产原值3000万元，折旧年限10年，预计净残值率5%，试分别采用年限平均法、双倍余额递减法、年数总和法，计算该设备各年资产净值、折旧费。

解：（1）平均年限法

年折旧额＝［固定资产原值×（1－预计净残值率）］/折旧年限

　　　　＝［3000×（1－5%）］/10＝285（万元）

各年年初资产净值为设备原值减去该年之前各年累计折旧费。

第一年年初资产净值：3000（万元）

第二年年初资产净值：3000－285＝2715（万元）

第三年年初资产净值：2715－285＝2430（万元）

第四年年初资产净值：2430－285＝2145（万元）

第五年年初资产净值：2145－285＝1860（万元）

第六年年初资产净值：1860－285＝1575（万元）

第七年年初资产净值：1575－285＝1290（万元）

第八年年初资产净值：1290－285＝1005（万元）

第九年年初资产净值：1005－285＝720（万元）

第十年年初资产净值：720-285=435（万元）

第十年残值：435-285=150（万元）

（2）双倍余额递减法

由年折旧率=（2/折旧年限）×100%

年折旧费=年初固定资产净值×年折旧率

年折旧费=2×年初固定资产净值/折旧年限

第一年折旧费=2×3000/10=600（万元）

第二年年初资产净值=3000-600=2400（万元）

第二年折旧费=2×2400/10=480（万元）

第三年年初资产净值=2400-480=1920（万元）

第三年折旧费=2×1920/10=384（万元）

第四年年初资产净值=1920-384=1536（万元）

第四年折旧费=2×1536/10=307.2（万元）

第五年年初资产净值=1536-307.2=1228.8（万元）

第五年折旧费=2×1288.8/10=245.76（万元）

第六年年初资产净值=1288.8-245.76=983.04（万元）

第六年折旧费=2×983.04/10=196.61（万元）

第七年年初资产净值=983.04-196.61=786.43（万元）

第七年折旧费=2×786.43/10=157.29（万元）

第八年年初资产净值=786.13-157.29=629.14（万元）

第八年折旧费=2×629.14/10=125.83（万元）

第九年年初资产净值=629.14-125.83=503.31（万元）

第九年、第十年两年折旧费=（503.31-150）÷2=176.66（万元）

第十年年初资产净值=503.31-125.83=326.65（万元）

第十年残值：326.65-176.66=150（万元）

（3）年数总和法

由年折旧率=（尚可使用年限/折旧年限年数总和）×100%或

年折旧率=［（折旧年限-已使用年限）/折旧年限×（折旧年限+1）÷2］）×100%

和年折旧费=（固定资产原值-预计净残值）×年折旧率

得年折旧费=［固定资产原值×（1-预计净残值率）×2×尚可使用年限］/［折旧年限×（折旧年限+1）］

第一年折旧费=［3000×（1-5%）×2×10］/［10×（10+1）］=518.18（万元）

第二年年初资产净值=3000-518.18=2481.82（万元）

第二年折旧费＝［3000×（1-5%）×2×9］／［10×（10+1）］＝466.36（万元）

第三年年初资产净值＝2481.82-466.36＝2015.46（万元）

第三年折旧费＝［3000×（1-5%）×2×8］／［10×（10+1）］＝414.55（万元）

第四年年初资产净值＝2015.46-414.55＝1600.91（万元）

第四年折旧费＝［3000×（1-5%）×2×7］／［10×（10+1）］＝362.73（万元）

第五年年初资产净值＝1600.91-362.73＝1238.18（万元）

第五年折旧费＝［3000×（1-5%）×2×6］／［10×（10+1）］＝310.91（万元）

第六年年初资产净值＝1238.18-310.91＝927.27（万元）

第六年折旧费＝［3000×（1-5%）×2×5］／［10×（10+1）］＝259.09（万元）

第七年年初资产净值＝927.27-259.09＝668.18（万元）

第七年折旧费＝［3000×（1-5%）×2×4］／［10×（10+1）］＝207.27（万元）

第八年年初资产净值＝668.18-207.27＝460.91（万元）

第八年折旧费＝［3000×（1-5%）×2×3］／［10×（10+1）］＝155.45（万元）

第九年年初资产净值＝460.91-155.45＝305.46（万元）

第九年折旧费＝［3000×（1-5%）×2×2］／［10×（10+1）］＝103.64（万元）

第十年年初资产净值＝305.46-103.64＝201.82（万元）

第十年折旧费＝［3000×（1-5%）×2×1］／［10×（10+1）］＝51.82（万元）

第十年残值＝201.82-51.82＝150（万元）

表1-1　　　　　　　　　三种折旧方法的年折旧费、资产净值　　　　　　　　单位：万元

折旧情况		1	2	3	4	5	6	7	8	9	10	期末残值
年限平均法	年初资产净值	3000	2715	2430	2145	1860	1575	1290	1005	720	435	150
	年折旧费	285	285	285	285	285	285	285	285	285	285	
双倍余额递减法	年初资产净值	3000	2400	1920	1536	1228.8	983.04	786.43	629.14	503.31	326.65	150
	年折旧费	600	480	307.2	245.76	196.61	157.29	125.83	176.66	176.66		
年数总和法	年初资产净值	3000	2481.82	2015.46	1600.91	1238.18	927.27	668.18	460.91	305.46	201.82	150
	年折旧费	518.18	466.36	414.55	362.73	301.91	259.09	207.27	155.45	103.64	51.82	

从表1-1中可以看出，年限平均法各年折旧费相同。双倍余额递减法和年数总和法前期各年折旧费高，后期各年明显减少。折旧年限10年内，三种折旧方法计提的折旧费相同，均为固定资产原值减去预计净残值，即固定资产价值损耗额。

（3）经济分析中的有关成本

在工程经济分析中，经常涉及经营成本、固定成本与变动成本、机会成本、沉没成本以及半可变成本（半固定成本）等，下面逐一予以介绍。

1）经营成本

经营成本是指项目总成本费用中扣除折旧费、摊销费和利息支出以后的成本，反映产品生产经营和管理过程中的物料、能源动力和人力消耗，真实体现企业经营管理水平高低，故称经营成本。经营成本是工程经济学中特有的概念。由下式可得

$$经营成本 = 总成本 - 折旧费 - 摊销费 - 利息支出$$
$$= 外购原材料费 + 外购燃料及动力费 + 工资及福利费 +$$
$$修理费法 + 其他费用$$

在项目经济分析的现金流量表中，采用经营成本而不使用总成本，主要是在现金流量表中，已将各年建设投资按其发生时间计入现金流出，所以不能再将折旧费和摊销费计入现金流出，否则将出现现金流出的重复计算。另外，由于融资前项目投资现金流量分析是从项目投资总获利能力角度来考察项目方案设计的合理性，因此，财务分析的总现金流量与融资方案无关，应剔除利息的影响，即采用不含利息的经营成本作为现金流出，而不是总成本费用。

2）固定成本与变动成本

固定成本是指在一定产量范围内，总成本中不随产品产量变化而变化的那部分成本。如总成本中的固定资产折旧费、无形资产和其他资产摊销费、计时工资等。

可变成本是指总成本中随产品产量变化而发生变化的那部分成本。如总成本中的原材料和辅助材料费、燃料及动力费、计件工资等。

$$总成本费用 = 固定成本 + 变动成本$$

在项目经济分析中，将总成本费用分为固定成本与变动成本，有助于客观地对不同产量下的成本进行比较。

半可变（半固定）成本是指费用总额随产品增减而变化，但非成比例地变化的成本。

3）机会成本

机会成本是将资金用于特定投资方案时所放弃方案可能获取的最大收益。方案选择时，资金可能有多个获取相应收益的机会，将资金用于特定投资方案，意味着失去了其他获取收益的机会，这是选择特定投资方案所付出的代价，这个代价不是实际发生的支出，因此称为机会成本。

由上可知，机会成本不是实际发生的支出，只是理论上的成本或代价，在进行项目决策时，将准备放弃方案所可能取得的最大收益作为对拟选方案的机会成本来进行分析判断，才能作出正确决策，使资金得到有效利用。因此，在进行投资决策时，不仅要考虑项目本身的投资、成本，而且要考虑项目的机会成本。

4）沉没成本

沉没成本是指过去已经发生的、非现在决策能改变的费用。经济活动是一个连续的时

间过程，过去支付的费用只是造成当前状态的一个因素，从决策的角度看，当前状况是决策的出发点，所要考虑的是当前需要实际支付的费用和未来可能发生的费用，以及所能带来的收益，而不考虑过去发生的费用。因此，在经济分析中，引入沉没成本的概念，有助于排除与现在决策无关费用的干扰，确保分析决策的科学性。

$$沉没成本=设备账面价值-当前市场价值$$

【例1-4】某建筑施工企业两年前花费200万元从国外购入一台混凝土泵送设备，目前的账面价值是150万元，但由于进口关税调整和技术进步，该设备现在的市场价值仅120万元。问该设备的沉没成本为多少？

解：设备更新分析时，泵送设备的沉没成本为：

$$沉没成本=150-120=30（万元）$$

30万元作为过去决策已经发生的、非现在决策所能改变的费用，不予考虑。因此，当前设备更新决策分析既不能考虑设备原始成本200万元，也不能采用目前的账面价值150万元，只能按现在的市场价值120万元考虑。

1.4.3 营业收入与税费

（1）营业收入

营业收入是指项目建成投入使用后，生产销售产品或提供服务的所得。一般销售产品的所得称为销售收入，提供服务的所得称为营业收入。这里所介绍的营业收入是两者的统称。

营业收入估算的基础数据包括产品或服务的数量，两者均与市场预测密切相关。在估算营业收入时应对市场预测的相关结果以及建设规模、产品或服务方案详细论证，特别应对采用价格的合理性进行说明。

对于生产类项目，年营业收入即为产品年销售收入，其计算公式为：

$$年营业收入=产品年销售数量\times 产品销售单价$$

计算营业收入时，假定当期的产品当期全部售出，也就是当期生产量等于当期销售量。销售价格一般采用出厂价格，也可根据需要采用送达用户的价格或离岸价格。

某些项目还应按有关规定估算企业可能得到的补贴收入，补贴收入仅包括与收益相关的政府补助，如先征后返的增值税、按销量或工程量计算并按期给予的定额补助，不包括与资产相关的政府补贴（企业取得的、用于购建或以其他方式形成长期资产的政府补助）。

（2）营业税金及附加

营业税金及附加是根据商品或服务的流转额征收的税金，主要包括营业税、增值税、消费税、城市维护建设税及教育费附加等。项目具体涉及的税种和税率应根据项目产出的具体情况而定。

1）营业税

营业税是对商业、服务性行业营业收入征收的税收。凡在我国境内提供应税劳务、转让无形资产或者销售不动产的单位和个人，均是营业税的纳税人。营业税涉及的行业共有9个，即交通运输业、建筑业、金融保险业、邮电通信业、文化体育业、娱乐业、服务业、转让无形资产、销售不动产。

营业税的计算公式为：

应纳税额＝计税营业额×适用税率

一般情况下，计税营业额分为纳税人提供应税劳务、转让无形资产，销售不动产时向对方收取的全部价款和价外费用。除娱乐业税率10%外，一般营业税税率在3%~6%范围内。

2）增值税

增值税是以商品生产和流通中各环节的新增价值和商品附加值作为征税对象的一种流转税。凡在国内销售货物、进口货物以及提供加工、修理修配劳务的单位和个人，均是增值税的纳税人。

增值税是按增值额计税，其计算公式为：

增值税应纳税额＝销项税额－进项税额

上式中，销项税额是指纳税人销售货物或提供应税劳务后，按照销售额或增值税税率计算并向购买方收取的增值税税额，计算公式为：

销项税额＝营业收入（含增值税）÷（1+增值税税率）×增值税税率

进项税额是指纳税人购进货物或接受应税劳务所支付或者负担的增值税税额，计算公式为：

进项税额＝外购原材料、燃料及动力费÷（1+增值税税率）×增值税税率

加工、修理修配劳务和销售或进口货物的增值税税率为17%。

3）消费税

消费税是指在对国内销售货物、进口货物以及提供加工、修理修配劳务普遍征收增值税的基础上，根据国家消费政策、产业政策要求，对部分特定消费品征收的税种。征收消费税的消费品中，汽油、柴油产品采用从量定额计征，其他均采用从价定率计征，税率从3%至45%不等。

采用从量定额计征的计算公式为：

应纳税额＝应税消费品销售数量×单位税额

采用从价定率计征的计算公式为：

应纳税额＝应税消费品营业收入×适用消费税税率

＝营业收入（含增值税）÷（1+增值税税率）×适用消费税税率

4）城市维护建设税及教育费附加

城市维护建设税及教育费附加均是以纳税人实际缴纳的营业税、增值税和消费税为计税依据。城市维护建设税按纳税人所在地区实行差别税率，项目所在地为市区的，税率为7%；项目所在地为县城、镇的，税率为5%；项目所在地为乡村的，税率为1%。

教育费附加税率一般为3%。

城市维护建设税及教育费附加应纳税额的计算公式为：

$$应纳税额=（营业税+增值税+消费税）的实纳税额 \times （城市维护建设税税率+教育费附加税率）$$

1.4.4 利润

（1）利润的计算

利润是企业在一定会计期间的经营活动所获得的各项收入抵减各项支出后的净额，利润反映企业经济活动的效益，是衡量企业经营管理活动水平和经济效益的重要指标。根据《企业会计准则》，可以把利润分为营业利润、利润总额和净利润三个层次。

$$营业利润=营业收入-营业税金及附加-营业成本-管理费用-销售费用-$$
$$财务费用-资产减值损失+公允价值变动收益（损失为负）+$$
$$投资收益（损失为负）$$
$$利润总额=营业利润+营业外收入-营业外支出$$
$$净利润=利润总额-所得税费用$$

项目投资决策阶段的经济资金分析，不存在资产减值损失，公允价值变动收益和投资收益等项目，也无法估计项目的营业外收入和营业外支出。为简化计算，利润的估算公式为：

$$营业利润=利润总额=营业收入-营业税金及附加-总成本费用$$

根据税法规定，企业取得的利润须向国家缴纳所得税。则：

$$净利润=利润总额-所得税=利润总额 \times （1-所得税税率）$$
$$所得税=应纳税所得额 \times 所得税税率$$
$$资本金利润率=利润总额/资本金总额$$
$$销售净利润率=净利润/主营业务收入$$

上式中，应纳税所得额为企业每一纳税年度的收入总额扣减不征税收入、免税收入。各项扣除以及允许弥补的以前年度亏损后的余额。收入总额是企业以货币形式和非货币形式从各种来源取得的收入，包括销售货物收入、提供劳务收入、转让财产收入、股息、红利等权益性投资收益、利息收入、租金收入、特许权使用费收入、接受捐赠收入，其他收入。企业实际发生的与取得收入有关的、合理的支出，包括成本、费用、税金、损失和其他支出，准予在计算应纳税所得额时扣除，企业纳税年度发生的亏损，准予向以后年度结转，用以后年度的所得弥补，但结转年限最长不得超过5年。

企业所得税的税率取为25%，符合条件的小型微利企业，按20%的税率征收企业所得税。国家需要重点扶持的高新技术企业，按15%的税率征收企业所得税。

（2）利润的分配

利润分配是指企业按照国家的有关规定，对当年实现的净利润和以前年度未分配的利润所进行的分配。在工程项目经济分析中，可按照下列顺序分配：

① 弥补公司以前年度亏损。公司的法定公积金不足以弥补以前年度亏损的，在依照规定提取法定公积金之前，应当先用当年利润弥补亏损。

② 提取盈余公积金。企业当期实现的净利润，加上年初未分配利润（或减去年初未弥补的亏损）和其他转入的余额，为可供分配的利润。从可供分配的利润中提取的盈余公积金分为两种：一是法定盈余公积金，一般按当期实现净利润的10%提取，累计金额达到注册资本的50%后，可以不再提取；二是法定公积金，按当期实现净利润的5%~10%提取。提取的法定公积金用于弥补亏损，扩大公司经营（公积金追加投资），增加公司注册资本（公积金追加注册资本，但留在的该项公积金不得少于转增前公司注册资本的25%）。

③ 向投资者分配利润或股利。可供分配的利润减去应提取的法定盈余公积金、法定公积金等后，即为可供投资者分配的利润。此时，企业应首先支付优先股股利，然后提取任意盈余公积金（比例由企业自主决定），最后支付各投资方利润。

④ 未分配利润，可供投资者分配利润减去优先股股利、任意盈余公积金和各投资方利润后，所余部分为未分配利润。企业未分配的利润（或未弥补的亏损）可留待以后年度进行分配，在资产负债表的所有者权益项目中单独反映。

1.4.5 技术经济分析要素间的关系

建设项目投资、收入、成本、税金和利润是项目各阶段经济活动的体现，是技术经济分析的基本要素。

项目投资者首先投入资金，通过建造（或购置）建设项目形成资产（如固定资产、无形资产、流动资产和其他资产）。资产用于生产（或服务）经营，生产产品（或提供服务）产生营业收入。营业收入取得后应首先向国家缴纳营业税金及附加，然后扣除总成本，得到利润总额。企业在取得利润后，须向税务部门申报缴纳所得税，所得税后利润作为企业净利润，可用于弥补以前年度亏损、提取盈余公积金、向投资者分配利润等。

项目从每次营业收入中扣除总成本，总成本中的折旧与摊销用于补偿固定资产、无形资产和其他资产的磨损或耗损，收回项目投资；总成本中的经营成本所含原材料费、燃料及动力费用于补偿当期产品生产中原材料、燃料及动力等流动资金投入。

【习题】

【简答题】
1. 简述技术经济学的主要研究内容。
2. 结合技术选择的内容，简述宏观技术与微观技术的区别。
3. 技术经济分析的目的是什么？
4. 什么是沉没成本，什么是机会成本，请各举一例。
5. 折旧计算需要考虑哪些因素，有哪几种折旧计算方法？
6. 简述利息和折旧对税金的影响。

【计算题】
1. 某公司拥有一艘轮船，原始价值为350万元，预计残值15万元，清理费用为1万元，预计可行驶80万千米，第一年行驶5000千米，第二年行驶15000千米，第三年行驶1万千米。试用工作量法计算上述两年的折旧额。

2. 某项目初期投资500万元，全部形成固定资产。折旧年限为7年，预计残值率为4%，清理费为5万元，按年数总和法以及双倍余额递减法来计算折旧费。

3. 设备原始价值为5万元，使用年限为5年，无残值，请分别用平均年限法和双倍余额递减法计算各年的折旧额。

4. 设备原始价值为5万元，使用年限为5年，无残值，请分别按平均折旧法和双倍余额递减法计算各年的折旧额。

第二章 资金时间价值计算

【本章导读】

本章首先介绍资金时间价值概念及其表现形式，影响资金时间价值的主要因素，资金时间价值计算的基本方法。然后介绍本金、利息、利率的相互关系及其计算方法，单利法和复利法的异同，年金的终值与现值的计算方法。最后介绍周期利率、名义利率、实际利率的概念及三者的计算。

【学习目标】

1. 了解资金时间价值的概念和形成原理。
2. 理解资金为什么存在时间价值，决定影响时间价值大小的因素。
3. 掌握单利与复利的区别。
4. 掌握年金终值与现值的计算。
5. 掌握周期利率、名义利率、实际利率的计算以及它们之间的关系。

2.1 资金时间价值计算

资金的时间价值是现代财务管理的基础观念之一，无论是筹资还是投资，都要考虑资金的时间价值。资金时间价值的计算方法，有单利法和复利法两种。同样一笔资金，在所有边界条件都相同的情况下，复利法的计算本息和高于单利法。当所借本金越大，利率越高，借款周期越长，则两种计算方法的差距也越大。甚至在某种情况下，两种计算方法的的差值要比本金还要高。

2.1.1 资金时间价值

(1) 概念

在经济社会中,人们普遍有这样的认识,现在的1元钱比将来的1元钱更值钱。例如,我们现在把100元存入银行,假设银行的年利率为4%,一年后可得到104元,这多出的4元钱就是资金时间价值;也就是说现在的100元与一年后的104元是相等的。经过一年的时间,这100元增值了4元,而这增值的4元就是资金经过一年时间的价值。再比如某人投资10000元,一年后,共收回10100元,这多出的100元就是投资10000元的时间价值。资金的时间价值,是指一定量资金在不同时点上价值量的差额,也称为货币的时间价值。国外传统的定义是:在没有风险和通货膨胀的条件下,货币经历一定时间的投资和再投资所增加的价值,通俗来讲就是:今天1元钱的价值也大于1年以后1元钱的价值。股东投资1元钱,就失去了当时使用或消费这1元钱的机会或权利,按时间计算的这种付出的代价或投资报酬,就叫作时间价值。

资金在周转过程中会随着时间的推移而发生增值,使资金在投入、收回的不同时点上价值不同,形成价值差额。货币时间价值原理正确地揭示了不同时点上资金之间的换算关系,是财务决策的基本依据。

通常情况下,资金作为资本投资时,随着投资时间的增加,原始资本会增值,增值情况和时间成正比关系。在财务管理中,资金时间价值指的是,资金在生产以及流通过程中产生的增值。资金随时间增加而增值,是具有相应条件的,即用作投资,但是投资是存在风险的,因此决定了资金增值的不确定性。

(2) 资金时间价值的产生原因

资金的时间价值并非阳春白雪的纯理论概念,而是存在于我们日常的每天生活。例如,家庭购房,是选择500万元全款购房,还是选择30年的分期贷款购房?这两种购房方式哪种更划算,更能用最小的资金总价值来获得最大的收益?又如生活中必需品——手机的购买,是选择花7000元购买一部心仪的手机,还是选择每月支付200元分期购买?当人们做决策时,首先需要考虑的就是同样金额的钱,今天的钱的价值和明天的钱的价值是不同的,这便体现了经济学中的基础概念,资金是有时间价值的。

1) 资源稀缺性

在经济学中,资源的稀缺性是其基本原理,该原理对于资金的时间价值分析而言同样适用。日常社会活动中,发展必然伴随着社会资源的持续消耗。那么,现有的社会财富便是由现在的社会资源组成。人们充分利用现有的社会资源,并经过组织协调、科学创新等因素,从而创造出来的将来的价值,则称为未来的社会财富。社会资源具备稀缺属性,其经过创造带来更多的社会财富,因此就效用而言,现在的物品要高于未来的。未来的社会财富，随着人民的积累、创造，将会呈现逐渐增加的趋势。同样的道理适用于资金，即现在的资金价值高于未来的资金价值。在体现未来与现在的资金价值特征中，可使用利率来反映社会经济增长和资源稀缺性，亦即反映资金的时间价值。

2）主权货币信用制度，资金时间价值为货币流通的固有属性

当今世界的货币制度为主权信用货币，亦即国家中央银行起到货币发行的作用，而发行的保障是国家信用。央行的基础货币与各大商业银行的存款共同构成了市场上的流通货币。随着经济增长和财富的增加，信用货币也伴随增加，因此其必然导致货币的贬值和通货膨胀。因此，从时间角度来看，现在的货币的价值将高于未来的货币价值。同样可以采用利率来反映货币贬值和通货膨胀的水平，也表明资金随着时间的变化程度。

（3）影响资金时间价值的四个因素

1）资金的使用时间

在资金的时间价值中，资金是运动着的价值，表现为价值是随着时间的推移而增值，增值部分就是原有资金的时间价值。也就是一定量的资金在当前投入项目中可以比将来投入项目中获得更高的价值。从经济学的角度而言，在不同的时间，一个单位的资金之所以购买力不同，是因为要将现在的资金用作将来消费，在消费时就需要付出大于一个单位的资金，超出一个单位资金的部分作为弥补延迟消费的贴水。产生上述结果的原因是在扩大再生产及其流通过程中，作为生产经营要素的资金是随着时间的推移而变化的。总的来说就是等量资金，在同一时间点、投入到同一个项目中，在资金增值率保持不变的前提下，资金占用时间越长，资金的时间价值就越大；资金占用时间越短，资金的时间价值就越小。

2）资金数量的大小

在其他条件不变的情况下，资金数量越大，资金的时间价值就越大；反之，资金的时间价值则越小。

3）资金投放和收回的特点

在总资金一定的情况下前期投入的资金越多，资金的负效益越大；反之，后期投入的资金越多，资金的负效益就越小。

在资金回收额一定的情况下，离现在越近的时间，回收资金就越少，资金的时间价值就越大；反之，离现在越远的时间，回收资金就越多，资金的时间价值就越小。

4）资金周转的速度

资金周转率越快，在一定时间内等量筹集资金的时间价值越大，反之，则资金的时间价值越小。

总的来说，资金的时间价值是存在于客观经济活动中的一个基本经济规律，任何投资者都必须充分考虑资金的时间价值，并最大限度地利用好资金，这就需要从资金的时间价值的影响因素入手，加快资金的周转速度，使投入的资金尽早地回收，同时考虑将资金投

入利润较高的项目中。根据资金的时间价值规律，任何资金的闲置，都会造成资金时间价值的损失。

（4）时间价值的表达形式

1）相对数：即时间价值率，是指扣除风险报酬和通货膨胀贴水后的平均资金利润率或平均报酬率。

2）绝对数：即时间价值额，是指资金与时间价值率的乘积。

资金的时间价值可用绝对数（利息）和相对数（利息率）两种形式表示，通常用相对数表示。例如，资金100元的一年的时间价值为4元或4%。在实际工作中并不严格地区分绝对数和相对数，所说的资金的时间价值，有时候指绝对数，有时候指相对数。

需要注意的是，将资金作为资本投入生产过程所获得的价值增加并不全是资金的时间价值。因为，所有的生产经营都会有风险，而投资者承担的风险也要求获得相应的收益。

此外，通货膨胀也会影响资金的实际购买力，这也要求更高的收益以补偿其购买力损失，这部分称为通货膨胀贴水。企业经营产生的收益不仅包括时间价值，还包括风险收益和通货膨胀贴水。

收益率=纯利率（时间价值）+通胀率+风险收益=无风险收益率+风险收益率

理论上，资金时间价值等于没有风险、没有通货膨胀条件下的社会平均资金利润率。由于资金在不同时点上具有不同的价值，不同时点上的资金就不能直接比较，必须换算到相同的时点上，才能比较。因此，掌握资金时间价值的计算就很重要。

2.1.2　利息与利率

（1）利息

利息是资金时间价值的一种重要表现形式。通常用利息额的多少作为衡量资金时间价值的绝对尺度，用利率作为衡量资金时间价值的相对尺度。

在借贷过程中，债务人支付给债权人超过原借贷金额的部分就是利息。即：

$$I = F - P$$

其中，I——利息；F——目前债务人应付（或债权人应收）总金额，即还本付息总额；P——原借贷金额，常称为本金。

在实际工作中，利息常常被看成是资金的一种机会成本。因此，利息常常是指占用资金所付的代价或者是放弃使用资金所得的补偿。

（2）利率

1）概念

在现代信用经济中，利率是国家宏观经济政策的指向标，是国家进行宏观经济调控的货币政策工具。利率直接作用于储蓄、投资，进而影响市场货币需求；间接作用于公共收支、社会总需求、产量和就业,并影响国际收支差额。货币政策通过利率进行传导,实现了金融领域与实际经济活动相连接。建立利率与相关宏观经济变量间的定量模型,分析利率的决定因素,揭示利率对宏观经济调节作用的真正机理,对我国利率市场化改革(从管制利率制度向现代市场利率制度转变)的顺利进行尤为重要。利率就是在单位时间内所得利息额与原借贷金额之比,通常用百分数表示。

$$i = \frac{I_t}{P} \times 100\%$$

其中:i—— 利率;

I_t——单位时间内所得的利息额。

用于表示计算利息的时间单位称为计息周期,计息周期 t 通常为年、半年、季、月、周或天。

注意:利率是货币资金的价格。

2)影响利率的因素

① 社会平均利润率的高低

② 在平均利润率不变的情况下,利率高低取决于金融市场上借贷资本的供求情况

③ 借贷风险

④ 通货膨胀

⑤ 借出资本的期限长短

3)相关利率理论

① 马克思的利率决定理论

马克思的利率决定理论是以不同资本家对剩余价值的分配为起点。马克思指出,利息是剩余价值的一部分,是贷出资本家从借入资本的资本家那里分割得来的。利润是剩余价值的表现,因此,利润总额的多少决定利息量的多少,平均利润率的高低决定利率的高低。

马克思认为,剩余价值是产业资本家和商业资本家在生产和流通过程中产生和实现的,利润是剩余价值的转化形式,当货币资本家把资本借给产业资本家和商业资本家后,会获得一定补偿利息,该补偿利息是产业资本家和商业资本家利润的一部分。马克思认为,利息属于产业利润的一部分,是对出借人放弃使用产业资本的报酬。现实中,市场借贷资本的供求状况决定市场利率。马克思以产业资本作为研究对象,摒弃了重商主义者和重农主义者对资本认识的片面性,对利率理论的发展具有十分重要的意义。

② 古典经济学派的利率决定理论

古典学派认为,允许自由竞争的市场本身具备使市场达到并维持充分就业状态的能力。所谓均衡利率就是市场在实现充分就业的状态下,由储蓄和投资共同决定的。古典的

利率理论认为,利率取决于储蓄和投资的均衡点。投资是利率的递减函数,当利率提高时,投资额会随之下降;储蓄是利率的递增函数,当利率提高时,储蓄会增多。其中,马歇尔的"储蓄投资利率论"和费雪的"借贷资本利率论"是古典的利率决定理论的代表。

马歇尔认为,人们因等待而形成的延期消费构成了储蓄。利率越高,人们延期消费的愿望越强烈,资本供给就越多。现实生产中,边际生产力递减,资本的需求会随着利率的上涨而下降。所谓市场均衡就是资本供给等于资本需求。

费雪认为,利率只是现在财货与将来财货进行交换时的一种贴水,既受主观因素决定,也受客观投资机会影响,人们的时间偏好在其中起核心作用。

③ 凯恩斯流动性偏好利率决定理论

区别于利率是由储蓄和投资相互作用而决定的这一观点,凯恩斯学派的流动性偏好理论认为,利率是由货币量的供求关系决定,货币需求数量和货币供给数量是两个决定因素。其中,人们的流动性偏好决定货币需求(内生变量),利息是人们放弃流动性所得到的补偿,利率则是衡量人们流动性偏好的指标。所谓流动性偏好,是指人们更倾向于选择具有完全流动性和最小风险性的货币作为其财富的持有形式。货币的需求量起因于三种动机,即交易动机、预防动机和投机动机。

④ 新古典可贷资金利率理论(Loanable—Funds Theory of Interest)

可贷资金利率理论认为,利率是由可贷资金的供求关系决定的。借贷资金的需求包含两方面内容:借贷资金的需求来自某期间投资流量和该期间人们希望保有的货币金额:$DL = I + \Delta Md$;借贷资金的供给包含两方面内容:借贷资金的供给来自同一期间的储蓄流量和该期间货币供给量的变动:$SL = S + \Delta Ms$,式中 DL 为借贷资金的需求,SL 为借贷资金的供给,ΔMd 为该时期内货币需求的改变量,ΔMs 为该时期内货币供应的改变量。总体来说,均衡条件为:$S + \Delta Ms = I + \Delta Md$(见图 2-1)。

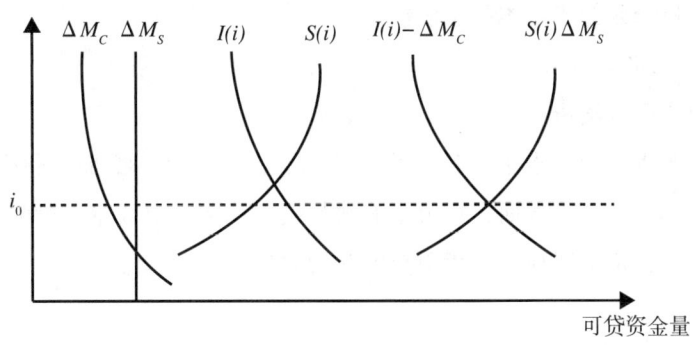

图 2-1

⑤ IS-LM 模型

IS-LM 模型理论认为，投资需求函数、储蓄函数、流动性偏好函数和货币量四个因素在利率理论中尤为重要。该模型的基本思想是：利率由货币市场的供求状况决定，利率的高低对消费和投资会产生直接影响，进而对产品市场的均衡状况产生影响。因此，政府在制定财政政策和货币政策时，都必须考虑其对利率的影响，对消费和投资的影响（见图 2-2）。

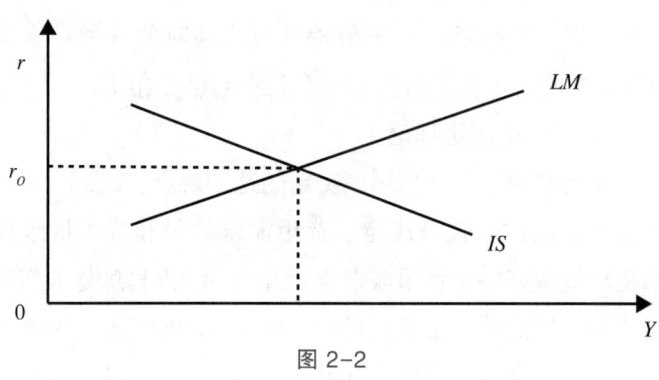

图 2-2

⑥ 马歇尔的储蓄投资利率理论

马歇尔的利率理论是指：资本的供给与需求决定利率，资本的边际生产力决定资本需求，为等待未来报酬而抑制现在消费的程度决定资本供给。资本供给（储蓄）是利率的递增函数；资本需求（投资）是利率的递减函数。资本的价格（使用资本的报酬）——利息率则由资本供给（储蓄）与资本需求（投资）二者之间的均衡状况决定。一般来说，利率随储蓄与投资之间比例的变动而变化：当投资大于储蓄，资本供不应求时，利率上升；当储蓄大于投资，资本供过于求时，利率下降。储蓄与投资的交互作用与均衡状态决定利率。马歇尔认为，利息是使用资本的代价，利息常趋于一均衡点，即市场在该利率下对资本的总需求量恰好等于资本的总供给量。

⑦ 其他影响因素

物价水平及货币供给量

货币供需状况决定利率水平。若货币需求不变，货币供给增加，利率将呈下降趋势；反之，利率将随之上升。一方面，物价影响银行吸收社会资金成本，影响银行借贷资金的来源；另一方面，物价上涨往往同货币贬值互为因果。

国际市场汇率

当一国货币汇率下降时，有利于推动一般物价水平上升，引起国内物价水平上升，导致实际利率下降。反之，在本币贬值预期作用下，短期资本将外逃，国内资金供应将减少，本币利率上升。

宏观政策

诸如一国的经济政策、政府利率管制制度、法律传统习惯等。譬如一国利率不能完全随借贷资金的供应状况自由波动,要受到国家经济政策的干预,一些代表国家意向的经济政策会对利率产生直接的干预和影响。

2.1.3 单利

(1) 概念

1) 所谓单利是指在计算利息时,仅用最初本金来计算,而不计入先前计息周期中所累积增加的利息,即通常所说的"利不生利"的计息方法。

其计算式如下:

$$I_t = P \times i_{单}$$

上式中:I_t 代表第 t 计息周期的利息额;P 代表本金;$i_{单}$ 为计息周期单利利率。

2) 而 n 期末单利本利和 F 等于本金加上总利息,即:

$$F = P + I_n = P(1 + n \times i_{单})$$

上式中:I_n 代表 n 个计息周期所付或所收的单利总利息,即:

$$I_n = \sum_{t=1}^{n} I_t = \sum_{t=1}^{n} P \times i_{单} = P \times i_{单} \times n$$

在以单利计息的情况下,总利息与本金、利率以及计息周期数同向变化。

此外,在利用该式计算本利和 F 时,要注意式中 n 和 $i_{单}$ 反映的时期要一致。如 $i_{单}$ 为年利率,则 n 应为计息的年数;若 $i_{单}$ 为月利率,n 即应为计息的月数。

注意:在实际财务决策时较少使用单利,并且采用单利法计算资金的时间价值,存在一定的缺陷,其未考虑到时间周期内,每个阶段产生的利息所产生的新的时间价值。而在实际经济活动中,这是不科学的,不符合客观规律的,是无法完全反映资金的时间价值的。

【例 2-1】某企业向银行借款 100 万元,借期为 3 年,年利率为 6%,则 3 年后利息是多少?

解:$I = P \times i \times n = 100 \times 6\% \times 3 = 18(万元)$

答:3 年后利息是 18 万元。

(2) 单利的终值和现值

1) 单利终值,是指一定量的本金按照单利计算的若干年后的本利和。计算公式:

$$F = P \times (1 + i \times n)$$

上式中:F 表示终值,P 表示现值。

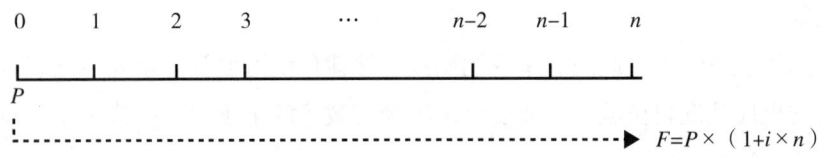

图 2-3 单利终值

【例 2-2】某人将一笔 1000 元的现金存入银行,银行一年期定期利率为 5%。

要求:按照单利分别计算存入期是一年、二年和三年的利息和终值。

解:存入期是一年的利息 $I_1 = P \times i \times n = 1000 \times 5\% \times 1 = 50(元)$

存入期是二年的利息 $I_2 = P \times i \times n = 1000 \times 5\% \times 2 = 100(元)$

存入期是三年的利息 $I_3 = P \times i \times n = 1000 \times 5\% \times 3 = 150(元)$

存入期是一年的终值 $F_1 = P \times (1 + i \times n) = 1000 \times (1 + 5\% \times 1) = 1050(元)$

存入期是二年的终值 $F_2 = P \times (1 + i \times n) = 1000 \times (1 + 5\% \times 2) = 1100(元)$

存入期是三年的终值 $F_3 = P \times (1 + i \times n) = 1000 \times (1 + 5\% \times 3) = 1150(元)$

从上面计算中,显而易见,第一年的利息在第二年不再计息,只有本金在第二年计息。此外,无特殊说明,给出的利率均为年利率。

2)单利现值,是指某一特定时间一定量的资金,按单利折算到现在的价值。计算公式:

$$P = F/(1 + i \times n)$$

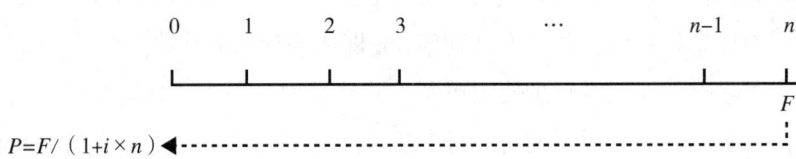

图 2-4 单利现值

【例 2-3】某人希望 5 年后获得 10000 元本利和,银行利率为 5%。

要求:按照单利计算此人现在须一次性存入银行多少资金?

解: $P = F/(1 + i \times n) = 10000/(1 + 5\% \times 5) = 8000(元)$

上面的计算表明此人现在应该一次性存入 8000 元。

上面求现值的计算,也可称为贴现值的计算,贴现使用的利率称为贴现率。

2.1.4 复利

(1)概念

1)复利是指在计算某一计息周期的利息时,其先前周期上所累积的利息要计算利息,即为"利生利""利滚利"的计息方式。其表达式如下：

$$I_t = i \times F_{t-1}$$

上式中：i 为计息周期复利利率；F_{t-1} 为第 $(t-1)$ 期末复利与本利和。

而第 t 期末复利本利和的表达式如下：

$$F_t = F_{t-1}(1+i)$$

注意：在实际工作中，一般采用复利计算。

2) 复利计算有间断复利和连续复利之分。

按期（年、半年、季、月、周、日）计算复利的方法称为间断复利（普通复利）；按瞬时计算复利的方法称为连续复利。在实际使用中都采用间断复利，这一方面是出于习惯，另一方面是因为会计通常在年底结算一年的进出款，按年支付税收、保险金和抵押费用，因而采用间断复利考虑问题更适宜。

常用的间断复利计算有一次支付情形和等额支付系列情形两种。

【例 2-4】某企业从金融机构借款 100 万元，月利率 1%，按月复利计息，每季度付息一次，则该企业一年需向金融机构支付利息（　　）万元。

A. 12.00

B. 12.12

C. 12.55

D. 12.68

解析：因为季利率 = $(1+1\%)^3 - 1 = 3.03\%$，所以该企业一年需向金融机构支付利息 $100 \times 3.03\% \times 4 = 12.12$ 万元。

(2) 复利的终值与现值

1) 复利终值，是指一定量的本金按复利计算的若干年后的本利和，计算公式为：

$$F = P \times (1+i)^n = P \times (F/P, i, n)$$

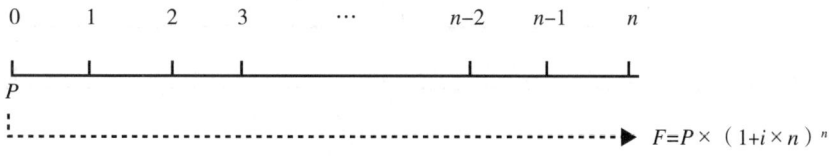

图 2-5　复利终值

上式中：$(1+i)^n$ 称为"复利终值系数"或"1 元复利终值系数"，用符号 $(F/P, i, n)$ 表示。$(F/P, i, n)$ 表示利率为 i、期限为 n 期的复利终值系数。

【例 2-5】某人现在将 1000 元存入银行，银行利率为 5%。

要求：按照复利分别计算存入期是一年、二年、三年利息与本利和。

解：存入期是一年的利息 $I_1 = 1000 \times 5\% = 50$（元）

存入期是二年的利息 $I_2 = 50 + (1000+50) \times 5\% = 102.5$（元）

存入期是三年的利息 $I_3 = 102.5 + (1000+102.5) \times 5\% = 157.6$（元）

存入期是一年的本利和 $F = P \times (1+i)^1$

$= 1000 \times (F/P, 5\%, 1)$

$= 1000 \times 1.05 = 1050$（元）

存入期是二年的本利和 $F = P \times (1+i)^2$

$= 1000 \times (F/P, 5\%, 2)$

$= 1000 \times 1.1025 = 1102.5$（元）

存入期是三年的本利和 $F = P \times (1+i)^3$

$= 1000 \times (F/P, 5\%, 3)$

$= 1000 \times 1.1576 = 1157.6$（元）

将单利终值与复利终值比较，发现一年期，单利终值和复利终值是相等的；二年期，单利终值和复利终值不相等，两者相差 1102.5-100=2.5 元，这是因为按照复利，第一年本金所生的利息 50 元在第二年也要计算利息，即 50×5%=2.5（元）；三年期，两者相差 1157.6-1150=7.6 元，这是因为第二年末的差异 2.5 元加上第三年产生的差异，即按复利计算的前两年产生的利息在第三年产生的利息 102.5×59%=5.125（元），即 2.5+5.125≈7.6 元。从第二年开始，单利终值和复利终值是不相等的。

2）复利现值，是指在将来某一特定时间取得或支出一定数额的资金，按复利折算到现在的价值，计算公式为：

$$P = F \times (1+i)^{-n} = F \times (P/F, i, n)$$

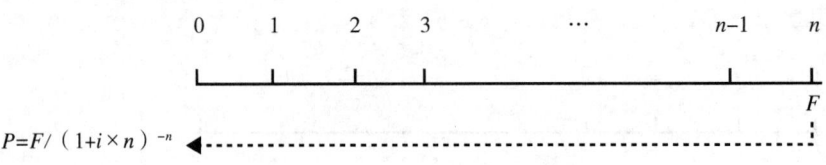

图 2-6　复利现值

上式中：$(1+i)^{-n}$ 称为"复利现值系数"或"1 元复利现值系数"，用符号 $(P/F, i, n)$ 表示。

【例 2-6】某人希望 5 年后获得 10000 元本利和，银行利率为 5%。

要求：按照复利计算此人现在应一次性存入银行多少资金？

解：$P = F \times (1+i)^{-n}$

$= F \times (P/F, 5\%, 5)$

$= 10000 \times 0.7835$

$= 7835$（元）

上面的计算表明，此人现在应一次性存入银行 7835 元。

2.2 资金时间价值计算公式

2.2.1 资金时间价值的计算

案例一：甲公司拟租赁一台设备，期限为 10 年，假设年利率为 10%，出租方提出以下 3 种付款方案：(1) 现在一次性付清全部款项 20 万元；(2) 从第 4 年开始，每年年初付款 4 万元，持续到最后一年年初结束；(3) 前 8 年每年年末支付 3 万元，第 9 年年末支付 4 万元，最后一年年末支付 5 万元。作为甲公司的财务人员该如何抉择？

根据上述资料可知财务人员的抉择依据就是从 3 种付款方案中选出付款现值最低的方案。所以，首先必须计算出每种方案的付款现值：方案一不用计算现值，因为付款方式是现在一次性付清全部款项 20 万元；方案二的特点是前三年不用支付，但应注意的是，支付的时间点是每年的期初，也就是从第 3 年的年末开始到第 9 年年末结束，每年支付 4 万，一共支付了 7 个 4 万，典型的递延年金求现值，其中递延期 $m=2$，支付期 $n=7$，可以采用 4 种方法，最简单最直接的就是两次折现，即 $P = 40000 \times (P/A, 10\%, 7)(P/F, 10\%, 2) = 40000 \times 4.8684 \times 0.8264 = 160929.83$（元）；方案三的特点是前 8 年为普通年金求现值，第 9 年和第 10 年因为金额不等，所以不能用年金的计算公式，只能分别计算复利现值，即 $P = 30000 \times (P/A, 10\%, 8) + 40000 \times (P/F, 10\%, 9) + 50000 \times (P/F, 10\%, 10) = 30000 \times 5.3349 + 40000 \times 0.4241 + 50000 \times 0.3855 = 196286$（元），因为第二种方案的付款现值最低，所以，选择第二种方案对甲公司最为有利。

案例二：某项目在 5 年建设期内每年年末需投资 100 万元，项目建成后，从第 6 年年末起每年末可以流入现金净流量 140 万元，至第 11 年末止。在利率为 10% 的情况下，请判断该项目是否可行？

根据上述资料可知财务人员的抉择依据就是站在第 5 年年末也就是第 6 年年初的时点，比较前 5 年项目建设期内每年年末投资的 100 万的普通年金终值和后 6 年项目收益期内每年 140 万元的普通年金现值，如果该年金现值小于年金终值，表示该项目收小于支，则不可行。投资的普通年金终值 $F = 100 \times (F/A, 10\%, 5) = 100 \times 6.1051 = 610.51$(万元);收益的普通年金现值 $P = 140 \times (P/A, 10\%, 6) = 140 \times 4.3553 = 609.742$(万元);因为收益现值 609.742 万元小于投资现值 610.51 万元,所以该项目不可行。

综上所述,资金时间价值的计算并不复杂。虽然表面上看,种类繁多,情况复杂,但万变不离其宗,只要熟练掌握了其基本原理和其相互之间的关系,计算并非难题,但知识的掌握和技能的提高还必须在实践中巩固和提高并最终为实际工作服务,所以,资金时间价值在实际运用过程中还必须考虑错综复杂的经济环境、金融环境和法律环境。

2.2.2 年金终值与现值的计算

一、年金

(1) 普通年金(后付年金)

1) 普通年金的终值

普通年金的终值,是指每期期末收入或支出的相等款项,按复利计算,在最后一期所得的本利和。每期期末收入或支出的款项用 A 表示,利率用 i 表示,期数用 n 表示,那么每期期末收入或支出的款项,折算到第 n 年的终值,如图 2-7 所示。

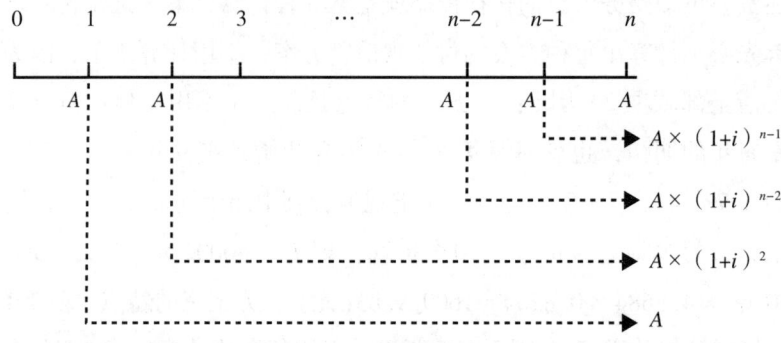

图 2-7 普通年金终值

那么 n 年的终值和:

$$F_A = A + A \times (1+i)^1 + \cdots + A \times (1+i)^{n-3} + A \times (1+i)^{n-2} + A \times (1+i)^{n-1}$$

根据等比数列求和公式可以得到:

$$F_A = A \times \frac{(1+i)^n - 1}{i}$$

上式中: $\frac{(1+i)^n - 1}{i}$ 称为"年金终值系数"或"1 元年金终值系数",记为 $(F/A, i,$

n），表示年金为 1 元、利率为 i、经过 n 期的年金终值。

【例 2-7】 某人连续 5 年每年年末存入银行 10000 元，利率为 5%。

要求：计算第 5 年年末的本利和。

解：$F_A = A \times (F/A, 5\%, 5)$
$= 10000 \times 5.5256$
$= 55256$（元）

上面计算表明，每年年末存 10000 元，连续存 5 年，到第 5 年年末可得 55256 元。

【例 2-8】 某人在 5 年后要偿还一笔 50000 元的债务，银行利率为 5%。

要求：为归还这笔债务，此人每年年末应存入银行多少元？

解：因为 $F_A = A \times (F/A, i, n)$

即：$50000 = A \times (F/A, 5\%, 5)$

$A = 50000 / (F/A, 5\%, 5)$

$A = 50000 / 5.5256$

$A = 9048.79$（元）

在银行利率为 5% 时，每年年末存入银行 9048.79 元，5 年后才能还清债务 50000 元。

此题是已知年金终值，反过来求每年支付的年金数额，这是年金终值的逆运算，我们把它称作年偿债基金的计算。

年金终值系数的倒数 $1/(F/A, i, n)$ 称作"偿债基金系数"，记为 $(A/F, i, n)$，即 $(A/F, i, n) = 1/(F/A, i, n)$，则每年需要收支的年金数额可以写成 $A = F_A \times [1/(F/A, i, n)]$ 或 $A = F_A \times (A/F, i, n)$。

2）普通年金的现值

普通年金的现值，是指一定时期内每期期末等额收支款项的复利现值之和。实际上就是指为了在每期期末取得或支出相等金额的款项，现在需要一次投入或借入多少金额。年金现值用 P 表示，其计算如下：

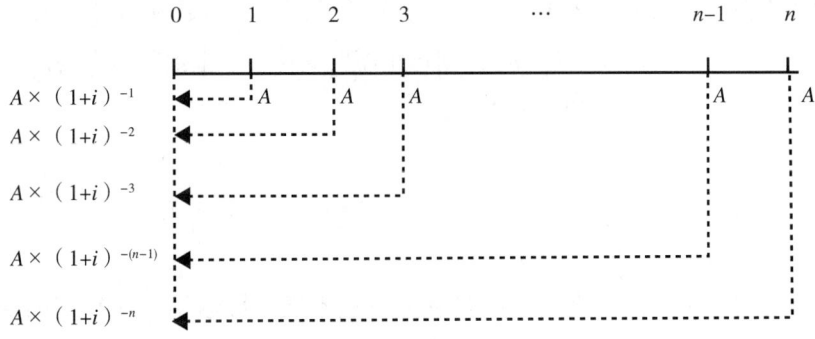

图 2-8 普通年金的现值

那么，n 年的现值之和

$$P_A = A \times (1+i)^{-1} + A \times (1+i)^{-2} + A \times (1+i)^{-3} + \cdots + A \times (1+i)^{-(n-1)} + A \times (1+i)^{-n}$$

根据等比数列求和公式可以得到：

$$P_A = A \times \frac{1-(1+i)^{-n}}{i}$$

上式中：$\frac{1-(1+i)^{-n}}{i}$ 称为"年金现值系数"或"1元年金现值系数"，记作 (P/A, i, n)，表示年金1元、利率 i、经过 n 期的年金现值。

【例2-9】某人希望每年年末取得1000元，连续取5年，银行利率为59%。计算此人第一年年初应一次性存入多少元？

解：$P_A = A \times (P/A, i, n)$

= 10000 × (P/A, 5%, 5)

= 10000 × 4.3295

= 43295（元）

答：为了每年年末取得10000元，第一年年初应一次性存入43295元。

【例2-10】某人购入一套商品房，须向银行按揭贷款100万元，准备20年内于每年年末等额偿还，银行贷款利率为5%。要求：计算此人每年应归还多少元？

解：$P_A = A \times (P/A, i, n)$

$A = P_A/(P/A, i, n)$

= 100/(P/A, 5%, 20)

= 100/12.4622

= 8.0243（万元）

此题是已知年金现值，反过来求每年支付的年金数额，这是年金现值的逆运算，我们把它称作年收回额的计算。

年金现值系数的倒数 $1/(P/A, i, n)$ 称作"回收系数"，记为 (A/P, i, n)，即 (A/P, i, n) = $1/(P/A, i, n)$，则每年需要支付的年金数额可以写成 $A = P_A \times 1/(P/A, i, n)$ 或 $A = P_A \times (A/P, i, n)$。

(2) 预付年金

预付年金，是指在每期期初收入或支出相等金额的款项的年金。由于是期初发生首付款项，故也称为先付年金或即付年金。

预付年金与普通年金的区别在于收付款的时点不同，普通年金在每期的期末收付款项，预付年金在每期的期初收付款项，如图2-7所示。

由图2-7可见，n 期的预付年金与 n 期的普通年金，其收付款次数是一样的，只是收付款时点不一样。如果计算年金终值，预付年金要比普通年金多计一年的利息；如果计算年金现值，则预付年金要比普通年金少折现一年。因此，在普通年金的现值、终值的基础上，乘以$(1+i)$便可计算出预付年金的现值与终值。

1）预付年金的终值

$$F_A = A \times \frac{(1+i)^n - 1}{i}(1+i) = A(F/A, i, n)(1+i)$$

$$或\ F_A = A \times \frac{(1+i)^n - 1}{i}(1+i) = A(F/A, i, n)(1+i)$$

$$= A \times \frac{(1+i)^{n+1} - (1+i)}{i}$$

$$= A \times \left[\frac{(1+i)^{n+1} - 1}{i} - 1\right]$$

$$= A \times [(F/A, i, n+1) - 1]$$

即预付年金终值公式也可以表示为在普通年金公式的基础上期数加1、系数减1的形式。

【例2-11】某人连续5年每年年初存入银行10000元，利率为5%。

要求：计算此人第5年年末的本利和。

解：$F_A = A \times (F/A, 5\%, 5)(1+5\%)$

$= 10000 \times 5.5256 \times 1.05$

$= 58018.8$（元）

上面计算表明，每年年初存10000元，连续存5年，到第5年年末可得58018.8元。

与【例2-7】的普通年金终值相比，相差（58018.8-55256）= 2762.8元，该差额实际上就是预付年金比普通年金多计一年利息而造成的（55256×5% = 2762.8元）。

2）预付年金的现值

预付年金的现值计算公式为：

$$P_A = A \times \frac{1-(1+i)^{-n}}{i}(1+i) = A(P/A, i, n)(1+i)$$

$$或\ P_A = A \times \frac{1-(1+i)^{-n}}{i}(1+i)$$

$$= A \times \frac{(1+i) - (1+i)^{-n+1}}{i}$$

$$= A \times \left[\frac{1-(1+i)^{-(n-1)}}{i} + 1\right]$$

$$= A \times [(P/A, i, n-1) + 1]$$

即预付年金现值公式也可以表示为在普通年金公式的基数上减 1、系数加 1 的形式。

【例 2-12】某人希望每年年初取得 10000 元,连续取 5 年,银行利率为 5%。

要求:计算此人第一年年初应一次性存入多少元?

解:$P_A = A \times (P/A, i, n)(1+i)$

$= 10000 \times (P/A, 5\%, 5)(1+5\%)$

$= 10000 \times 4.3295 \times 1.05$

$= 45459.75(元)$

答:为了每年年初取得 10000 元,第一年年初应一次性存入 45459.75 元。

与【例 2-9】普通年金现值相比,相差 45459.75-43295=2164.75 元,该差额实际上是由于预付年金现值比普通年金现值少折现一期造成的($43295 \times 5\% = 2164.75$ 元)。

(3)递延年金

第一次收付不发生在第一期,而是隔了几期后才在以后的每期期末发生一系列的收付款项,这种年金形式就是递延年金。因此,凡是第一期没有收付的年金,称为递延年金。图 2-9 可以说明递延年金的支付特点及与普通年金的比较。

与普通年金相比,尽管期限一样,都是 $(m+n)$ 期,但普通年金在 $(m+n)$ 期内,每期期末都要发生收付,而递延年金在 $(m+n)$ 期内,只在后 n 期发生收付,前 m 期无收付发生。

1)递延年金的终值

图 2-9 中,先不看递延期,年金一共支付了 n 期。只要将这 n 期年金折算到期末,即可得到递延年金终值。所以,递延年金终值的大小,与递延期无关,只与年金共支付了多少期有关,它的计算方法与普通年金相同:

$$F_A = A \times (F/A, i, n)$$

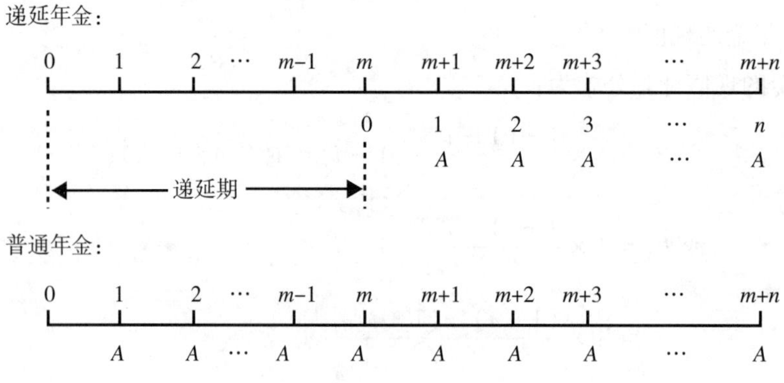

图 2-9 普通年金与递延年金对比

【例 2-13】某企业于年初投资一项目,估计从第 5 年开始至第 10 年,每年年末可得收益 10 万元,假定年利率为 5%。要求:计算投资项目年收益的终值。

解:$F_A = A \times (F/A, i, n)$

$= 10 \times (F/A, 5\%, 6)$

$= 10 \times 6.8019$

$= 68.019$(万元)

2)递延年金的现值

递延年金的现值主要用两种方法来计算。

① 把递延年金视为 n 期的普通年金,求出年金在递延期期末 m 点的现值,再将 m 点的现值调整到第一期期初。计算公式为:

$$P_A = A \times (P/A, i, n) \cdot (P/F, i, m)$$

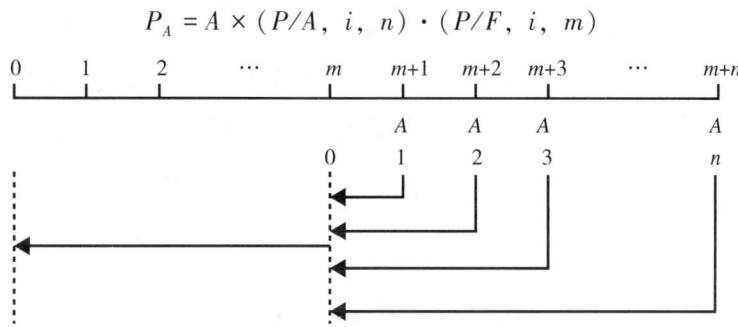

图 2-10 递延年金折现示意

② 先假设递延期也发生收付,则变成一个 $(m+n)$ 期的普通年金,算出 $(m+n)$ 期的年金现值,再扣除并未发生年金收付的 m 期递延期的年金现值,即可求得递延年金现值。计算公式为:

$$P_A = A \times [(P/A, i, m+n) - (P/A, i, m)]$$

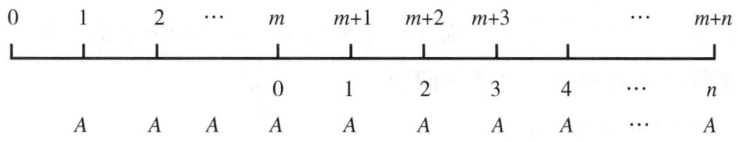

图 2-11 递延年金折现示意

【例 2-14】某企业年初投资一项目,希望从第 5 年开始每年年末取得 10 万元净现金流量,投资期限为 10 年,假定年利率 5%。计算该企业年初最多投资多少元?

解法① $P_A = A \times (P/A, i, n) \times (P/F, i, m)$
$= 10 \times (P/A, 5\%, 6) \times (P/F, 5\%, 4)$
$= 10 \times 5.0757 \times 0.8227$
$= 41.76(万元)$

解法② $P_A = A \times [(P/A, i, m+n) - (P/A, i, m)]$
$= 10 \times [(P/A, 5\%, 10) - (P/A, 5\%, 4)]$
$= 10 \times (7.7217 - 3.5460)$
$= 41.76(万元)$

答：从计算中可知，该企业年初的投资额不超过41.76万元才合算。

(4) 永续年金

永续年金，是指无限期的收入或支出相等金额的年金，因为是无限期的，故也称为永久年金。它也是普通年金的一种特殊形式，由于永续年金的期限趋于无限，没有终止时间，因而也没有终值，只有现值。永续年金的现值计算公式如下：

$$P_A = \frac{A}{i}$$

因为：

$$P_A = A \times \frac{1-(1+i)^{-n}}{i}$$

当 $n \to \infty$ 时，$A \times \frac{1-(1+i)^{-n}}{i} \to \frac{A}{i}$

【例2-15】某企业要建立一项永久性帮困基金，计划每年拿出5万元帮助失学儿童，年利率为5%。计算该企业现应一次性筹集多少资金？

解：$P_A = A/i$
$= 5/5\%$
$= 100(万元)$

答：现应筹集到100万元资金，就可每年拿出5万元帮助失学的儿童。

二、资金时间价值计算中常见特殊问题

(1) 不等量的现金流的价值计算

年金每次收入或支出的金额都是相等的，但是在实践中，很多时候每次收入或支出的金额是不等的，且经常要计算这些不等金额的现值之和。

【例2-16】某人打算每年年末将节省的工资存入银行，5年间每年年末分别存入1万元、3万元、4万元、3万元和5万元，存款利率10%，问5年存款的现值的合计是多少？

解：$P_A = 1(P/F, 10\%, 1) + 3(P/F, 10\%, 2) + 4(P/F, 10\%, 3) + 3(P/F, 5\%,$

4) + 5(P/F, 10%, 5)

= 1 × 0.9091 + 3 × 0.8264 + 4 × 0.7513 + 3 × 0.683 + 5 × 0.6209

= 11.547（万元）

由计算知 5 年存款现值合计为 11.547 万元。

（2）年金和不等量现金流的混合价值计算

【例 2-17】某人打算每年年末将节省的工资存入银行，10 年间的前 2 年每年年末分别存入 1 万元、3 万元，后 8 年每年存入 4 万元，存款利率 5%，问 10 年存款的现值的合计是多少？

解：P_A = 1(P/F, 5%, 1) + 3(P/F, 5%, 2) + 4(P/A, 5%, 8) × (P/F, 5%, 2)

= 1 × 0.9524 + 3 × 0.9070 + 4 × 6.4632 × 0.9070 = 27.1219（万元）

由计算知 10 年存款现值合计为 27.1219 万元。

（3）计息期短于 1 年的现金流的价值计算

计息期，就是每次计算利息的期限。终值和现值通常是按照一年为一个计息期，但实际中常有计息期短于一年的情况。如按季度计息，一年就是 4 个计息期。但计息期短于一年，而利率给出的年利率称为名义利率。计息期和计息期利率均应按照下面的公式换算。

计息期利率：$r = i/m$

计息期数：$t = m \times n$

式中：r 为计息期利率；

i 为年利率即名义利率；

m 为每年的计息期数；

n 为年数；

t 为计息期数。

【例 2-18】某公司向银行借款 100 万元，借款协议上标注的年利率为 16%。分别按年复利和季复利，计算 2 年后应向银行偿付的本利和是多少？

解：1）按年复利，2 年后应向银行偿付的本利和：

$F = 100 \times (1 + 16\%)^2 = 100 \times (F/P, 16\%, 2) = 100 \times 1.3456 = 134.56$（万元）

2）一个季度的利率 = $\frac{16\%}{4}$ = 4%

计息次数 = 4 × 2 = 8（次）

按季复利，2 年后应向银行偿付的本利和为：

$F = 100 \times (1 + 4\%)^8 = 100 \times (F/P, 4\%, 8) = 100 \times 1.3686 = 136.86$（万元）

按照季复利计息比按年复利计息多支付 136.86 - 134.56 = 2.3（万元）

因为按照季复利，名义利率为 16%。全年的利息额除以年初的本金称为实际利率。

设实际利率为 r, 则有

$$r = \frac{100 \times (1+4\%)^4 - 100}{100} = (1+4\%)^4 - 1 = 16.99\%$$

按季付息、名义利率为 16% 的本利和相当于按年付息, 年利率为 16.99% 的本利和。

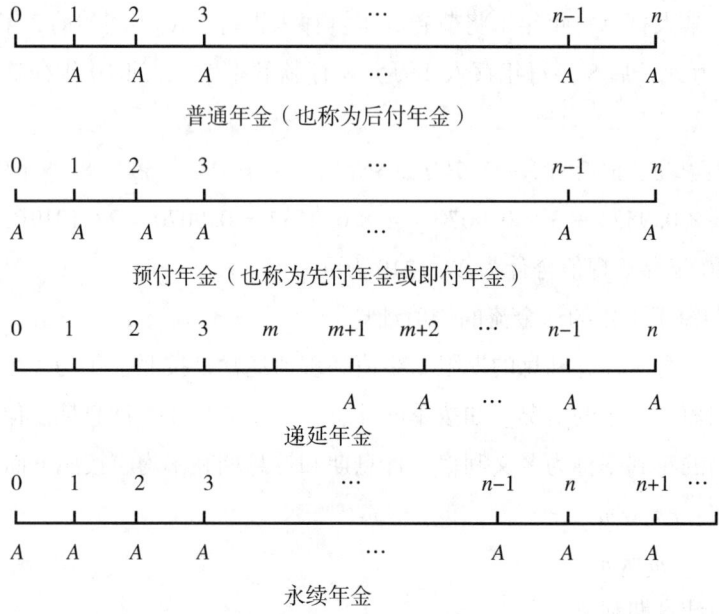

图 2-12 四种年金的比较

2.3 名义利率与实际利率

在复利计算时, 计息次数可以一年一次, 也可以一年多次, 因而, 利率便有周期利率、名义利率与实际利率之分。

利率是国民经济发展的主要晴雨表之一。利率的高低由以下因素决定:

① 社会平均利润率。在通常情况下, 平均利润率是(贷款)利率的最高界限。因为如果利率高于利润率, 借款人投资后无利可图, 也就不会去借款了。

② 金融市场上借贷资本的供求情况。在平均利润率不变的情况下, 借贷资本供过于求, 利率便下降; 反之, 利率便上升。

③ 投资风险。借出资本要承担一定的风险, 而风险的大小也影响利率的波动。风险

越大,利率也就越高。

④ 通货膨胀率。通货膨胀对利率的波动有直接影响,资金贬值往往会使实际利率无形中成为负值。

⑤ 资金回收期限。投资或借款期限长,不可预见因素多,风险大,利率也就高;反之,利率就低。

⑥ 产业对环境的影响程度。产业对环境破坏的程度越高,越需要限制产业规模,利率越高。

"金融抑制"和"金融深化"理论为发展中国家进行利率市场化改革提供了理论支撑。一方面,该理论认为发展中国家由于资本缺乏必然会形成比较高的存贷款利率,但由于政府的一些干预措施,如人为地设定较低的利率水平和实行信贷配给制等,就会扭曲资金市场实现最优配置的机制。另一方面金融抑制的解除将会放开被人为压低的利率,利率的上升将会吸引更多的资金,从而满足市场更多的资金需求。自我国社会主义市场经济建设以来,我国逐步废除了计划配置为主的经济体制,价格在商品市场资源配置中发挥了重要作用,但在要素市场特别是作为国家调控经济的重要手段的利率市场,仍受到过多的干预。利率管制导致资金市场的畸形发展,一方面信贷配给下寻租现象浪费了大量资源;另一方面国有资本凭借其国有地位优先获得资源,但并不能保证资金实现最有效配置。因此利率管制下经济的发展实质是以牺牲存款人的利益为代价的。同时在2001年我国加入WTO时就已经承诺五年内将会逐步开放金融市场,放开外汇管制,实现人民币资本项目下可自由兑换,这些措施导致国际资本的流动更加便捷,通过"三元悖论"可知我国利率政策的有效性将会大大降低。2003年国际评级机构标普更是将我国内陆银行全部评定为垃圾级,为了更好地与国际市场接轨,充分利用国内和国际两个资金市场,必须推进金融市场改革。

我国利率市场化改革的基本构想于1993年的中共十四大提出,并指出了我国利率体制改革的目标为:建立以市场资金供求为基础,以中央银行基准利率为调控核心,由市场资金供求决定各种利率水平的市场利率体系和市场利率管理体系。按照"先外币、后本币,先贷款、后存款,存款先大额长期、后小额短期"的指导思想,逐步建立由市场供求决定金融机构存、贷款利率水平的利率形成机制,中央银行调控和引导市场利率,使市场机制在金融资源配置中发挥主导作用。在这一思想的指导下,中国利率市场化改革基本实现了"贷款利率管下限、存款利率管上限"。

由时间进程可以看出我国金融市场实现利率市场化定价的基本改革顺序为:银行间货币市场—债券市场—存贷款市场,并围绕这三个方面深入进行,首先,通过改革银行间同业拆借利率体系建立以市场供求关系为基础的定价机制;其次,通过再贴现率制度建设完善中央银行货币政策操作工具;最后,通过存款准备金制度建设,理顺货币政策传导渠道，充分发挥货币政策的政策效力。

2.3.1 周期利率（计息周期实际利率）

周期利率是指将名义利率（r）按同等标准分 n 次计息，则每次计息的利率即是计息周期的利率。周期利率的计息期长度和利率时长一致。其计算公式为：

$$周期利率 = \frac{名义利率}{一年内复利次数} = \frac{r}{n}$$

2.3.2 名义利率

名义利率，是央行或其他提供资金借贷的机构所公布的未调整通货膨胀因素的利率，即利息（报酬）的货币额与本金的货币额的比率。即指包括补偿通货膨胀（包括通货紧缩）风险的利率。

名义利率虽然是资金提供者或使用者现金收取或支付的利率，但人们应当将通货膨胀因素考虑进去。例如，张某在银行存入 100 元的一年期存款，一年到期时获得 5 元利息，利率则为 5%，这个利率就是名义利率。名义利率和名义汇率相互影响，尤其是发展中国家影响尤为显著。

名义利率（r）是指挂名的、非有效的利率，它是以一年为基础，每年只计息一次的利率，但实际的计息期不一定为年，用 r 表示。等于计息周期利率（r'）乘以 1 年内的计息周期数（m）。

【例 2-19】存款 100 元，计息周期为 6 个月，每个计息期的利率为 3%，即年利率 6%，每半年计算复利一次，其中，6% 是名义利率，而 3% 称为周期利率。

$$名义利率 = 周期利率 \times 每年的复利周期数 = 3\% \times 2 = 6\%$$

这种名义利率忽略了资金的时间价值，犹如计算单利一样。

2.3.3 实际利率（年实际利率）

（1）概念

实际利率是按每年计息期数复利计息所得的利率，也就是指有效的利率。若以计息期利率计算年利率，并考虑资金的时间价值，这时的年利率称为实际利率。通常讲的年利率都是指名义利率。如不对计息期的长短加以说明，则表示一年计息一次，这时的年利率也就是实际利率。实际利率的计息期长度及利率均为年。

实际利率（i）是在一年内，按计息周期利率复利 m 次所形成的总利率。若年计息周期次数为 m 次，则周期利率为 r/m，1 年末的本利和为：

$$F = P\left(1 + \frac{r}{m}\right)^m$$

由于利息为:

$$I = F - P = P\left(1 + \frac{r}{m}\right)^m - P = P\left[\left(1 + \frac{r}{m}\right)^m - 1\right]$$

【例2-20】年名义利率为6%,每年计息一次,这6%就是实际利率;如计息期短于一年,每年计息2次、4次、12次、52次,即按半年、按季、按月、按周计息,则实际利率将大于名义利率。一年中计算复利的有限次数越多,则年实际利率比名义利率越高。上例:

本金和 = 100×(1+0.03)2 = 106.09（元）

利息 = 106.09 - 100 = 6.09（元）

$$实际利率 = \frac{6.09}{100} \times 100\% = 6.09\%$$

由此可知,实际利率6.09%大于名义利率6%。

（2）名义利率与实际利率有以下关系

① 名义利率对资金的时间价值反映得不够完全,而实际利率较全面地反映了资金的时间价值。

② 当计息周期为一年时,名义利率与实际利率相等。计息周期短于一年时,实际利率大于名义利率。

③ 名义利率越高,周期越短,则名义利率与实际利率的差值越大。

④ 实际利率与名义利率之间的关系为:

$$i = \frac{I}{P} = \frac{P\left[\left(1 + \frac{r}{m}\right)^m - 1\right]}{P} = \left(1 + \frac{r}{m}\right)^m - 1$$

式中: i—— 实际利率; r—— 名义利率; m—— 年中计息期数。

公式推导：设名义利率为 r,一年中计算利息 m 次,每次计息的利率为 $\frac{r}{m}$,根据一次支付复利终值公式,年末本利和为: $F = P\left(1 + \frac{r}{m}\right)^m$

其中,利息为本利和与本金之差: $P\left(1 + \frac{r}{m}\right)^m - P$

利率为利息与本金之比,则年实际利率:

$$i = \frac{P\left(1 + \frac{r}{m}\right)^m - P}{P} = \left(1 + \frac{r}{m}\right)^m - 1$$

例如，年名义利率为6%，若每年计息一次，它就是实际利率；若每年计息4次，实际利率将大于6%。

$$i = \left(1 + \frac{0.06}{4}\right)^4 - 1 = 6.14\%$$

（3）周期利率、名义利率和实际利率的关系

① 当计息周期为一年时，名义利率与实际利率相等；计息周期短于一年时，实际利率大于名义利率；计息周期长于一年时，实际利率小于名义利率。

② 名义利率越大，计息周期越短，实际利率与名义利率的差异就越大。例如，如果银行一年期存款利率为2%，而同期通胀率为3%，则储户存入的资金实际购买力在贬值。因此，扣除通胀成分后的实际利率才更具有实际意义。仍以上例，实际利率为2%-3%=-1%，也就是说，存在银行里是亏钱的。在中国经济快速增长及通胀压力难以消化的长期格局下，很容易出现实际利率为负的情况，即便央行不断加息，也难以消除。所以，名义利率可能越来越高，但理性的人士仍不会将主要资产以现金方式在银行储蓄，只有实际利率也为正时，资金才会从消费和投资逐步回流到储蓄。

③ 名义利率不能完全反映资本的时间价值，实际利率才能真正反映资本的时间价值。

（4）通货膨胀下的名义利率与实际利率

通货膨胀是指物价水平的上升，引起的货币购买力的下降，这种物价水平的上升幅度，我们用通货膨胀率表示。在通货膨胀情况下，名义利率的具体概念是央行或其他资金借贷机构公布的未调整通货膨胀因素的利率。实际利率是指剔除通货膨胀率后储户或投资者得到的实际利率。

例如：现将1000元存入银行，银行公布的一年期存款年利率为3%，假设通货膨胀率为2%，求实际利率是多少？

按照3%的名义利率计算，1000元存入银行，终值 $F = 1000 \times (1 + 3\%)$ 将其视为 a 式。

按照实际利率计算终值，实际利率需要将通货膨胀率剔除，即终值 $F = 1000 \times (1 + $实际利率$) \times (1 + 2\%)$，将其视为 b 式。

毫无疑问，a 式 = b 式，$1000 \times (1 + 3\%) = 1000 \times (1 + $实际利率$) \times (1 + 2\%)$，3%为名义利率，2%为通货膨胀率，公式可转化为：

$1000 \times (1 + $名义利率$) = 1000 \times (1 + $实际利率$) \times (1 + $通货膨胀率$)$，

$$1 + r_{名义} = (1 + r_{实际}) \times (1 + 通货膨胀率)$$

上式中：$r_{名义}$ 含通货膨胀率，$r_{实际}$ 不含通货膨胀率。

以 r 表示实际利率，i 表示名义利率，p 表示价格指数，那么名义利率与实际利率之间的关系为，当通货膨胀率较低时，可以简化为 $r = i - p$。

(5) 一般情况下的实际利率计算公式

若实际利率为 i,名义利率为 r,每年计息 m 次,共存 n 年,则可得到本利和为:

$$F = P(1+i)^n = P\left(1+\frac{r}{m}\right)^{m+n}$$

由上式可知,当 $m=1$ 时,即年计息周期次数为 1 次,实际利率等于名义利率;当 $m>1$ 时,实际利率大于名义利率。

【例 2-21】1000 万元 3 年期存款,名义利率为 8%,问在单利、年复利和季复利三种情况下,第 3 年年末的本利和为多少?

解:① 单利

$F = 1000 \times (1 + 3 \times 0.08) = 1240(万元)$

② 年复利

$F' = 1000 \times (1 + 0.08)^3 = 1259.71(万元)$

③ 季复利

$F'' = 1000 \times (1 + \frac{0.08}{4})^{4 \times 3} = 1268.24(万元)$

答:第三年年末的本利和在单利情况下是 1240 万元,在年复利的情况下是 1259.71 万元,在季复利的情况下是 1268.24 万元。

【例 2-22】一笔 1000 万元的货款,要求在四年半后一次性还本付息。每半年计息一次,总偿还金额为 1250 万元。求此笔贷款的名义利率与实际利率。

解:① 计息周期为半年,周期数 $n = 4.5 \times 2 = 9$,周期利率为 r',有:

$F = 1000 \times (1+r')^9 = 1250(万元)$

$(1+r')^9 = 1.25$

$r' = 1.25^{1/9} - 1 = 2.51\%$

名义利率:$r = 2.51\% \times 2 = 5.02\%$

实际利率:$i = \left(1+\frac{5.02\%}{2}\right)^2 - 1 = 5.08\%$

② 设计息周期为 1 年,周期利率为 $r' = i$,$(1+i)^{4.5} = 1.25$

年实际利率:$i = 1.25^{1/4.5} - 1 = 5.08\%$

名义利率:$r = [(1+i)^{1/m} - 1] \times m = [(1+5.08\%)^{1/2} - 1] \times 2 = 5.02\%$

答:此笔贷款的名义利率为 5.02%,实际利率为 5.08%。

【例 2-23】设每年年初和 7 月初分别存入 5 万元,年利率 10%,每年复利两次,共存 10 年,按复利计算,到期后的折现值和未来值分别为多少?

解:利息周期为半年,则 $r \approx 5\%$,$n \approx 20$,现金流量如图 2-13 所示:

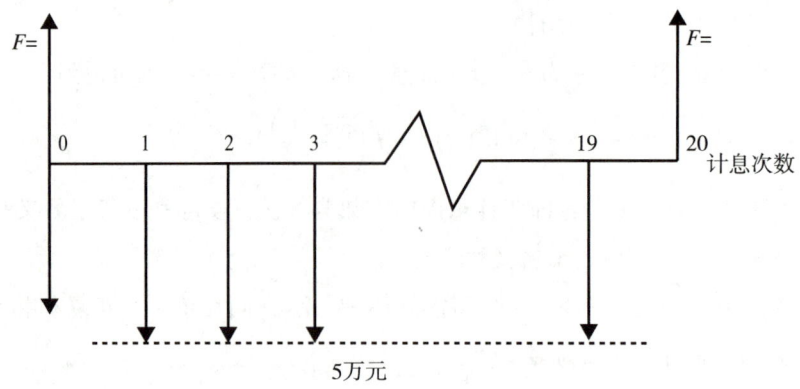

图 2-13 【例 2-23】现金流量

$$F = A\left[\frac{(1+i)^n - 1}{i}\right](1+i) = 5 \times \left[\frac{(1+5\%)^{20} - 1}{5\%}\right] \times (1+5\%) = 173.60(万元)$$

$$P = F(1+i)^{-n} = 173.60 \times (1+5\%)^{-20} = 65.43(万元)$$

答：到期后折现值为 65.43 万元，未来值为 173.60 万元。

2.3.4 实际利率的重要意义

费希尔关于实际利率的概念有两个重要的含蓄意义。第一，牺牲是通过在未来的某一日期获得一系列的消费品和劳务来达到平衡。这些消费品和劳务取决于通过现时储蓄融资的投资所创造的资产。第二，实际利率决定资源用于生产资本货物和用于生产消费品的比例。

这两个含蓄意义都意味着，人们对实际利率抱有什么看法，对储蓄和投资以及它们的使用情况有着重大的影响。在那些对储蓄和投资作决定的人心目中，长期的实际利率是关系最密切的，因为资本货物要经历一段很长的使用期。而且，由于这些决定取决于人们预期将来会发生什么情况，因此，应该作为对名义利率的一个调整因素，不是过去的或现时的通货膨胀率，而是人们预期的长期中的通货膨胀率。

鉴于经济代理人对长期的实际利率作出决定的重要性，这种利率水平的变化具有深远的影响。如果它的水平上升，未来债权的现值将会下降，结果是个人财产的价值也下降了。如果它的水平下降，就会发生相反的情况。至于实际利率的升降对任何具体资产价值的影响，则根据该资产的耐用性而有所不同。当长期实际利率上升时，拥有较耐用资产的个人在他们的资产的现值方面受到的损失，将比拥有不那么耐用的资产的个人受到的损失要大。如果长期实际利率下降，他们的获益将较大。

长期的实际利率的变化是名义利率变化和预期的通货膨胀率变化相结合的结果。在衡量预期的通货膨胀率时，通常参考一篮子货物，如消费物价指数或批发物价指数。但是，人们经常举出理由反对采用这些指数。

【习题】

【简答题】
1. 名义利率与实际利率的关系是怎么样的？
2. 什么是资金的时间价值，资金时间价值可以体现在哪些方面？
3. 简要说明现金流量图的三要素。
4. 利率是由哪些因素决定的？这些因素发生怎样的变化会使利率发生变化？
5. 利息的计算方法有哪两种？哪种方法更为合理？
6. 利息和利率在工程经济活动中的作用是什么？

【计算题】
1. 某人希望在5年后取得本利和10000元，用于支付他出国留学的学费，利率是5%。若以单利计息，此人现在应该存入银行的资金是多少？
2. 某人希望在3年后取得本利和10000元，用于支付他出国留学的学费，利率是5%。若以复利计算，他现在应该存入银行的资金是多少？
3. 某人拟在3年后还清1000元的债务，从现在起每年末存入银行一笔款项。假设银行的年利率为5%，他每年需要存入银行多少钱？
4. 某人出国3年，请你代付房租，每年末支付租金1000元。若银行年利率为10%，他应该现在给你多少钱？
5. 某人买房子，现在借了10万元，拟在10年内以年利率12%的等额偿还，则每年末应付的金额是多少？
6. 某人连续3年于每年年初存入1000元作为社会保险基金，银行存款年利率为5%，那么此人在第3年末能一次取出的本利和为多少？
7. 某人分期付款购买汽车，每年年初付30000元，要付5年。若银行年利率为8%，则这辆车现在的价格是多少？
8. 5年后连续3年每年末存入100元，银行存款年利率为10%，问8年后终值是多少？
9. 5年后连续3年每年末存入100元，银行存款年利率为10%，问8年后现值是多少？
10. 一项永久性的奖学金，每年计划颁发10000元的奖金。若年利率为10%，现在应存入多少钱？

【案例分析题】

1. 某企业年初从银行取得 1000 万元的贷款，8 年期，年利率 10%，现有以下几种还款方案：

方案一：每年年末等额偿还；

方案二：从第 3 年开始，每年年初等额偿还；

方案三：从第 3 年开始，每年年末等额偿还。

已知：$(P/A, 10\%, 8) = 5.3349$，$(P/A, 10\%, 7) = 4.8684$，$(P/A, 10\%, 6) = 4.3553$，$(P/F, 10\%, 1) = 0.9091$，$(P/F, 10\%, 2) = 0.8264$

要求：分别计算各方案下还款年份每年应该偿还的金额(结果保留两位小数)。

2. 王某准备购买一处房产，现有三种方案可供选择：

方案一：一次性支付 80 万元。

方案二：每年年初支付 15 万元，连续支付 8 年。

方案三：每年年末支付 15 万元，连续支付 8 年。

已知：$(P/A, 12\%, 8) = 4.9676$

假设按照银行借款利率 12% 复利计息。你认为王某选择哪种付款方案最有利？

3. 某人拟购房，开发商提出以下三个付款方案：

(1) 现在起 15 年内每年末支付 10 万元。

(2) 现在起 15 年内每年初支付 9.5 万元。

(3) 前 5 年不支付，第 6 年起到第 15 年每年末支付 18 万元。银行贷款利率 10%，复利计息采用哪种方案购买？

4. 企业年初投资 100 万元生产一种新产品，预计每年年末可得净收益 10 万元，投资年限为 10 年，年利率为 5%。

求：(1) 计算该投资项目年收益的现值和终值。

(2) 计算年初投资额的终值。

(3) 分别用现值和终值做出投资决策。

5. 某公司欲买一台机床，卖方提出两种付款方式：若买时贷款一次付清，则售价为 30000 元；若买时第一次支付贷款 100000 元，以后 24 个月内每月支付 1000 元。当时银行利率为 12%，问若这两种付款方式在经济上是等值的，那么，对于等值的两种付款方式，卖方实际上得到了多大的名义利率与实际利率？

6. 纽约布鲁克林法院判决田纳西镇的居民应向美国投资者支付这笔钱。最初，田纳西镇的居民以为这是一件小事，但当他们收到账单时，被这巨额的账单惊呆了。他们的律师指出，若高级法院支持这一判决，为偿还债务，所有田纳西镇的居民在余生中不得不靠吃麦当劳等廉价快餐度日。田纳西镇的问题源于 1986 年的一笔存款。斯兰黑不动产公司在内部交换银行(田纳西镇的一个银行)存入一笔6亿美元的存款。存款协议要求银行按每周1%的利率(复利)付息。1994年,纽约布鲁克林法院做出判决:从存款日到田纳西镇对该银行进行清算的约7年中,这笔存款应按每周1%的复利计息,而在银行清算后的21年中,每年按8.54%的复利计息。那么当初6亿美元的存款怎么就会变成1260多亿美元呢?

7. 你刚赢得了体彩大奖。你去领奖时却被告知你有两个选择:

(1) 以后31年中每年年初得到16万元。所得税税率为28%,支票开出后征税。

(2) 现在得到175万元,这175万元会被征收28%的税。但是并不能马上全部拿走,你现在只能拿出44.6万元的税后金额,剩下的81.4万元以一个30年期的年金形式发放,每年年末支付101055元的税前金额。若折现率为10%,你应选择哪一种方式?

8. 某企业拟购买设备一台以更新旧设备,新设备价格较旧设备价格高出12000元,但每年可节约动力费用4000元,若利率为10%,请计算新设备应至少使用多少年对企业而言才有利?

9. 有一对父母为两个孩子的大学教育攒钱。他们相差两岁,大的将在15年后上大学,小的则在17年后。估计届时每个孩子每年学费将达到21000元。年利率为15%,那么这对父母每年应存多少钱才够两个孩子上大学?

10. 红星租赁公司将原价125000元的设备以融资租赁方式租给辰星公司,租期5年,每半年末付租金1.4万元,满5年后,设备的所有权归属辰星公司。

要求:(1) 如果辰星公司自行向银行借款购此设备,银行贷款利率为6%,试判断辰星公司是租设备好还是借款买好?

(2) 若中介人要向红星公司索取佣金6448元,其余条件不变,红星公司筹资成本为6%,每期初租金不能超过1.2万元,租期至少要多少期,红星公司才肯出租(期数取整)?

第三章 财务分析

【本章导读】

财务分析是以对企业已经发生的财务活动的过程及其结果为依据,采用一系列专门的分析技术和方法,对企业等经济组织过去和现在有关筹资活动、投资活动、经营活动、分配活动的盈利能力、营运能力、偿债能力和增长能力状况等进行分析与评价的经济管理活动。它是为企业的投资者、债权人、经营者及其他关心企业的利益相关者了解企业过去、评价企业现状、预测企业未来作出正确决策提供准确信息依据的经济应用学科。本章所讨论的财务分析,是技术经济学领域的财务分析,是从投资项目或企业角度对项目进行的经济分析。由于企业是独立的经营单位,是投资后果的直接承担者,财务分析也是企业投资决策的基础。

【学习目标】

1. 掌握财务分析的步骤,能够进行财务效益与费用的估算。
2. 掌握盈利能力分析报表以及偿债能力分析报表的编制,能够进行财务生存能力分析。
3. 会利用财务分析为投资项目制订资金计划。

3.1 项目财务分析概述

3.1.1 财务分析的概念

财务分析又称财务评价，是项目经济评价的重要组成部分，它是从企业或项目本身角度出发，根据国家现行财税制度和价格体系，分析、计算项目直接发生的财务效益和费用，编制财务报表，计算财务分析指标，考察和分析项目的盈利能力、偿债能力和财务生存能力，判断项目的财务可行性，明确项目对财务主体的价值以及对投资者的贡献，为投资决策、融资决策以及银行审贷提供依据。

图 3-1 可以更好地帮助我们理解财务分析：

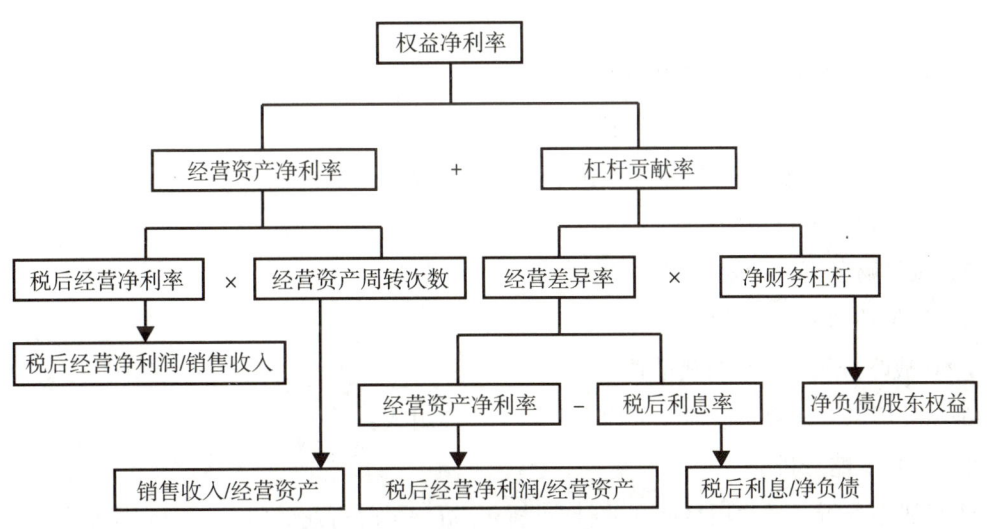

图 3-1　财务分析

3.1.2 财务分析的内容

（1）收集财务分析基础依据

对投资项目的总体了解，以及对市场、环境、技术方案充分调查与掌握的基础上，收集预测财务分析的基础数据。这些数据主要包括：预计的产品销售量及各年度产量；预计的产品价格，包括近期价格和预计的价格变动幅度；固定资产、流动资金投资及其他投资估算；成本费用及其构成估算。这些数据大部分是预测数，因此这一步骤又称为财务预测。财务预测的质量是决定财务分析成败和质量的关键，财务预测的结果可用若干基础财务报表归纳整理，主要是：投资估算表、折旧表、成本费用表、损益表等。

（2）编制资金规划与计划

对可能的资金来源与数量进行调查和估算，例如：可筹集到的银行贷款种类、数量，可能发行的股票、债券，项目中可能用于投资的自有资金数量，未来各年可用于偿还债务的资金量等；根据项目实施计划，估算出逐年投资量；计算逐年债务偿还额。在此基础上编制出项目寿命期内资金来源与运用计划。这个计划可用资金来源与运用表（也称资金平衡表）来表示。一个好的资金规划不仅要能满足资金平衡的要求，即保证各项收入足以支付各项费用；而且要在各种可行的资金筹集、运用方案中挑选最好的方案。也就是说，资金规划是保证项目可行和提高财务效果的重要手段。

（3）计算和分析财务效果

根据财务基础数据和资金规划，编制现金流量表，据此可计算出财务分析的经济效果指标。

3.1.3 财务分析的步骤

财务分析的程序与步骤可以归纳为：

（1）财务分析信息搜集整理阶段

财务分析信息搜集整理阶段主要由以下三个步骤组成：

1）明确财务分析目的；

2）制订财务分析计划；

3）搜集整理财务分析信息。

（2）战略分析与会计分析阶段

战略分析与会计分析阶段主要由以下两个步骤组成：

1）项目战略分析

项目战略分析通过对项目所在的行业进行分析，了解行业的收益潜力和风险程度，明确项目进行时应采取的竞争战略，项目的战略分析主要包括行业分析和竞争战略分析。战略分析是会计分析和财务分析的基础和导向，通过战略分析，分析人员能深入了解项目的当前状况和经济环境，从而能进行客观、正确的会计分析与财务分析。

2）财务会计报表分析

财务会计报表分析的目的有以下两个方面：

① 揭示财务报表反映财务状况和经营成果的真实程度（财务报告与企业实际的差异：会计本身的局限，如人力资源价值——对报表的改造和再加工；会计的可选择性——相应调整会计报表），并对报表进行改进。

② 通过财务报表分析，指出项目的哪些方面存在重大的问题，为下一步财务分析打

下基础。

主要包括以下四个步骤：一是阅读财务报告；二是修正会计报表信息；三是比较财务报表；四是解释会计报表，评价企业实际状况，解释存在的主要问题。

(3) 财务分析实施阶段

财务分析的实施阶段是在战略分析与会计分析的基础上进行的，它主要包括以下两个步骤：

1) 财务指标分析

根据分析目的选择和计算财务指标是正确判断和评价项目财务状况的关键所在，其中财务指标一定要根据实际情况进行修正。

2) 基本因素分析

因素分析法就是要在报表整体分析和财务指标分析的基础上，对一些主要指标的完成情况，从其影响因素角度出发，进行深入定量分析，确定各因素对其影响的方向和程度，为项目接下来的正确进行分析评价提供最基本的依据。

(4) 财务分析综合评价阶段

财务分析综合评价阶段是财务分析实施阶段的继续，具体又可分为以下三个步骤：

1) 财务综合分析与评价

是在应用各种财务分析方法进行分析的基础上，将定量分析结果、定性分析判断与实际调查情况结合起来，以得出财务分析结论的过程。

2) 财务预测与价值评估

财务分析既是一个财务管理循环的结束，又是另一个财务管理循环的开始。应用历史或现实财务分析结果预测未来财务状况与企业价值，是现代财务分析的重要任务之一。

3) 财务分析报告

是财务分析的最后步骤，它将财务分析的基本问题、财务分析结论，以及针对问题提出的措施建议以书面的形式表示出来，为财务分析主体及财务分析报告的其他受益者提供决策依据。

3.2 财务效益与费用估算

3.2.1 财务效益与费用估算的基本问题

(1) 财务效益与费用估算的概念

在项目市场、资源、技术条件分析评价的基础上，从项目（企业）的角度出发，依据现行的法律法规、价格政策、税收政策和其他有关规定，对一系列有关的财务效益与费用进行调查、搜集、整理和测算，并编制有关的财务效益与费用估算表格的工作。

有以下几种原则：

① 以现行经济法律法规为依据原则；

② 真实性原则；

③ 准确性原则；

④ 有无对比原则；

⑤ 效益与费用对应一致原则。

（2）财务效益与费用估算的内容

项目的财务效益与项目目标有直接的关系，项目目标不同，财务效益包含的内容也不同。

1）市场化运作的经营性项目，项目目标是通过销售产品或提供服务实现盈利，其财务效益主要是指所获取的营业收入。对于某些国家鼓励发展的经营性项目，可以获得增值税的优惠，按照有关会计及税收制度，先征后返的增值税应记作补贴收入，作为财务效益进行核算。

财务分析中应根据国家规定的优惠范围落实是否可采用这些优惠政策，对先征后返的增值税，财务分析中可做有别于实际的处理，不考虑"征"和"返"的时间差。

2）对于以提供公共产品来服务于社会或以保护环境等为目标的非经营性项目，往往没有直接的营业收入，也就没有直接的财务效益。这类项目需要政府提供补贴才能维持正常运转，应将补贴作为项目的财务收益，通过预算平衡计算所需要补贴的数额。

对于为社会提供准公共产品或服务，且运营维护采用经营方式的项目，如市政公用设施项目、交通、电力项目等，其产出价格往往受到政府管制，营业收入可能基本满足或不能满足补偿成本的要求，有些需要在政府提供补贴的情况下才具有财务生存能力。因此，这类项目的财务效益包括营业收入和补贴收入。

（3）财务效益与费用估算的程序

① 熟悉项目概况，制定财务效益与费用估算工作。

② 收集资料：主要收集的是有关部门批准的相关文件，如选址意见书、土地转让的批复等；国家有关部门制定的法律、法规、政策、规章制度、办法和标准等；同类项目的有关基础资料。

③ 进行财务效益与费用估算：测算各项财务效益与费用数据，并按有关规定编制相应的财务效益与费用估算表。

3.2.2 财务效益与费用的估算

财务效益与费用估算表主要有：建设投资估算表；投资使用与资金筹措计划表；流动资金估算表；总成本费用估算表；外购原材料能源成本估算表；固定资产折旧估算表；无形资产与其他资产摊销估算表；营业收入与营业税金及附加和增值税估算表；利润与利润分配估算表；借款还本付息估算表，通过编制项目借款还本付息估算表即可完成项目的还本付息计划。各类财务效益与费用估算表之间的关系如图3-2所示。

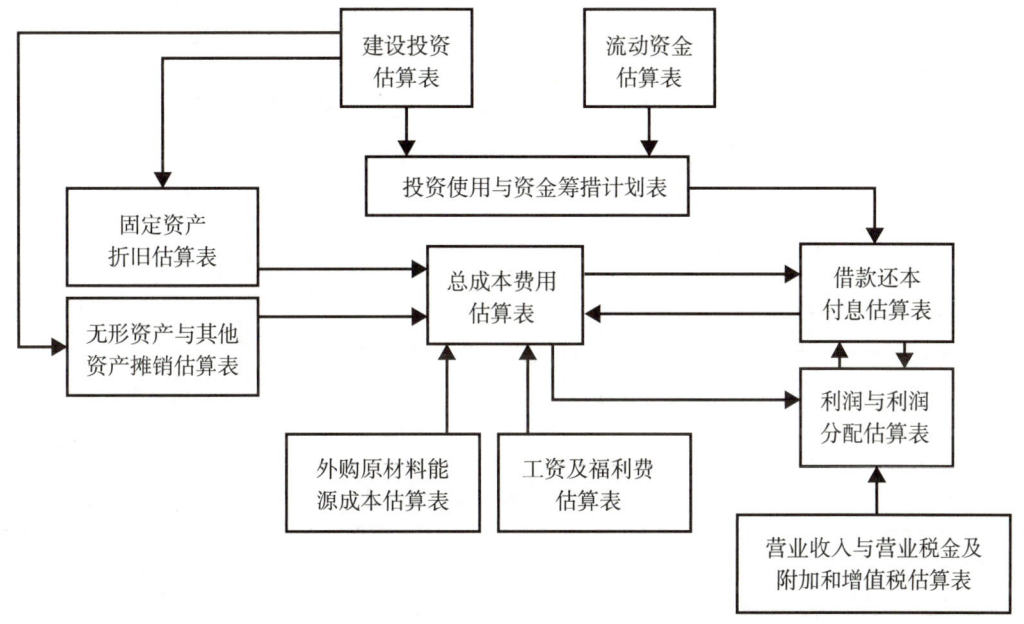

图 3-2 财务效益与费用估算表关系

这些估算表依其作用可归纳为三类：

与项目资金的来源和使用有关的报表，包括建设投资估算表、流动资金估算表、投资使用与资金筹措计划表、与项目生产经营有关的报表、与项目还本付息有关的报表（包括借款还本付息估算表）等。

（1）运营期估算

项目运营期是指项目从建成投产年份起至项目报废止所经历的时间。一般来讲，项目的运营期主要取决于项目主要固定资产（如主要设备）的经济寿命期。

固定资产的寿命期（也称使用年限）有自然寿命期和经济寿命期。

1）自然寿命期

自然寿命期是指设备从投入生产使用开始，用到不能修理、修复而报废的全部经历时间。

2) 经济寿命期

经济寿命期是指固定资产从投入使用到因继续使用不经济而需要提前更新所经历的时间。从理论上讲，在进行项目评估时，根据主要固定资产的经济寿命期确定项目运营期是较为合理的。

一般工业项目的运营期分为两个阶段：

第一阶段是投产期，实际生产能力没有达到设计生产能力100%的时期；

第二阶段是达到设计能力生产期，即生产能力达到设计生产能力100%的时期，简称达产期。

(2) 总成本费用估算

工业项目总成本费用是指项目在一定时期内（一般为一年）为生产和销售产品而花费的全部成本费用。总成本费用的构成一般通过分析总成本费用的构成估算总成本费，通常有以下两种方法：制造成本加期间费用、生产要素估算法。

1) 制造成本加期间费用

总成本费用=制造成本+期间费用

制造成本=直接材料+直接工资+其他直接支出+制造费用

采用这种方法需要先分别估算各种产品的制造成本，然后与估算的期间费用相加。

表 3-1　　　　　　　　　总成本费用估算表（生产要素表）　　　　　　　　单位：万元

序号	项目	运营期						合计
		3	4	5	6	…	n	
1	外购原材料							
	……							
2	外购燃料及动力							
	……							
3	工资及福利费							
4	折旧费							
5	修理费							
6	摊销费							
7	利息支出							
8	其他费用							
9	总成本费用（1+2+…+8）							
	其中：1. 固定费用 　　　2. 变动成本							
10	经营成本（9-4-6-7）							

注：本表适用于"有项目""无项目"和增量成本费用的估算。

2）生产要素估算法

总成本费用=外购原材料+外购燃料及动力+工资及福利费+修理费+折旧费+摊销费+利息支出+其他费用

这种方法是通过估算各种生产要素的费用汇总得到项目总成本费用，而不管其具体应归集到哪个产品上。采用这种估算方法，不必计算项目内部各生产环节的成本结转，同时也较容易计算经营成本、可变成本、固定成本和进项税额。在财务分析中通常采用生产要素法估算总成本费用。

① 外购原材料成本估算

外购原材料成本是总成本费用的重要组成部分，其估算公式如下：

外购原材料成本 = 全年产量×单位产品外购原材料成本

这个式子中，全年产量可根据设计生产能力和预计的投产期各年的生产负荷加以确定，单位外购产品中原材料成本可依据原材料消耗定额和单价确定。

② 外购燃料及动力成本估算

外购燃料及动力成本的估算公式为：

外购燃料及动力成本＝全年产量×单位产品外购燃料及动力成本

表 3-2　　　　　　　　　　　外购原材料能源成本估算表　　　　　　　　　单位：万元

序号	项目	规格	单位	消耗定额	单位	成本金额
1	原材料					
	A					
	B					
	C					
	…					
2	能源					
D						
	E					
	F					
	…					

注：本表适用于"有项目""无项目"和增量外购原材料能源成本的估算。

③ 工资及福利费估算

财务分析中的工资及福利费是指企业为获得职工提供的服务而给予各种形式的报酬及相关支出，通常包括职工工资、奖金、津贴和补贴，职工福利费，以及医疗保险费、养老保险费、失业保险费、工伤保险费、生育保险费等社会保险费和住房公积金中职工个人缴付的部分。在估算时，可把职工工资、奖金、津贴和补贴作为工资进行估算，其他部分均作为福利费进行估算。为便于计算和进行项目分析与评价，需将工资及福利费单独估算。

工资的估算可以采取以下两种方法：

Ⅰ. 按照全厂职工定员数和人均年工资额计算年工资总额。其计算公式为：

年工资总额＝全厂职工定员数×人均年工资额

Ⅱ. 按照不同的工资级别对职工进行划分，分别估算同一级别职工的工资，然后再加以汇总。一般可划分为五个级别，即高级管理人员、中级管理人员、一般管理人员、技术工人和一般工人等。工资总额一般可通过编制"工资及福利费估算表"完成。

福利费一般可按照职工工资总额的一定百分比计算。

表 3-3 　　　　　　　　　　　　工资及福利费估算表　　　　　　　　　　　　单位：万元

序号	项目	合计	计算期					
			1	2	3	4	…	n
1	工人							
	人数							
	人均年工资							
	工资额							
2	技术人员							
	人数							
	人均年工资							
	工资额							
3	管理人员							
	人数							
	人均年工资							
	工资额							
4	工资总额（1+2+3）							
5	福利费							
6	合计（4+5）							

注：本表适用于新设法人项目工资及福利费用的估算，以及既有法人项目的"有项目""无项目"和增量的估算。

④ 折旧费估算

计提折旧的固定资产范围是企业的房屋、建筑物；在用的机器设备、仪器仪表、运输车辆、工具器具；季节性停用和在修理停用的设备；以经营租赁方式租出的固定资产；以融资租赁方式租入的固定资产。

固定资产的折旧方法：年限平均法、工作量法、加速折旧法。

⑤ 修理费估算

修理费是指为保持固定资产的正常运转和使用，充分发挥其使用效能，对其进行必要的修理所发生的费用。按照修理范围的大小和修理时间间隔的长短，修理费可以分为大修理和中小修理。按现行的财务制度规定，发生的修理费用直接在成本费用中列支，若数额较大可实行预提或摊销的办法。

与折旧费相同，修理费也包括在制造费用、管理费用、营业费用之中。在估算总成本费用时，可以单独计算修理费。

在项目评估中，修理费可直接按固定资产原值（扣除所含的建设期利息）的一定百分比估算，百分数的选取应考虑行业和项目特点。实践中，也可以按照折旧费的一定百分比计算，该百分比可参照同类项目的经验数据加以确定。在生产运营期，修理费率的取值一般采用固定值。根据项目特点也可以间断性地调整修理费率，开始取较低值，以后取较高值。

⑥ 摊销费估算

摊销费是指无形资产和其他资产在一定期限内分期摊销的费用。摊销的方法是不留残值，采用直线法计算。

企业通过计提摊销费，回收无形资产及其他资产的资本支出。无形资产摊销的关键是确定摊销期限。无形资产应按规定期限分期摊销，即法律和合同或者企业申请书分别规定有法定有效期和受益年限的，按照法定有效期与合同或者企业申请书规定的受益年限孰短的原则确定；没有规定期限的，不摊销。

其他资产按照财务制度的规定在投产当年一次摊销。这里的其他资产摊销主要是指开办费摊销。无形资产和其他资产发生在项目建设期或筹建期间，却在运营期分期平均摊入管理费用中，在估算总成本费用时，可单独列出。

若各项无形资产摊销年限相同，可根据全部无形资产的原值和摊销年限计算出各年的摊销费；若各项无形资产摊销年限不同，则要根据"无形资产与其他资产摊销估算表"（见表3-4）计算各项无形资产的摊销费，然后将其相加，即可得到生产期各年的无形资产摊销费。

表 3-4　　　　　　　　　无形资产与其他资产摊销费估算表　　　　　　　单位：万元

序号	项目	折旧年限	原值	运营期					
				3	4	5	6	...	n
1	无形资产小计								
1.1	土地使用权								
	摊销								
	净值								
1.2	专有技术和专利权								
	摊销								
	净值								
1.3	其他无形资产								
	摊销								
	净值								
2	低延资产（开办费）								
	摊销								
	净值								

（3）营业收入估算

1）营业收入的估算

市场化运作中的经营性项目，其财务收益主要是指销售产品所获得的营业收入。先征后返的增值税应计作补贴收入，作为财务效益进行核算。对于先征后返的增值税，项目评估中有别于实际的处理，不考虑"征"和"返"的时间差。

工业项目的营业收入是指项目在一定时期内（通常为年）销售产品或者提供劳务等所取得的收入。

营业收入的计算公式如下：

$$营业收入 = 产品销售单价 \times 产品年销售量$$

对于非经营性项目，应将补贴作为项目的收益，通过预算平衡计算所需补贴的数额。对于为社会提供准公共产品的项目，如市政公用设施、交通、电力等项目，其财务效益包括营业收入和补贴收入。某些项目可能得到补贴收入，包括先征后返的增值税、按销量或工作量等依据国家的补助定额计算并按期给予的定额补助，以及属于财政扶持而给予的其他形式的补贴。补贴收入应同营业收入一样，列入相关表格。

2）销售价格选择

在项目评估中，产品销售价格是一个很重要的因素，因为项目的经济效益变化对它是最敏感的，所以要慎重选择。一般可有三种选择办法：

① 选择口岸价格

如果项目产品是直接出口产品，替代进口产品，或间接出口产品，则或者直接以口岸价格定价，或者以口岸价格为基础，参考其他有关因素确定销售价格。以口岸价格定价时，出口产品和间接出口产品可选择离岸价格，替代进口产品可选择到岸价格。

② 选择国内市场价格

如果同类产品或类似产品已在市场上销售，并且这种产品既与外贸无关，也不是计划控制的范围，可选择现行市场价格作为项目产品的销售价格。

③ 根据预计成本、利润和税金确定价格，如果拟建项目的产品属于新产品，那么可根据产品的计划成本、计划利润和税金计算出厂价格作为产品销售价格。计算公式如下：

$$产品出厂价格 = 产品成本费用 \times (1+成本利润率)$$

按制订的销售（运营）计划计算营业收入，上述计算营业收入是按照依据经验确定的负荷率计算营业收入，在进行财务分析时，也可以根据制订的销售（运营）计划计算营业收入。相对而言，这种做法更具合理性，国际上也多采用。主要做法是：根据市场预测的结果，结合项目性质、产出特性和市场的开发程度制订分年运营计划，进而确定各年产出数量，再乘以选定的价格，得出运营期各年的营业收入。

(4) 营业税金及附加估算

营业税金是根据商品买卖或劳务服务的流转额征收的税金。营业税金包括消费税、营业税、城市维护建设税、资源税。在财务分析中，将教育费附加并入营业税金项内，视同营业税金处理（详见第一章）。

3.3 项目盈利能力分析

3.3.1 盈利能力分析概述

盈利能力通常是指企业在一定时期内赚取利润的能力。

盈利能力的大小是一个相对的概念，即利润相对于一定的资源投入、一定的收入而言。利润率越高，盈利能力越强；利润率越低，盈利能力越差。企业经营业绩的好坏最终可通过企业的盈利能力来反映。

项目盈利能力分析的主要指标有：

(1) 全投资内部收益率

全投资内部收益率是指使项目计算期内净现值流量累计等于零时的折现率。根据拟定的财务假设，从项目全投资总获利能力角度，不考虑融资，对全投资现金流量进行分析，分析项目的现金流入和现金流出，计算全投资内部收益率。

（2）资本金内部收益率

项目资本金流量分析是融资后分析，根据拟订的融资方案，从项目资本金出资人的角度，确定其现金流入和现金流出，进行息税后分析，计算资本金内部收益率。资本金内部收益率考察项目资本金可获得的收益水平，是投资者最终决定出资的依据。

（3）投资各方内部收益率

投资各方内部收益率是从投资各方实际收入、支出的角度，确定其现金流入和现金流出，计算投资各方财务内部收益率，用于考察投资各方可能获得的收益水平。当投资各方不按股本比例分配或有其他不对等收益时，可选择投资各方内部收益率进行评价。

（4）投资报酬率

投资报酬率能反映投资中心的综合盈利能力，且由于剔除了因投资额不同而导致的利润差异的不可比因素，因而具有横向可比性，有利于判断各投资中心经营业绩的优劣；此外，投资利润率可以作为选择投资机会的依据，有利于优化资源配置。

（5）流动比率

流动比率表示每1元流动负债有多少流动资产作为偿还的保证。它反映公司流动资产对流动负债的保障程度。速动比率表示每1元流动负债有多少速动资产作为偿还的保证，进一步反映流动负债的保障程度。

3.3.2　盈利能力分析报表的编制

为分析项目的盈利能力和清偿能力需编制的主要报表有：现金流量表、损益表、资产负债表。

（1）现金流量表

现金流量表是反映一定时期内（如月度、季度或年度）企业经营活动、投资活动和筹资活动对其现金及现金等价物所产生影响的财务报表。现金流量表是原先财务状况变动表或者资金流动状况表的替代物。它详细描述了由公司的经营、投资与筹资活动所产生的现金流。

1）现金流量的分类

① 经营活动产生的现金流量

经营活动包括销售商品或提供劳务、经营性租赁、购买货物、接受劳务、制造产品、广告宣传、推销产品、缴纳税费等。

② 投资活动产生的现金流量

投资活动应注意两点：投资活动内容既包括"对内投资"（购建固定资产、无形资产和其他长期资产等），也包括"对外投资"（购买股票债券、投资办企业等）；投资活动的现金流量既包括购置时的现金流出，也包括处置时的现金流入。

③ 筹资活动产生的现金流量

筹资活动也应注意两点：筹资活动既包括"资本"（接受现金投资），也包括"债务"；筹资活动的现金流量既包括现金流入，也包括现金流出。

④ 难以界定项目的分类

主要包括：企业结算账户利息收入作为经营活动，计入"收到的其他与经营活动有关的现金"项目；收到的保险赔款应分别处理：如果收到的是流动资产的保险赔款作为经营活动，计入"收到的其他与经营活动有关的现金"项目；如果收到的是固定资产的保险赔款作为投资活动，计入"处置固定资产、无形资产和其他长期资产所收回的现金净额"项目，接受现金捐赠作为筹资活动，计入"收到的其他与投资活动有关的现金"项目；捐赠现金支出计入"支付的其他与筹资活动有关的现金"项目。

2）现金流量表的编制

表 3-5　　　　　　　　　　　　现金流量表　　　　　　　　　　　　单位：元

项目	行次	金额	补充资料	行次	金额
一、经营活动产生的现金流量			1. 将净利润调节为经营活动现金流量		
销售商品、提供劳务收到的现金	1		净利润	31	
收到的税费返还	2		加：计提的资产减值准备	32	
收到的其他与经营活动有关的现金	3		固定资产折旧	33	
现金流入小计			无形资产摊销	34	
购买商品、接受劳务支付的现金	4		长期待摊费用摊销	35	
支付给职工以及为职工支付的现金	5		处置固定资产、无形资产和其他长期资产的损失	36	
支付的各项税费	6		固定资产报废损失	37	
支付的其他与经营活动有关的现金	7		公允价值变动损失（收益以"-"号填列）	38	
现金流出小计	8		财务费用	39	
经营活动产生的现金流量净额	9		投资损失（减：收益）	40	
二、投资活动产生的现金流量			递延所得税资产减少（增加以"-"号填列）	41	
收回投资所收到的现金	10		递延所得税负债增加（减少以"-"号填列）	42	
取得投资收益所收到的现金	11		存货的减少（减：增加）	43	
处置固定资产、无形资产和其他长期资产所收回的现金净额	12		经营性应收项目的减少（减：增加）	44	
收到的其他与投资活动有关的现金	13		经营性应收项目的增加（减：减少）	44	
现金流入小计	14		其他	46	
购建固定资产、无形资产和其他长期资产所支付的现金	15		经营活动产生的现金流量净额	47	
投资所支付的现金	16				
支付的其他与投资活动有关的现金	17				
现金流出小计	18				
投资活动产生的现金流量净额	19		2. 不涉及现金收到的投资和筹资活动		

续表

项目	行次	金额	补充资料	行次	金额
三、筹资活动产生的现金流量			债转为资本	48	
吸收投资所收到的现金	20		一年内到期的可转公司债券	49	
借款所收到的现金	21		融资租入固定资产	50	
收到的其他与筹资活动有关的资金	22				
现金流入小计	23				
偿还债务所支付的现金	24				
分配股利、利润或偿付利息所支付的现金	25		3. 现金及现金等价物净增加情况		
支付的其他与筹资活动有关的现金	26		现金的期末余额	51	
现金流出小计	27		减：现金的期初余额	52	
筹资活动产生的现金流量净额	28		加：现金等价物的期末余额	53	
四、汇率变动对现金的影响	29		减：现金等价物的期初余额	54	
五、现金及现金等价物净增加额	30		现金及现金等价物净增加额	55	

负责人：　　　　　　　　　　　　制表人：

① 经营活动产生的现金流量

Ⅰ. 销售商品、提供劳务收到的现金＝利润表中主营业务收入×（1+17%）+利润表中其他业务收入+（应收票据期初余额−应收票据期末余额）+（应收账款期初余额−应收账款期末余额）+（预收账款期末余额−预收账款期初余额）−计提的应收账款坏账准备期末余额

Ⅱ. 收到的税费返还＝（应收补贴款期初余额−应收补贴款期末余额）+补贴收入+所得税本期贷方发生额累计数

Ⅲ. 收到的其他与经营活动有关的现金＝营业外收入相关明细本期贷方发生额+其他业务收入相关明细本期贷方发生额+其他应收款相关明细本期贷方发生额+其他应付款相关明细本期贷方发生额+银行存款利息收入

Ⅳ. 购买商品、接受劳务支付的现金＝［利润表中主营业务成本+（存货期末余额−存货期初余额）］×（1+17%）+其他业务支出（剔除税金）+（应付票据期初余额−应付票据期末余额）+（应付账款期初余额−应付账款期末余额）+（预付账款期末余额−预付账款期初余额）

Ⅴ. 支付给职工以及为职工支付的现金＝"应付工资"科目本期借方发生额累计数+"应付福利费"科目本期借方发生额累计数+管理费用中"养老保险金""待业保险金""住房公积金""医疗保险金"+成本及制造费用明细表中的"劳动保护费"

Ⅵ. 支付的各项税费＝"应交税金"各明细账户本期借方发生额累计数+"其他应交款"各明细账户借方数+"管理费用"中"税金"本期借方发生额累计数+"其他业务支

出"中有关税金项目，即：实际缴纳的各种税金和附加税，不包括进项税。

Ⅶ. 支付的其他与经营活动有关的现金＝营业外支出（剔除固定资产处置损失）＋管理费用（剔除工资、福利费、劳动保险金、待业保险金、住房公积金、养老保险、医疗保险、折旧、坏账准备或坏账损失、列入的各项税金等）＋营业费用、成本及制造费用（剔除工资、福利费、劳动保险金、待业保险金、住房公积金、养老保险、医疗保险等）＋其他应收款本期借方发生额+其他应付款本期借方发生额+银行手续费、汇率变动对现金的影响＝汇兑损益。

② 投资活动产生的现金流量

Ⅰ. 收回投资所收到的现金＝（短期投资期初数−短期投资期末数）＋（长期股权投资期初数−长期股权投资期末数）＋（长期债权投资期初数−长期债权投资期末数），该公式中，如期初数小于期末数，则在投资所支付的现金项目中核算。

Ⅱ. 取得投资收益所收到的现金＝利润表投资收益−（应收利息期末数−应收利息期初数）−（应收股利期末数−应收股利期初数）

Ⅲ. 处置固定资产、无形资产和其他长期资产所收回的现金净额＝"固定资产清理"的贷方余额+（无形资产期末数−无形资产期初数）＋（其他长期资产期末数−其他长期资产期初数）

Ⅳ. 收到的其他与投资活动有关的现金如收回融资租赁设备本金等。

Ⅴ. 购建固定资产、无形资产和其他长期资产所支付的现金＝（在建工程期末数−在建工程期初数）（剔除利息）＋（固定资产期末数−固定资产期初数）＋（无形资产期末数−无形资产期初数）＋（其他长期资产期末数−其他长期资产期初数），上述公式中，如期末数小于期初数，则在处置固定资产、无形资产和其他长期资产所收回的现金净额项目中核算。

Ⅵ. 投资所支付的现金＝（短期投资期末数−短期投资期初数）＋（长期股权投资期末数−长期股权投资期初数）（剔除投资收益或损失）＋（长期债权投资期末数−长期债权投资期初数）（剔除投资收益或损失），该公式中，如期末数小于期初数，则在收回投资所收到的现金项目中核算。

Ⅶ. 支付的其他与投资活动有关的现金如投资未按期到位罚款。

③ 筹资活动产生的现金流量

Ⅰ. 吸收投资所收到的现金＝（实收资本或股本期末数−实收资本或股本期初数）＋（应付债券期末数−应付债券期初数）

Ⅱ. 借款收到的现金＝（短期借款期末数−短期借款期初数）＋（长期借款期末数−长期借款期初数）

Ⅲ. 收到的其他与筹资活动有关的现金如投资人未按期缴纳股权的罚款现金收入等。

Ⅳ．偿还债务所支付的现金＝（短期借款期初数−短期借款期末数）＋（长期借款期初数−长期借款期末数）（剔除利息）＋（应付债券期初数−应付债券期末数）（剔除利息）

Ⅴ．分配股利、利润或偿付利息所支付的现金＝应付股利借方发生额+利息支出+长期借款利息+在建工程利息+应付债券利息−预提费用中"计提利息"贷方余额−票据贴现利息支出

Ⅵ．支付的其他与筹资活动有关的现金如发生筹资费用所支付的现金、融资租赁所支付的现金、减少注册资本所支付的现金（收购本公司股票，退还联营单位的联营投资等）、企业以分期付款方式购建固定资产，除首期付款支付的现金以外的其他各期所支付的现金等。

④ 现金流量表经营活动产生的现金流量净额+投资活动产生的现金流量净额+筹资活动产生的现金流量净额=现金流量表最后一列现金及现金等价物的净增加额

（2）损益表

损益表（或利润表）是用于反映公司在一定期间利润实现（或发生亏损）的财务报表。它是一张动态报表。损益表可以为报表的阅读者提供作出合理的经济决策所需要的有关资料，可用来分析利润增减变化的原因，公司的经营成本，作出投资价值评价等。

损益表的项目，按利润构成和分配分为两个部分。其利润构成部分先列示销售收入，然后减去销售成本得出销售利润；再减去各种费用后得出营业利润（或亏损）；再加减营业外收入和支出后，即为利润（亏损）总额。利润分配部分先将利润总额减去应交所得税后得出税后利润；其下即为按分配方案提取的公积金和应付利润；如有余额，即为未分配利润。损益表中的利润分配部分如单独划出列示，则为"利润分配表"。

1）损益表的重要作用

损益表上所反映的会计信息，可以用来评价一个企业的经营效率和经营成果，评估投资的价值和报酬，进而衡量一个企业在经营管理上的成功程度。具体来说有以下几个方面的作用：

① 损益表可作为经营成果的分配依据。

损益表反映企业在一定期间的营业收入、营业成本、营业费用以及营业税金、各项期间费用和营业外收支等项目，最终计算出利润综合指标。损益表上的数据直接影响到许多相关集团的利益，如国家的税收收入、管理人员的奖金、职工的工资与其他报酬、股东的股利等。正是由于这方面的作用，损益表的地位曾经超过资产负债表，成为最重要的财务报表。

② 损益表能综合反映生产经营活动的各个方面，可以有助于考核企业经营管理人员的工作业绩。

企业在生产、经营、投资、筹资等各项活动中的管理效率和效益都可以从利润数额的

增减变化中综合地表现出来。通过将收入、成本费用、利润与企业的生产经营计划对比，可以考核生产经营计划的完成情况，进而评价企业管理当局的经营业绩和效率。

③ 损益表可用来分析企业的获利能力、预测企业未来的现金流量。

损益表揭示了经营利润、投资净收益和营业外收支净额的详细资料，可据此分析企业的盈利水平，评估企业的获利能力。同时，报表使用者所关注的各种预期的现金来源、金额、时间和不确定性，如股利或利息、出售证券的所得及借款的清偿，都与企业的获利能力密切相关，所以收益水平在预测未来现金流量方面具有重要作用。

2）损益表的编制

表 3-6　　　　　　　　　　　　　损益表

编制单位：　　　　　　　　　　2011 年　月　　　　　　　　　　　　单位：元

项目	行次	本月数	本年累计数
一、主营业务收入	1		
减：主营业务成本	2		
营业费用	3		
主营业务税金及附加	4		
二、主营业务利润	5		
加：其他业务利润	6		
减：管理费用	7		
财务费用	8		
三、营业利润	9		
加：投资收益	10		
补贴收入	11		
营业外收入	12		
减：营业外支出	13		
加：以前年度损益调整	14		
四、利润总额	15		
减：所得税	16		
五、净利润	17		

单位负责人：　　　　财会负责人：　　　　复核：　　　　制表人：

① 损益表中的各项目都列有"本月数"和"本年累计数"两栏。损益表"本月数"栏反映各项目的本月实际发生数。在编报中期和年度财务报表时，应将"本月数"栏改成"上年数"栏。

一般根据账户的本期发生额分析填列。由于该表是反映企业一定时期经营成果的动态报表，因此，该栏内各项目一般根据账户的本期发生额分析填列。

Ⅰ."营业收入"项目，反映企业经营业务所得的收入总额。本项目应根据"主营业务收入"和"其他业务收入"账户的发生额分析填列。

Ⅱ."营业成本"项目，反映企业经营业务发生的实际成本。本项目应根据"主营业务成本"和"其他业务成本"账户的发生额分析填列。

Ⅲ."营业税金及附加"项目，反映企业经营业务应负担的营业税、消费税、城市维护建设税、资源税、土地增值税和教育费附加等。本项目应根据"营业税金及附加"账户的发生额分析填列。

Ⅳ."销售费用"项目，反映企业在销售商品和商品流通企业在购入商品等过程中发生的费用。本项目应根据"营业费用"账户的发生额分析填列。

Ⅴ."管理费用"项目，反映企业行政管理等部门所发生的费用。本项目应根据"管理费用"账户的发生额分析填列。

Ⅵ."财务费用"项目，反映企业发生的利息费用等。本项目应根据"财务费用"账户的发生额分析填列。

Ⅶ."资产减值损失"项目，反映企业发生的各项减值损失。本项目应根据"资产减值损失"账户的发生额分析填列。

Ⅷ."公允价值变动损益"项目，反映企业交易性金融资产等公允价值变动所形成的当期利得和损失。本项目应根据"公允价值变动损益"账户的发生额分析填列。

Ⅸ."投资收益"项目，反映企业以各种方式对外投资所取得的收益。本项目应根据"投资收益"账户的发生额分析填列；如为投资损失，以"-"号填列。

Ⅹ."营业外收入"项目和"营业外支出"项目，反映企业发生的与其生产经营无直接关系的各项收入和支出。这两个项目应分别根据"营业外收入"账户和"营业外支出"账户的发生额分析填列。"所得税费用"项目，反映企业按规定从本期损益中减去的所得税。本项目应根据"所得税费用"账户的发生额分析填列。

② 利润的构成分类项目根据本表有关项目计算填列

利润表中"营业利润""利润总额""净利润"等项目，均根据有关项目计算填列，此处不再赘述。

③ "本年累计数"栏

该栏反映各项目自年初起至本月末止的累计实际发生数。应根据上月利润表的"本年累计数"栏各项目数额，加上本月利润表的"本月数"栏各项目数额，然后将其合计数填入该栏相应项目内。

（3）资产负债表

资产负债表也称财务状况表，表示企业在一定日期（通常为各会计期末）的财务状况

(即资产、负债和业主权益的状况)的主要会计报表,资产负债表利用会计平衡原则,将合乎会计原则的"资产、负债、股东权益"交易科目分为"资产"和"负债及股东权益"两大区块,在经过分录、转账、分类账、试算、调整等会计程序后,以特定日期的静态企业情况为基准,浓缩成一张报表。其报表功用除了企业内部除错、经营方向、防止弊端外,也可让所有阅读者在最短时间内了解企业经营状况。

1)常见计算等式

① 资产:

货币资金=现金+银行存款+其他货币资金

短期投资=短期投资-短期投资跌价准备

应收票据=应收票据

应收账款=应收账款(借)+预收账款(借)-应计提"应收账款"的"坏账准备"

预付账款=应付账款(借)+预付账款(借)

其他应收款=其他应收款-应计提"其他应收款"的"坏账准备"

存货=各种材料+商品+在产品+半成品+包装物+低值易耗品+委托货销商品等

存货=材料+低值易耗品+库存商品+委托加工物资+委托代销商品+生产成本等-存货跌价准备

材料采用计划成本核算,以及库存商品采用计划成本或售价核算的企业,应按加或减材料成本差异、商品进销差价后的金额填列。

待摊费用=待摊费用[除摊销期限1年以上(不含1年)的其他待摊费用]

其他流动资产=小企业除以上流动资产项目外的其他流动资产

长期股权投资=长期股权投资[小企业不准备在1年内(含1年)变现的各种股权性质投资账面余额]

长期债权投资=长期债权投资[小企业不准备在1年内(含1年)变现的各种债权性质投资的账面余额;长期债权投资中,将于1年内到期的长期债权投资,应在流动资产类下"1年内到期的长期债权投资"项目单独反映。]

固定资产原价=固定资产[融资租入的固定资产,其原价也包括在内]

累计折旧=累计折旧[融资租入的固定资产,其已提折旧也包括在内]

工程物资=工程物资

固定资产清理=固定资产清理(借)["固定资产清理"科目期末为贷方余额,以"-"号填列]

无形资产=无形资产

长期待摊费用="长期待摊费用"期末余额-"将于1年内(含1年)摊销的数额"

其他长期资产="小企业除以上资产以外的其他长期资产"

② 负债

短期借款=短期借款

应付票据=应付票据

应付账款=应付账款（贷）+预付账款（贷）

应付工资=应付工资（贷）["应付工资"科目期末为借方余额，以"-"号填列]

应付福利费=应付福利费

应付利润=应付利润

应交税金=应交税金（贷）["应交税金"科目期末为借方余额，以"-"号填列]

其他应交款=其他应交款（贷）["其他应交款"科目期末为借方余额，以"-"号填列]

其他应付款=其他应付款

预提费用=预提费用（贷）["预提费用"科目期末为借方余额，应合并在"待摊费用"项目内反映]

其他流动负债="小企业除以上流动负债以外的其他流动负债"

长期借款=长期借款

长期应付款=长期应付款

预收账款=应收账款（贷）+预收账款（贷）

其他长期负债=反映小企业除以上长期负债项目以外的其他长期负债，包括小企业接受捐赠计入"待转资产价值"科目尚未转入资本公积的余额。本项目应根据有关科目的期末余额填列。上述长期负债各项目中将于1年内（含1年）到期的长期负债，应在"1年内到期的长期负债"项目内单独反映。上述长期负债各项目均应根据有关科目期末余额减去将于1年内（含1年）到期的长期负债后的金额填列。

③ 所有者权益：

资本公积=资本公积

盈余公积=盈余公积

法定公益金="盈余公积"所属的"法定公益金"期末余额

未分配利润=本年利润+利润分配[未弥补的亏损，在本项目内以"-"号填列]

实收资本=实收资本

应付职工薪酬=应付工资+其他应交款（应付职工工资附加费等支付给个人款项）+其他应付款（职工教育经费）

2) 资产负债表的编制

财务报表的编制，基本都是通过对日常会计核算记录的数据加以归集、整理来实现的。为了提供比较信息，资产负债表的各项目均需填列"年初余额"和"期末余额"两栏数字。其中,"年初余额"栏内各项目的数字,可根据上年末资产负债表"期末余额"栏相应项目的数字填列。如果本年度资产负债表规定的各个项目的名称和内容与上年度不相一致,应当对上年末资产负债表各个项目的名称和数字按照本年度的规定进行调整。"期末余额"栏各项目的填列方法如下。

根据明细账户期末余额分析计算填列:

资产负债表中一部分项目的"期末余额"需要根据有关明细账户的期末余额分析计算填列。

① "应收账款"项目,应根据"应收账款"账户和"预收账款"账户所属明细账户的期末借方余额合计数,减去"坏账准备"账户中有关应收账款计提的坏账准备期末余额后的金额填列。

② "预付款项"项目,应根据"预付账款"账户和"应付账款"账户所属明细账户的期末借方余额合计数,减去"坏账准备"账户中有关预付款项计提的坏账准备期末余额后的金额填列。

③ "应付账款"项目,应根据"应付账款"账户和"预付账款"账户所属明细账户的期末贷方余额合计数填列。

④ "预收款项"项目,应根据"预收账款"账户和"应收账款"账户所属明细账户的期末贷方余额合计数填列。

⑤ "应收票据""应收股利""应收利息""其他应收款"项目应根据各相应账户的期末余额,减去"坏账准备"账户中相应各项目计提的坏账准备期末余额后的金额填列。

根据总账账户期末余额计算填列:

资产负债表中部分项目的"期末余额"需要根据有关总账户的期末余额计算填列。

① "货币资金"项目,应根据"库存现金"、"银行存款"和"其他货币资金"等账户的期末余额合计填列。

② "未分配利润"项目,应根据"本年利润"账户和"利润分配"账户的期末余额计算填列,如为未弥补亏损。则在本项目内以"-"号填列,年末结账后,"本年利润"账户已无余额,"未分配利润"项目应根据"利润分配"账户的年末余额直接填列,贷方余额以正数填列。如为借方余额,应以"-"号填列。

③ "存货"项目,应根据"材料采购(或在途物资)""原材料""周转材料""库存商品""委托加工物资""生产成本"等账户的期末余额之和,减去"存货跌价准备"账户期末余额后的金额填列。

④ "固定资产"项目,应根据"固定资产"账户的期末余额减去"累计折旧""固定资产减值准备"账户期末余额后的净额填列。

⑤ "无形资产"项目,应根据"无形资产"账户的期末余额减去"累计摊销""无形

资产减值准备"账户期初余额后的净额填列。

⑥"在建工程"、"长期股权投资"和"持有至到期投资"项目，均应根据其相应总账户的期初余额减去其相应等值准备后的净额填列。

⑦"长期待摊费用"项目，根据"长期待摊费用"账户期末余额扣除其中将于一年内摊销的数额后的金额填列，将于一年内摊销的数额填列在"一年内到期的非流动资产"项目内。

⑧"长期借款"和"应付债券"项目，应根据"长期借款"和"应付债券"账户的期末余额，扣除其中在资产负债表中将于一年内到期、且企业不能自主地将清偿义务展期的部分后的金额填列，在资产负债表一年内到期、且企业不能自主地将清偿义务展期的部分在流动负债类下的"一年内到期的非流动负债"项目内反映。

根据总账户期末余额直接填列，资产负债表中大部分项目的"期末余额"可以根据有关总账户的期末余额直接填列，如"交易性金融资产""应收票据""固定资产清理""工程物资""递延所得税资产""短期借款""交易性金融负债""应付票据""应付职工薪酬""应交税费""递延所得税负债""预计负债""实收资本""资本公积""盈余公积"等项目。这些项目中，"应交税费"等负债项目，如果其相应账户出现借方余额，应以"-"号填列；"固定资产清理"等资产项目，如果其相应的账户出现贷方余额，也应以"-"号填列。

资产负债表附注的内容根据实际需要和有关备查账簿等的记录分析填列。

如或有负债披露方面，按照备查账簿中记录的商业承兑汇票贴现情况，填列"已贴现的商业承兑汇票"项目。

3.3.3 项目财务盈利能力评价

项目盈利能力是某个项目的资金增值的能力，它通常体现为项目的收益数额的大小与水平的高低。衡量盈利能力的指标和方法多种多样。

评价项目方案经济效果的好坏，一方面取决于基础数据的完整性和可靠性，另一方面则取决于选取的评价指标体系的合理性，只有选取正确的评价指标体系，经济评价的结果才能与客观实际情况相吻合，才具有实际意义。

（1）项目盈利能力评价指标种类

项目盈利能力的评价指标是多种多样的，它们从不同的角度反映项目的经济性，这些指标一般可以分为三大类：

反映资金利用效率的效率型指标，如投资收益率、净现值指数、内部收益率等；以货币单位计量的价值型指标，如净现值、费用年值等；以时间单位计量的时间型指标，如投资回收期。

这三类指标从不同角度考察项目的经济性，在进行投资项目经济评价时，应根据评价深度要求或获得资料的情况以及评价方案本身的情况，选用多个不同的指标，从不同侧面反映评价方案的经济效果。从不同的角度，按照不同的划分方法可以形成形式不同的指标体系。

1) 按是否考虑时间价值划分

在工程项目评价中，按计算评价指标时是否考虑资金的时间价值，将评价指标分为静态评价指标和动态评价指标。如图 3-3 所示。

① 静态评价指标

静态评价指标是在不考虑时间因素对货币价值影响的情况下，直接通过现金流量计算出来的经济评价指标。静态评价指标的最大特点是计算简便，它适用于评价短期投资项目和逐年收益大致相等的项目，另外对方案进行概略评价时也常采用。

② 动态评价指标

动态评价指标是在分析项目或方案的经济效益时，要对发生在不同时间的效益、费用计算资金的时间价值，将现金流量进行等值化处理后计算评价指标。动态评价指标能较全面地反映投资方案整个计算期的经济效果，它适用于对项目整体效益评价的融资前分析，或对计算期较长以及处在终评阶段的技术方案进行评价。

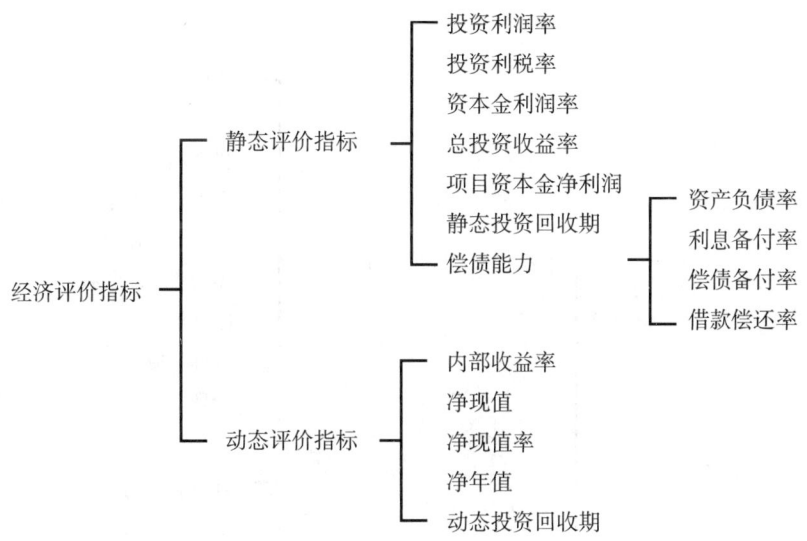

图 3-3 技术经济评价指标

2）按项目经济评价指标性质划分

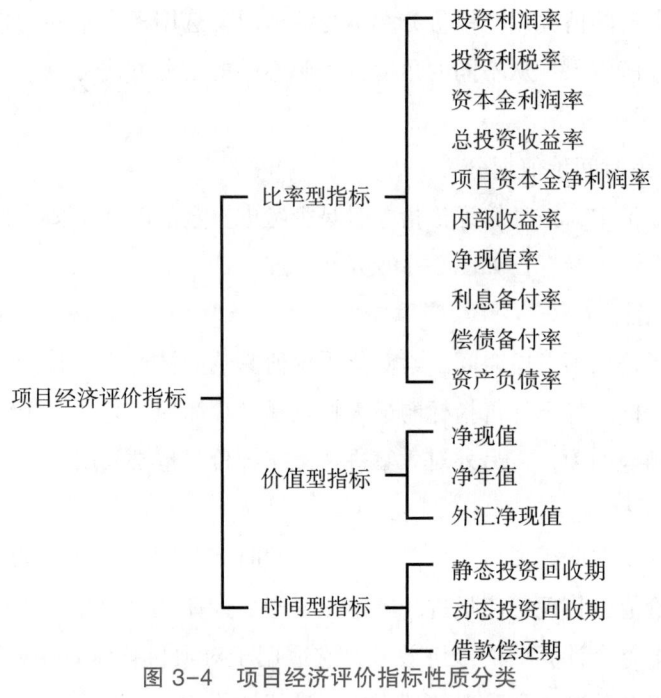

图 3-4　项目经济评价指标性质分类

3）按财务评价的指标体系划分

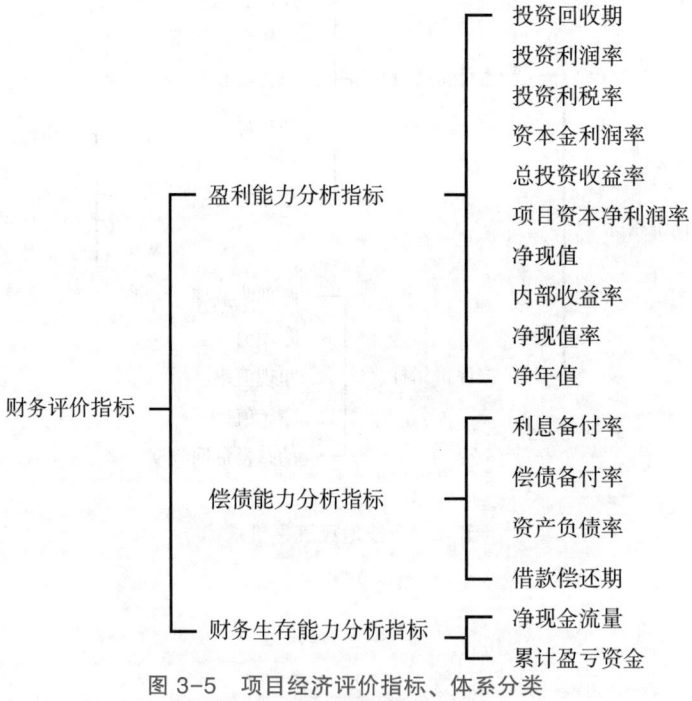

图 3-5　项目经济评价指标、体系分类

(2) 项目盈利能力评价指标体系举例——杜邦财务分析体系

杜邦模型最显著的特点是将若干个用于评价企业经营效率和财务状况的比率按其内在联系有机地结合起来,形成一个完整的指标体系(如图3-6所示),并最终通过权益收益率来综合反映。采用这一方法,可使财务比率分析的层次更清晰、条理更突出,为报表分析者全面仔细地了解企业的经营和盈利状况提供方便。杜邦分析法有助于企业管理层更加清晰地看到净资产收益率的决定因素,以及销售净利润率与总资产周转率、债务比率之间的相互关联关系,给管理层提供了一张明晰的考察公司资产管理效率和是否最大化股东投资回报的路线图。

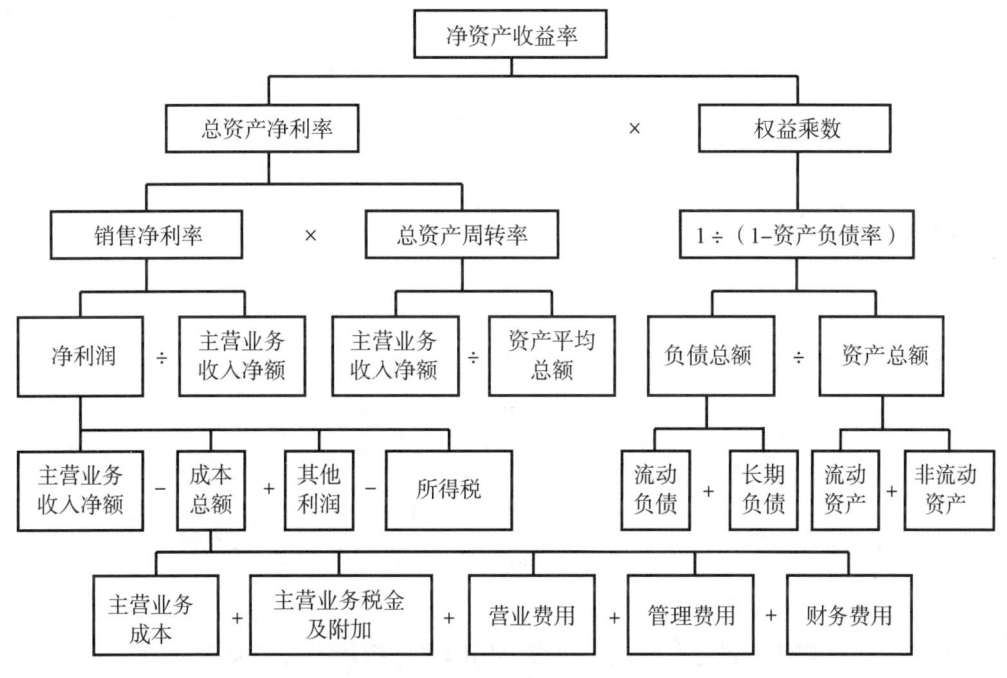

图3-6 杜邦分析指标分解图

1) 杜邦分析法原理

杜邦分析法将净资产收益率分解为三部分进行分析:利润率、总资产周转率和财务杠杆。杜邦分析法说明净资产收益率受三类因素影响:

① 盈利能力,用利润率衡量;
② 营运能力,用资产周转率衡量;
③ 财务杠杆,用权益乘数衡量。

净资产收益率=利润率(净利润/销售收入)×资产周转率(销售收入/总资产)×权

益乘数（总资产/权益）

如果股东权益回报率（ROE）表现不佳，杜邦分析法可以找出具体是哪部分表现欠佳。

净资产收益率＝净利润/股东权益

2）杜邦分析法的基本思路

净资产收益率是一个综合性最强的财务分析指标，是杜邦分析系统的核心。资产净利率是影响权益净利率的最重要的指标，具有很强的综合性，而资产净利率又取决于销售净利率和总资产周转率的高低。总资产周转率是反映总资产的周转速度，对资产周转率的分析。需要对影响资产周转的各因素进行分析，以判明影响公司资产周转的主要问题在哪里。销售净利率反映销售收入的收益水平。扩大销售收入，降低成本费用是提高企业销售利润率的根本途径，而扩大销售，同时也是提高资产周转率的必要条件和途径。

权益乘数表示企业的负债程度，反映了公司利用财务杠杆进行经营活动的程度。资产负债率高，权益乘数就大，这说明公司负债程度高，公司会有较多的杠杆利益，但风险也高；反之，资产负债率低，权益乘数就小，这说明公司负债程度低，公司会有较少的杠杆利益，但相应所承担的风险也低。

3）杜邦分析法的财务指标关系

杜邦分析法中的几种主要的财务指标关系为：

$$净资产收益率＝总资产净利率\times 权益乘数$$
$$＝销售净利率\times 总资产周转率\times 权益乘数$$

其中：
$$销售净利率＝净利润/销售收入$$
$$总资产周转率＝销售收入/平均资产总额$$

权益乘数＝资产总额/所有者权益总额＝1/（1-资产负债率）＝1+产权比率

在具体运用杜邦体系进行分析时，可以采用因素分析法，首先确定营业净利率、总资产周转率和权益乘数的基准值，然后顺次代入这三个指标的实际值，分别计算分析这三个指标的变动对净资产收益率的影响方向和程度，还可以使用因素分析法进一步分解各指标并分析其变动的深层次原因，找出解决的方法。

4）杜邦分析法的局限性

从企业绩效评价的角度来看，杜邦分析法只包括财务方面的信息，不能全面反映企业的实力，有很大的局限性，在实际运用中需要加以注意，必须结合企业的其他信息加以分析。主要表现在以下几个方面。

① 对短期财务结果过分重视，有可能助长公司管理层的短期行为，忽略企业长期的价值创造。

② 财务指标反映的是企业过去的经营业绩，衡量工业时代的企业能够满足要求。但

在信息时代,顾客、供应商、雇员、技术创新等因素对企业经营业绩的影响越来越大,而杜邦分析法在这些方面是无能为力的。

③ 在当前的市场环境中,企业的无形资产对提高企业长期竞争力至关重要。杜邦分析法却不能解决无形资产的估值问题。

3.4 项目偿债能力分析

3.4.1 偿债能力分析概述

偿债能力是指企业用其资产偿还债务的能力,反映企业财务状况和经营能力的重要标志。偿债能力也分为静态偿债能力和动态偿债能力。静态偿债能力是指资产清偿债务的能力;动态偿债能力是运用资产在经营过程中创造收益偿还债务的能力。

(1)偿债能力分析指标

1)流动比率

流动比率表示每1元流动负债有多少流动资产作为偿还的保证。它反映公司流动资产对流动负债的保障程度。

公式:流动比率=流动资产合计÷流动负债合计

一般情况下,该指标越大,表明公司短期偿债能力越强。通常该指标在200%左右较好。1998年沪深两市该指标平均值为200.20%。在运用该指标分析公司短期偿债能力时,还应结合存货的规模大小、周转速度、变现能力和变现价值等指标进行综合分析。如果某一公司虽然流动比率很高,但其存货规模大,周转速度慢,有可能造成存货变现能力弱,变现价值低,那么,该公司的实际短期偿债能力就要比指标反映的弱。

2)速动比率

速动比率表示每1元流动负债有多少速动资产作为偿还的保证,进一步反映流动负债的保障程度。

公式:速动比率=(流动资产合计-存货净额)÷流动负债合计

一般情况下,该指标越大,表明公司短期偿债能力越强,通常该指标在100%左右较好。1998年沪深两市该指标平均值为153.54%。在运用该指标分析公司短期偿债能力时,应结合应收账款的规模、周转速度和其他应收款的规模,以及它们的变现能力进行综合分析。如果某公司速动比率虽然很高,但应收账款周转速度慢,且它与其他应收款的规模大,变现能力差,那么该公司较为真实的短期偿债能力要比该指标反映的差。

由于预付账款、待摊费用、其他流动资产等指标的变现能力差或无法变现,所以,如果这些指标规模过大，那么在运用流动比率和速动比率分析公司短期偿债能力时，还应扣除这些项目的影响。

3）现金比率

现金比率表示每1元流动负债有多少现金及现金等价物作为偿还的保证，反映公司可用现金及变现方式清偿流动负债的能力。

公式：现金比率＝（货币资金+交易性金融资产）÷流动负债合计

该指标能真实地反映公司实际的短期偿债能力，该指标值越大，反映公司的短期偿债能力越强。1998年沪深两市该指标平均值为56.47%。

4）资本周转率

资本周转率表示可变现的流动资产与长期负债的比例，反映公司清偿长期债务的能力。

公式：资本周转率＝（货币资金+短期投资+应收票据）÷长期负债合计

一般情况下，该指标值越大，表明公司近期的长期偿债能力越强，债权的安全性越好。由于长期负债的偿还期限长，所以，在运用该指标分析公司的长期偿债能力时，还应充分考虑公司未来的现金流入量，经营获利能力和盈利规模的大小。如果公司的资本周转率很高，但未来的发展前景不乐观，即未来可能的现金流入量少，经营获利能力弱，且盈利规模小，那么，公司实际的长期偿债能力将变弱。

5）清算价值比率

清算价值比率表示企业有形资产与负债的比例，反映公司清偿全部债务的能力。

公式：清算价值比率＝（资产总计-无形及递延资产合计）÷负债合计

一般情况下，该指标值越大，表明公司的综合偿债能力越强。1998年沪深两市该指标平均值为309.76%。由于有形资产的变现能力和变现价值受外部环境的影响较大且很难确定，所以运用该指标分析公司的综合偿债能力时，还需充分考虑有形资产的质量及市场需求情况。如果公司有形资产的变现能力差，变现价值低，那么公司的综合偿债能力就会受到影响。

6）利息支付倍数

利息支付倍数表示息税前收益对利息费用的倍数，反映公司负债经营的财务风险程度。

公式：利息支付倍数＝（利润总额+财务费用）÷财务费用

一般情况下，该指标值越大，表明公司偿付借款利息的能力越强，负债经营的财务风险就小。1998年沪深两市该指标平均值为36.57%。由于财务费用包括利息收支、汇兑损益、手续费等项目，且还存在资本化利息，所以在运用该指标分析利息偿付能力时，最好将财务费用调整为真实的利息净支出，这样反映公司的偿付利息能力最准确。

(2) 偿债能力的类型

1) 短期偿债能力

短期偿债能力是指以流动资产对流动负债及时足额偿还的保证程度，即以流动资产偿还流动负债的能力。反映偿付日常到期债务的能力，是衡量当前财务能力，特别是流动资产变现能力的重要指标。短期偿债能力的衡量指标主要有流动比率、速动比率和现金流动负债。

① 流动比率=流动资产/流动负债

分析：比率越高，短期偿债能力越强，但过高又会影响盈利能力。影响该指标可信性的有存货和应收账款的质量。另外，该指标排除了企业规模不同的影响，适合企业之间和本企业不同历史时期的比较（营运资金=流动资产-流动负债）。

② 速动比率=（流动资产-存货）/流动负债

分析：由于流动资产中存货变现速度慢，或可能已经报废尚未处理或已抵押给债权人等原因，将存货排除出去的计算更可信。速动比率比流动比率更能真实反映。比率越高，短期偿债能力越强。

2) 长期偿债能力分析

长期偿债能力是指企业偿还长期负债的能力，企业的长期负债主要有：长期借款、应付债券、长期应付款、专业应付款、预计负债等。

① 资产负债率 = 负债总额/资产总额×100%

分析：这个公式是反映企业偿还债务的综合能力，比率越高，偿债能力越差，财务风险越大。债权人、股东和经营者对待资产负债率的态度不同。

注：资产总额是扣除累计折旧后的净额。

② 股东权益比率=股东权益总额/资产总额×100%

分析：比率越大，财务风险越小，偿债能力越强。

注：权益乘数=资产总额/股东权益总额

③ 利息保障倍数=息税前利润/利息

分析：衡量企业支付利息的能力。比率越低，越难支付债务利息。但权责发生制会导致该指标的片面性。

注：息税前利润=利润总额+费用化利息；利息包括费用化利息，还包括计入固定资产成本的资本化利息。

(3) 影响短期偿债能力的因素分析

短期偿债能力一般也称为支付能力，主要是通过流动资产的变现，来偿还到期的短期债务。影响企业短期偿债能力的因素主要有：

1) 资产流动性

资产流动性指的是企业资产转换成现金的能力，包括是否能不受损失地转换为现金以及转换需要的时间。流动资产是偿还流动负债的物质保证。流动资产的流动性从根本上决定了企业偿还流动负债的能力。流动资产是偿还流动负债的物质保证，一般地说，流动资产越多，企业短期偿债能力越强。研究流动资产规模与构成，对分析企业的短期偿债能力是十分必要的。流动资产从变现能力的角度看，通常可分为速动资产和存货资产两部分，在企业流动资产中，应收账款和存货的变现能力是影响流动资产变现能力的重要因素。

2) 企业的经营现金流量水平

现金流量是决定企业偿债能力的重要因素。现金是流动性最强的资产，大多数短期债务都需要现金来偿还，因此现金流入与流出的数量就会直接影响企业的偿债能力。现金流量包括经营活动、投资活动以及筹资活动带来的现金流量。

3) 流动负债的规模与结构

流动负债规模越大，短期内企业需要偿还的债务负担就越重。从流动负债的构成或分类可看出，企业的一些流动负债项目是不可避免的，如由于财政政策及会计制度等原因形成的负债；一些流动项目是企业经营结算中所需要的，如结算中占用的他人资金；还有一些是由于企业短期经营资金不足而借入的。因此，一般地说，流动负债是所有企业经营过程中都要发生的一种债务。此外，债务偿还的紧迫性也是影响的因素。

(4) 影响长期偿债能力的因素分析

1) 资本结构

资本结构是企业各项资金来源的组成结构，通常所指的是债权资金与股权资金的比重，不同的资金来源其资金成本和财务风险各不相同，负债到期必须偿还，并且需要支付利息，如果无力偿还债务本息，则可能面临财务危机，最严重时甚至导致企业破产，因此债权资金的成本较低；所有者权益属于永久性资本，无须偿还，风险较小，是企业稳定性与偿债能力的保障，但其要求的报酬通常高于债务利息，因此成本较高。可见在企业的资金结构中，负债的比重越高，风险越大，不能偿还本息的可能性也越大，由于资金成本低，收益却较高；而所有者权益的比重越高，企业的稳定性越强，风险越低，对债务的保障程度就越高，由于资金成本相对较高，收益却较低。因此企业的资本结构直接影响着企业的长期偿债能力。

2) 经营理念与长期盈利水平

一家正常经营的企业，长期负债的偿还主要靠企业获得的利润，以资产偿还长期债务势必缩小生产经营规模，违背长期负债的初衷，即扩大生产规模、提高盈利能力。企业的盈利能力对企业投资者、债权人、经营者都有重要意义。一般地说，企业盈利能力越高、企业的长期偿债能力就越强。

3）管理层的素质及能力

一个良好的管理层是公司最有价值的资产,因为他们的决定和行动能够带来丰厚的现金流量。高素质的经理能使公司朝着正确的方向发展,增加公司的价值。企业的股东结构理论研究和实证研究都证明股东结构对企业的盈利能力和偿债能力至关重要。

3.4.2 偿债能力分析报表的编制

通过对财务报表的分析,可以分析得出某个项目或者某个企业的偿债能力,主要由以下几点来进行比较。

① 净运营资本=流动资产−流动负债进行比较分析。

② 流动比率=流动资产÷流动负债与行业平均水平相比进行分析。

③ 速动比率=速动资产÷流动负债与行业平均水平相比进行分析。

④ 现金比率=(货币资金+交易性金融资产)÷流动负债与行业平均水平相比进行分析。

⑤ 现金流量比率=经营活动现金流量÷流动负债与行业平均水平相比进行分析。

⑥ 资产负债率=(总负债÷总资产)×100%,该比值越低,企业偿债越有保证,贷款越安全。

⑦ 产权比率与权益乘数产权比率=总负债÷股东权益,权益乘数=总资产÷股东权益产权比率越低,企业偿债越有保证,贷款越安全。

⑧ 利息保障倍数=息税前利润÷利息费用=(净利润+利息费用+所得税费用)÷利息费用,利息保障倍数越大,利息支付越有保障。

⑨ 现金流量利息保障倍数=经营活动现金流量÷利息费用现金流量,利息保障倍数越大,利息支付越有保障。

⑩ 经营现金流量债务比=(经营活动现金流量÷债务总额)×100%,比率越高,偿还债务总额的能力越强。

3.5 财务生存能力分析

3.5.1 财务生存能力分析概述

财务生存能力是指项目各年的现金流入足以应付现金流出,以保证项目可以持续运营下去。财务生存能力分析以财务计划现金流量表为基础。财务可持续性应首先体现在有足够大的经营活动净现金流量,其次各年累计盈余资金不应出现负值。若有负值,应进行短期贷款。因此,财务生存能力评价的指标是累计盈余资金和净现金流量,判别准则是:累计盈余资金不小于零,项目具有财务生存能力。

(1) 财务生存能力分析指标

财务生存能力分析属于财务评价,反映财务生存能力的评价指标有:净现金流量、累计盈余资金。

1) 净现金流量

净现金流量是现金流量表中的一个指标,是指一定时期内,现金及现金等价物的流入(收入)减去流出(支出)的余额(净收入或净支出),反映了在本期内净增加或净减少的现金及现金等价数额。

基本计算公式为:净现金流量=现金流入量-现金流出量

净现金流量有营运型和投资型两类。营运型净现金流量是对现有企业常规经营运行情况下的现金流入、流出活动的描述。一般用于企业资产的整体评估,有的也用于无形资产的整体评估和单项评估。其计算公式如下:

① 营运型净现金流量=净利润+折旧-追加投资

② 投资型净现金流量是对拟新建、扩建、改建的企业,在建设期、投产期和达产期整个寿命期内现金流入和流出的描述。其计算公式为:

投资型净现金流量=投资型净现金流入量-投资型净现金流出量

投资型净现金流入量=销售收入+固定资产余值回收+流动资产回收

投资型净现金流出量=固定资产投资+注入的流动资金+经营成本+销售税金及附加+所得税+特种基金

技术资产评估中最常选用的是投资型净现金流量。这一指标,按照资金来源可分为全部投资现金流量、自有资金现金流量、国内投资现金流量和国外投资现金流量。在评估实务中,因评估的是技术资产的盈利能力而不是利后的归属,所以一般用全部投资的净现金流量作为预期收益额。

2) 累计盈余资金

累计盈余资金=流动资产总额-应收账款-存货-现金

一般盈余公积金分为两种:

① 法定盈余公积金,上市公司的法定盈余公积金按照税后利润的10%提取,法定盈余公积金累计额已达注册资本的50%时可以不再提取。

② 任意盈余公积金,任意盈余公积金主要是上市公司按照股东大会的决议提取。法定盈余公积金和任意盈余公积金的区别就在于其各自计提的依据不同,前者以国家的法律或行政规章为依据提取,后者则由公司自行决定提取。

(2) 企业财务生存能力有关因素

1) 企业利益相关者的合作程度

随着现代企业理论的发展，企业作为生态系统一员的观念也越来越为大家所接受，企业生态中的利益相关者的合作程度对企业生存能力有直接的影响。企业利益相关者合作程度是一个综合的考核指标，反映企业利益相关者对企业生存的积极和消极作用，主要反映企业利益相关者对于企业生存能力的贡献度。企业利益相关者对企业生存的积极作用表现为利益相关者的可合作性；消极作用表现为利益相关者的竞争关系和存在的敌意行为。宏观层面上的利益相关者主要指政府，政府通过制定行业政策、产业政策或产业群政策来影响企业的生存。因而，根据政府政策环境进行有效的企业战略定位，利用好政策环境对于企业生存能力具有积极的贡献。微观层面上的利益相关者很多，主要有投资者、经营者、员工等，他们对企业的生存有着不可忽视的影响。比如，企业的高级管理人员、关键市场人员和关键技术人员等，与企业的生存息息相关，如果没有这些人员的合作，企业就会生存困难。近年来，一些著名的企业（包括上市公司），或者高级经理层率众出走，或者企业副总携市场渠道和营销人员辞职，或者技术人员集体离职、另立门户，即便原企业还在生存，但生存能力大大减弱。这些事件产生的原因与企业缺乏对利益相关者承担社会责任的意识有关，也足以说明企业利益相关者合作与否对于增强企业生存能力的至关重要性。

2) 企业对基础资源的控制程度

企业对基础资源的控制程度是企业生存能力的另一个重要影响因素。基础资源作为企业生命得以维持的能源保障，是企业肌体的肌肉、血液和支持企业神经中枢的能量。影响企业生存能力的基础资源是指关于企业生死存亡的资源，有些资源如果缺乏则会危及企业的正常运转。比如，必要的财力资源或资金保证能力，就是企业的生命线。在新经济浪潮下，一些企业盲目"烧钱"，在有风险资金时大手大脚，造成"速成名牌"，盲目扩张，而不注意企业是否具有以收抵支和偿还到期债务的能力。于是，当没有风险资金的注入而企业又没有合适的盈利模式、没有资金流入时，企业就不再具备以收抵支和偿还到期债务的生存能力，要么裁员减负，要么关门大吉，要么被收购、兼并而走向死亡，没有社会责任观念。全球的互联网公司在2000年，大都经历了这样一次洗礼，而数以万计的网络公司在人们的惋惜、不解和困惑中失去了生存的空间。绝不是互联网和新经济没有发展前途，而是企业本身因为各方面原因忽视或忽略了自身生存能力的培养，对于关乎企业生命的社会责任没有给予足够的重视，而自取灭亡。

3) 企业资源结构的合理程度

企业资源多种多样，反映到财务上的资源表现为企业的资金与资产，即资源的两种形态。企业资源结构就是企业的资金结构与资产结构。企业的资金结构是指企业自有资金与借入资金的比例结构。自有资金是企业对外举债时还本付息和承担风险的基础。风险大的资金结构，隐含着偿还到期债务的风险增加；而过于保守的资金结构，也会削弱企业的获利能力，并最终削弱企业的偿债能力。因而，企业必须保持合理的资本结构，以保证到期偿还债务的能力。资产结构为企业控制的各种资产的比例结构。资产结构合理与否不但影响企业到期偿还债务的能力，对企业的正常营运也影响甚大，如流动资产比例过小，则会导致长期资产闲置；反之则会导致长期资产超负荷运行，结果都是削弱企业的营运能力。因而企业资源结构合理程度直接关系到企业能否正常营运和偿还到期债务，进而影响企业的生存能力。

3.5.2 财务生存能力分析报表的编制

财务生存能力分析是通过编制财务计划现金流量表，结合偿债能力分析，考察项目（企业）资金平衡和余缺等财务状况，判断其财务可持续性。项目财务生存能力分析的基本报表是财务现金流量表。编制如下：

表 3-7　　　　　　　　　　财务现金流量表　　　　　　　　　　单位：万元

序号	项目	计算期							
		1	2	3	4	5	6	…	n
1	经营活动净现金流量								
1.1	现金流入								
1.1.1	营业收入								
1.1.2	增值税销项税额								
1.1.3	补贴收入								
1.2	其他流入								
1.2.1	现金流出								
1.2.2	经营成本								
1.2.3	增值税进项税额								
1.2.4	营业税金及附加								
1.2.5	所得税								
1.2.6	其他流出								
2	投资活动净现金流量								
2.1	现金流入								
2.2	现金流出								
2.2.1	建设投资								
2.2.2	维持运营投资								
2.2.3	流动资金								
2.2.4	其他流出								

续表

序号	项目	计算期						
		1	2	3	4	5	6	...	n
3	筹资活动净现金流量								
3.1	现金流入								
3.1.1	项目资本金投入								
3.1.2	建设投资借款								
3.1.3	流动资金借款								
3.1.4	债券								
3.1.5	短期借款								
3.1.6	其他流入								
3.2	现金流出								
3.2.1	各种利息支出								
3.2.2	偿还债务本金								
3.2.3	应付利润（股利分配）								
3.2.4	其他流出								
4	净现金流量（1+2+3）								
5	累计盈余资金								

【习题】

【简答题】

1. 影响短期偿债能力的因素有哪些？
2. 简述财务分析的步骤。
3. 阐述盈利能力分析的内容。
4. 分析建设项目清偿能力指标有哪些？
5. 财务分析和经济分析的区别有哪些？
6. 简述财务分析的主要分析内容及使用的主要财务报表。

【计算题】

某项目总投资120万元（固定资产100万元，流动资产20万元），全部为自有资金，寿命期5年，试求各年税后利润及对应的投资利润。

第四章 评价理论工具

【本章导读】

投资决策是最重要的财务决策之一,重大项目决策的成功与否会直接影响到企业的成败。这就要求分析技术方案的经济效果,在技术方案实施之前对其进行经济效果的评价,寻找具有最佳经济效果的技术方案,确保投资决策的正确性和科学性。本章介绍了技术方案经济效果评价的内容,并阐述了经济效果的评价方法,同时介绍了投资回收期法,财务净现值法,财务内部收益率法和基准折现率的基本概念及计算方法。

【学习目标】

1. 了解技术方案经济效果评价的内容与方法,掌握众筹项目融资的特征、类型及风险。

2. 理解投资回收期,财务净现值,财务内部收益率和基准折现率的计算方法,领会这些方法的优缺点。

3. 灵活运用投资回收期,财务净现值,财务内部收益率和基准折现率的计算方法,并能够对技术方案的经济效果进行初步判定。

4.1 技术方案经济效果评价的内容与方法

4.1.1 技术方案经济效果评价的内容的确定依据

经济效果评价的内容应根据技术方案性质、目标、投资者、财务主体以及技术方案对经济与社会的影响程度等具体情况确定。一般包括方案盈利能力、偿债能力、财务生存能力等评价内容,追求技术方案的财务可行性与经济合理性。

(1) 技术方案的盈利能力

技术方案的盈利能力是指分析和测算技术方案计算期内的盈利能力和盈利水平。其主要分析指标包括技术方案投资财务内部收益率和财务净现值、投资回收期、总投资收益率和资本金净利润率等，可根据拟订技术方案的特点及经济效果分析的目的和要求等选用。

1）财务内部收益率（FIRR）

反映项目实际收益率的一个动态指标，即方案在计算期内净现金流量现值累计等于零时的折现率，是考察方案盈利能力的主要评价指标。一般情况下，财务内部收益率大于或等于基准收益率时，项目可行。

2）财务净现值（FNPV）

财务净现值也称"累计净现值"。拟建项目按部门或行业的基准收益率或设定的折现率，将计算期内各年的净现金流量折现到建设起点年份（基准年）的现值累计数，财务净现值是考察项目在其计算期内盈利能力的主要动态评价指标，全面考虑了资金的时间价值。

3）投资回收期

也称"投资回收年限"，投资项目投产后获得的收益总额达到该投资项目投入的投资总额所需要的年限。投资回收期的计算有多种方法。按回收投资的起点时间不同，有从项目投产之日起计算和从投资开始使用之日起计算两种；按回收投资的主体不同，有社会投资回收期和企业投资回收期；按回收投资的收入构成不同，有盈利回收投资期和收益投资回收期。

4）总投资收益率（ROI）

也称投资报酬率，是指通过投资而应返回的价值，企业从一项投资性商业活动的投资中得到的经济回报。它是全面评价投资中心各项经营活动、考评投资中心业绩的综合性质量指标，它既能揭示投资中心的销售利润水平，又能反映资产的使用效果。总投资收益率计算简单，但是没有考虑资金的时间价值，不能正确地反映施工期和投资方回收资金对项目的影响。

5）资本金净利润率

资本金净利润率是净利润总额占资本金（即实收资本、注册资金）总额的百分比，是反映投资者投入企业资本金的获利能力的指标。当企业以资本金为基础，吸收一部分负债资金进行生产经营时，资本金利润率就会因财务杠杆原理的利用而得到提高，提高的利润部分，虽然不是资本金直接带来的，但也可视为资本金有效利用的结果。企业资本金是所有者投入的主权资金，资本金利润率的高低直接关系到投资者的权益，往往是投资者最关心的问题。

(2) 技术方案的偿债能力

技术方案的偿债能力是指分析和判断财务主体的偿债能力，重点在于作为财务主体的企业的偿还长期债务与短期债务的能力，偿债能力是该技术方案能否健康生存和发展的关键。其主要考察内容包括利息备付率、偿债备付率、借款偿还期和资产负债率、流动比率、速动比率等指标。

1) 偿债能力指标

① 利息备付率（ICR）

也称已获利息倍数，是指项目在借款偿还期内各年可用于支付利息的息税前利润与当期应付利息费用的比值。利息备付率应分年计算，从付息资金来源充裕性角度反映企业偿付债务利息的能力，表示企业使用息税前利润偿付利息的保证倍率；利息备付率高，说明利息支付的保证度大，偿债风险小。对于正常经营的项目，利息备付率应该大于1；否则，表示该项目的付息能力保障程度不足。

② 偿债备付率（DSCR）

又称偿债覆盖率，是指项目在借款偿还期内，各年可用于还本付息的资金与当期应还本付息金额的比值，从偿债资金来源的充裕性角度反映企业偿付债务本息的能力。偿债备付率应分年计算，表示企业可用于还本付息的资金偿还借款本息的保证倍率。偿债备付率低，说明偿付债务本息的资金不充足，偿债风险大。正常情况下，偿债备付率应大于1，并结合债权人的要求确定；参考国际经验和国内行业的具体情况，根据我国企业历史数据统计分析，一般情况下，偿债备付率不宜低于1.3。

③ 借款偿还期

借款偿还期是指在有关财税规定及企业具体财务条件下，方案投产后可以用作还款的利润、折旧及其他收益来偿还建设投资借款本金和利息所需要的时间，一般以年为单位表示。该项指标值应能满足贷款机构的期限要求。借款偿还期适用于那些没有预先给定借款偿还期限，且按最大偿还能力计算还本付息的技术方案。

④ 资产负债率

也称负债比率或举债经营率，是指负债总额与全部资产总额之比，用来衡量企业利用债权人提供资金进行经营活动的能力，反映债权人发放贷款的安全程度，通过将企业的负债总额与资产总额相比较而得出，反映在公司总资产中有多少是通过负债筹集的。这一比率是衡量企业长期偿债能力的指标之一。

⑤ 流动比率（CR）

流动比率是指企业流动资产与流动负债的比率，表明企业每1元流动负债有多少流动资产作为偿还的保证，反映企业用可在短期内转变为现金的流动资产偿还到期的流动负债的能力。一般来说，比率越高，说明企业资产的变现能力越强，短期偿债能力也越强；反之则弱。

⑥ 速动比率

速动比率是指企业速动资产与流动负债的比率。所谓速动资产，是指流动资产减去变现能力较差且不稳定的存货、待摊费用、待处理流动资产损失等后的余额，包括货币资金、短期投资等。由于剔除了存货等变现能力较弱的不稳定资产，因此，速动比率较之流动比率能够更加准确、可靠地评价企业资产的流动性及其偿还短期负债的能力。速动比率是对流动比率的补充。

2）偿债资金来源

① 利润

用于归还贷款的利润，一般应是提取了盈余公积金、公益金后的未分配利润；股份制企业需要向股东支付股利，应从未分配利润中扣除分配给投资者的利润，然后用来归还贷款；技术方案投产初期，如果用规定的资金来源归还贷款的缺口较大，也可暂不提取盈余公积金、公益金，但这段时间不宜过长，否则将影响到企业的拓展能力。

② 固定资产折旧

技术方案投产初期尚未面临固定资产更新的问题，作为固定资产重置准备金性质的折旧基金，在被提取（准备就位）以后暂时处于闲置状态，因此，为了有效地利用一切资金来源以缩短贷款偿还期限，加强企业的偿债能力，可以使用部分新增折旧基金作为偿还贷款的资金来源之一，一般随着时间的推移，所能利用偿还贷款的折旧基金的比例会逐步缩小。最终，所有被用于偿还贷款的折旧基金，应由未分配的利润归还贷款后的余额回垫，以保证折旧基金从总体上不被挪作他用，在还清贷款后恢复其原有的经济属性。

③ 无形资产及其他资产摊销费

摊销费是按现行的财务制度计入企业的总成本费用，但是企业在提取摊销费后，这笔资金没有具体的用途规定，具有沉淀性质，因此可以作为偿还贷款的资金来源之一。

④ 其他还款资金

用减免的营业税金来作为偿还贷款的资金来源，进行预测是如没有明确的依据，可以不予考虑。

(3) 技术方案的财务生存能力

财务生存能力分析也称资金平衡分析，是根据技术方案财务计划现金流量表，通过考察拟订技术方案计算期内各年的投资、融资和经营活动所产生的各项现金流入和流出，计算净现金流量和累计盈余资金，分析技术方案是否有足够的净现金流量维持正常运营，以实现财务可持续性。

财务的可持续性往往需要以下几个条件：首先，体现在有足以维持经营的净现金流量，这是财务可持续的基本条件；其次，在整个运营期间，允许个别年份的净现金流量出现负值情况，但是各年累计盈余资金不应该出现负值的情况，这是财务可持续的必要条件，若出现负值，应进行短期借款，同时分析该短期借款的时间长短和数额大小，从而进一步判断拟订技术方案的财务生存能力；短期借款应该在财务计划现金流量表中体现，其利息应该计入财务费用，同时还应该分析短期借款的可靠性，从而判定是否可以维持技术方案的正常运营，以确保该方案的财务生存能力。

(4) 经营性方案与非经营性方案的经济效果评价

1) 经营性方案

经营性方案的经济效果评价是从拟订技术方案的角度出发，根据国家现行财政、税收制度和现行市场价格，计算拟订技术方案的投资费用、成本与收入、税金等财务数据，通过编制财务分析报表，计算财务指标，分析拟订技术方案的盈利能力、偿债能力和财务生存能力。从而考察拟订技术方案的财务可行性和财务可接受性，明确拟订技术方案对财务主体及投资者的价值贡献，并得出经济效果评价的结论，投资者可根据拟订技术方案的经济效果评价结论、投资者自身的财务状况和投资者所承担的风险程度，决定拟订技术方案是否应该实施。

2) 非经营性方案

对于非经营性方案，拟订技术方案的财务生存能力为经济效果评价的主要指标之一，根据此指标还可以提出需要政府补助维持技术方案持续运营的费用。

4.1.2 技术方案经济效果评价的方法

经济效果评价的目的在于确保决策的正确性和科学性，最大限度地降低技术方案的投资风险，掌握技术方案投资的经济效果水平，最大限度地提高技术方案投资的综合经济效果。所以在整个过程中，正确选择技术方案的评价方法是很重要的一个环节。以下简单介绍技术方案经济效果评价的方法。

(1) 经济效果评价的基本方法

经济效果评价的基本方法包括确定性评价方法与不确定性评价方法两类，对同一个技术方案必须同时进行确定性评价和不确定性评价。

其中确定性评价包括盈利能力分析和偿债能力分析；而不确定性评价则包括盈亏平衡分析，即通过盈亏平衡点分析方案成本与收益的平衡关系；以及敏感性分析，即从多个不确定性因素中逐一找出对方案经济效益指标有重要影响的敏感性因素，并分析、测算其对方案经济效益指标的影响程度和敏感性程度，进而判断方案承受风险的能力。

(2) 按评价方法的性质分类

按评价方法的性质不同，经济效果评价分为定量分析和定性分析。在经济效果评价中，应坚持定量分析与定性分析相结合，以定量分析为主的原则。

1）定量分析

定量分析是指对可度量因素的分析方法。在技术方案经济效果评价中考虑的定量分析因素包括资产价值、资本成本、有关销售额、成本等一系列可以以货币表示的一切费用和收益。

2）定性分析

定性分析是指对无法精确度量的重要因素实行的估量分析方法。

（3）按是否考虑时间因素分类

对定量分析，按其是否考虑时间因素又可分为静态分析和动态分析。在经济效果评价中，应坚持动态分析与静态分析相结合，以动态分析为主的原则。

1）静态分析

静态分析是不考虑资金的时间因素，亦即不考虑时间因素对资金价值的影响，而对现金流量分别进行直接汇总来计算分析指标的方法。

静态分析方法可以不考虑时间因素，计算相对简便，一般用于对技术方案进行粗略评价，或对短期投资方案进行评价，或对逐年收益大致相等的技术方案进行评价；但不足之处也在于没有考虑资金投入和回收的时间因素，在逐年收益不等的情况下，无法预计整个项目存在期间的投资效果。

2）动态分析

动态分析是在分析方案的经济效果时，对发生在不同时间的现金流量折现后来计算分析指标。由于时间和利率的影响，对方案的每一笔现金流量都应该考虑它所发生的时间，以及时间因素对其价值的影响。动态分析能较全面地反映投资方案整个计算期的经济效益。

动态分析方法强调利用复利方法计算资金时间价值，将不同时间内资金的流入和流出，换算成同一时点的价值，从而为不同技术方案的经济比较提供了可比基础，并能反映技术方案在未来时期的发展变化情况，有利于投资者的决策与判断；但动态分析法计算相对复杂。

（4）按评价方式是否考虑融资分类

经济效果分析可分为融资前分析和融资后分析。一般宜先进行融资前分析，在融资前分析结论满足要求的情况下，初步设定融资方案，再进行融资后分析。

1）融资前分析

融资前分析应以动态分析为主，静态分析为辅。融资前动态分析应以营业收入、建设投资、经营成本和流动资金的估算为基础，考察整个计算期内现金流入和现金流出，编制技术方案投资现金流量表，利用资金时间价值的原理进行折现，计算技术方案投资内部收益率和净现值等指标。融资前分析排除了融资方案变化的影响，从技术方案投资总获利能力的角度，考察技术方案设计的合理性。融资前分析计算的相关指标，应作为初步投资决策与融资方案研究的依据和基础。

根据分析角度的不同，融资前分析可选择计算所得税前指标或所得税后指标。融资前分析也可计算静态投资回收期（P_t）指标，用于反映收回技术方案投资所需要的时间。在技术方案建议书这一阶段，可只进行融资前分析。

2）融资后分析

融资后分析应以融资前分析和初步的融资方案为基础，考察技术方案在拟定融资条件下的盈利能力、偿债能力和财务生存能力，判断技术方案在融资条件下的可行性。可行性研究阶段必须进行融资后分析，但只是阶段性的。融资后分析用于比选融资方案，帮助投资者作出融资决策。

融资后的盈利能力分析也应包括动态分析和静态分析。动态分析包括下列两个层次：资本金现金流量分析与投资各方现金流量分析。

① 技术方案资本金现金流量分析，应在拟订的技术方案下，从技术方案资本金出资者整体的角度，计算技术方案资本金财务内部收益率指标，考察技术方案资本金可获得的收益水平。

② 投资各方现金流量分析，应从投资各方实际收入和支出的角度，计算投资各方的财务内部收益率指标，考察投资各方可能获得的收益水平。

静态分析是指不采取折现方式处理数据，依据利润与利润分配表计算技术方案资本金净利润率（ROE）和总投资收益率（ROI）指标。

3）主要区别

融资前分析只进行盈利能力分析，并以项目投资折现现金流量分析为主，计算项目投资内部收益率和净现值指标，也可计算投资回收期指标。融资后分析主要是针对项目资本金折现现金流量和投资各方折现现金流量进行分析，既包括盈利能力分析，又包括偿债能力分析和财务生存能力分析等内容。

(5) 按技术方案评价的时间分类

按技术方案评价的时间可分为事前评价、事中评价和事后评价。

1）事前评价

事前评价是指在技术方案实施前为决策所进行的评价。这种评价往往带有一定的预测性，因此结果也有一定的不确定性和风险性；可以预防一定的风险。

2）事中评价

事中评价也称跟踪评价，是指在技术方案实施过程中所进行的评价。通过事中评价来决定原技术方案的决策有无局部或全部修改的必要，有助于控制整个技术方案的实施。

3）事后评价

事后评价是在技术方案实施完成后，总结评价技术方案决策的正确性，技术方案实施过程中项目管理的有效性等。

4.1.3 技术方案经济效果评价的内容

(1) 经济效果评价的程序

1) 熟悉技术方案的基本情况。

熟悉技术方案的基本情况，包括投资目的、意义、要求、建设条件和投资环境，做好市场调查研究和预测、技术水平研究和设计方案。

2) 收集、整理和计算有关技术经济基础数据资料与参数。

主要包括基础参数、建设支出、融资类、成本类以及收入类数据。

① 基础参数

技术方案所投入物和产出物的价格、费率、税率、汇率、计算期、生产负荷及基准收益率等。

② 建设支出

技术方案建设期间的分年度投资支出额和项目投资总额。

③ 融资类

技术方案资金来源方式、数额、利率、偿还时间，以及分年还本付息数额。

④ 成本类

技术方案生产期间的分年产品成本。

⑤ 收入类

技术方案生产期间的分年产品销售数量、营业收入、营业税金及附加、营业利润及其分配数额。

3) 根据基础财务数据资料编制各基本财务报表。

4) 经济效果评价步骤。

首先进行融资前的盈利能力分析，能够体现项目方案本身设计的合理性及可行性，用于初步投资决策以及相关方案的比选。

如果第一步分析是"可行"的结论，那么进一步去寻求合适的资金来源和融资方案，就需要借助于对技术方案的融资后分析，即资本金盈利能力分析和偿债能力分析，投资者和债权人可据此作出最终的投资、融资决策。

(2) 经济效果评价方案

1) 独立型方案

独立型方案是指不具有排斥性的技术方案，这些方案之间互不干扰、在经济上互不相关。即这些技术方案是彼此独立无关的，选择或放弃其中一个技术方案，并不影响其他技术方案的选择，方案的采纳仅受主体主客观条件的限制。如选择甲方案的同时也可以选择乙方案，两者所产生的经济效益可以叠加。

独立型方案只需要进行绝对经济效果检验，即考察各个技术方案自身的经济效果。独立型方案的采用与否，只取决于方案自身的经济性，即只需检验它们是否能够通过净现值、净年值或内部收益率指标的评价标准。因此，多个独立方案与单一方案的评价方法是相同的。

2）互斥型方案

互斥型方案又称排他型方案，在若干备选方案中，各个方案彼此可以相互代替，因此技术方案具有排他性，不能同时存在，选择其中一个技术方案，则其他方案必然被排斥。互斥方案比选是工程经济评价工作的重要组成部分，也是寻求合理决策的必要手段。

互斥型方案经济评价包含两部分内容：一部分为绝对经济效果检验；另一部分为相对经济效果检验，即考察比较哪个技术方案的经济效果最优；需要先进行绝对经济效果检验，然后再进行相对经济效果检验，二者缺一不可。需要注意的是，在进行相对经济效果检验时，不论使用哪种指标，都必须满足方案可比条件。

互斥型方案经济效果评价的特点是要进行方案比选。参加比选的方案应具有可比性，主要应注意：考察时间段及计算期的可比性；收益与费用的性质及计算范围的可比性；方案风险水平的可比性和评价所使用假定的合理性。

3）相关型方案

相关型方案是指接受或拒绝某一方案，会显著改变其他方案的现金流量或影响其他方案的接受或拒绝。方案相关的类型主要有以下几种：

① 完全互斥型

如果由于技术的或经济的原因，接受某一方案就必须放弃其他方案，那么，从决策角度来看这些方案是完全互斥的。这也是方案相关的一种类型。特定项目经济规模的确定，厂址方案的选择，特定水力发电站坝高方案的选择等，都是这类方案完全互斥的例子。

② 相互依存型和完全互补型

如果两个或多个方案之间，某一方案的实施要求以另一方案或另几个方案的实施为条件，则这两个或若干个方案具有相互依存性，或者说具有完全互补性。例如，在两个不同的军工厂分别建设生产新型火炮和与之配套的炮弹的项目，就是这种类型的相关方案。紧密互补方案的经济效果评价通常应放在一起进行。

③ 现金流相关型

即使方案间不完全互斥，也不完全互补，如果若干方案中任一方案的取舍会导致其他方案现金流量的变化，这些方案之间也具有相关性。例如，有两种在技术上都可行的方案：一个是在某大河上建一座收费公路桥；另一个是在桥址附近建收费轮渡码头。即使这两个方案间不存在互不相容的关系，但任一方案的实施或放弃都会影响另一方案的收入，从而影响方案经济效果评价的结论。同样，也存在互补型的现金流相关方案。

④ 资金约束导致的方案相关

如果没有资金总额约束，各方案具有独立性质，但在资金有限的情况下，接受某些方案则意味着不得不放弃另外一些方案，这也是方案相关的一种类型。如何对这类方案进行评价选择，以保证在给定资金预算总额的前提下取得最大的经济效果，就是所谓"受资金限制的方案选择"问题。受资金限制的方案选择使用的主要方法有"净现值指数排序法"和"互斥方案组合法"。

⑤ 混合相关型

在方案众多的情况下，方案间的相关关系可能包括多种类型，我们称之为混合相关型。该模型以净现值最大为目标函数。在该目标函数及一定的约束条件下，力图寻求某一组合方案，使其净现值比任何其他可能的组合方案的净现值都大。

(3) 技术方案的计算期

技术方案的计算期是指在经济效果评价中为进行动态分析所设定的期限，包括建设期和运营期。

1）建设期

建设期是指技术方案从资金正式投入开始到技术方案建成投产为止所需要的时间，建设期应参照技术方案建设的合理工期或技术方案的建设进度计划合理确定。

2）运营期

运营期分为投产期和达产期两个阶段。投产期是指技术方案投入生产，但生产能力尚未完全达到设计能力时的过渡阶段。达产期是指生产运营达到设计预期水平后的时间。

3）注意事项

① 计算期不宜定得太长。

技术方案的计算期不能过长，一方面是因为按照现金流量折现的方法，把后期的净收益折为现值的数值相对较小，这样很难对经济效果分析结论产生有决定性的影响；另一方面由于时间越长，预测的数据就越不准确。

② 相同计算期的项目进行比较。

由于折现评价指标受计算时间的影响，因此对需要比较的技术方案应取相同的计算期。

③ 计算期时长没有统一规定。

设定技术方案计算期长短主要取决于技术方案本身特性的因素，所以无法对技术方案计算期做出完全统一的规定。

(4) 经济效果评价指标体系

技术方案的经济效果评价,一方面取决于基础数据的完整性和可靠性,另一方面取决于选取的评价指标体系的合理性,只有选取正确合理的评价指标体系,经济效果评价的结果才能与客观实际情况相吻合,才能具有实际意义。经济效果评价指标体系如图 4-1 所示。

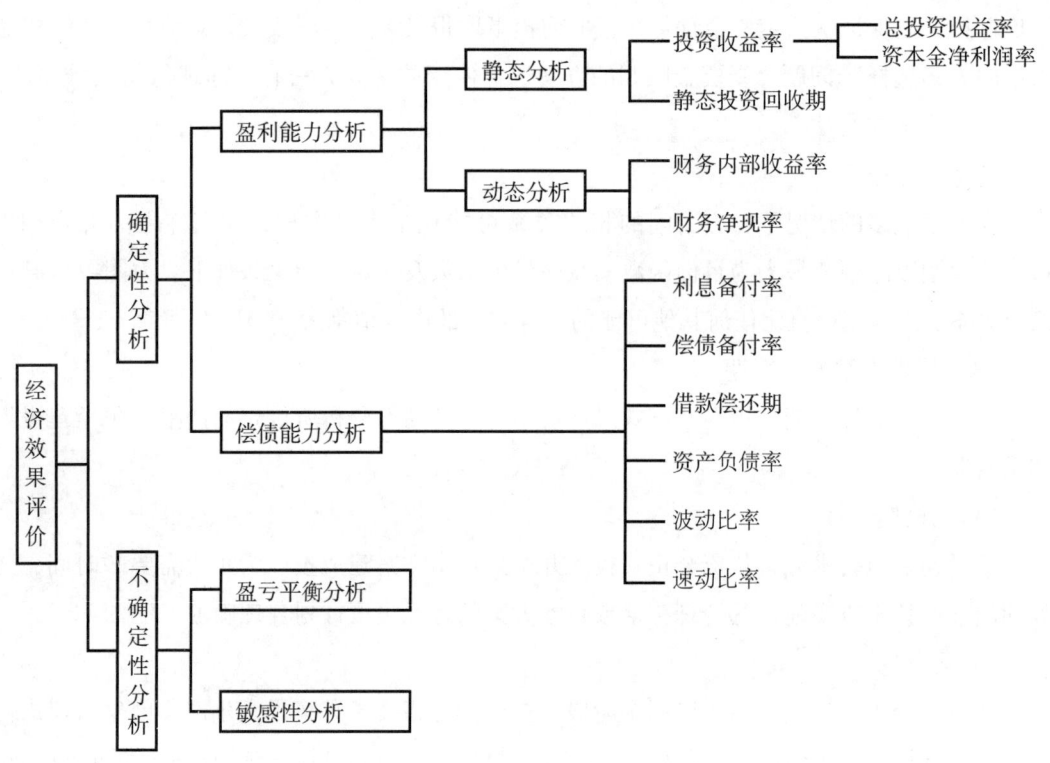

图 4-1 经济效果评价指标体系

4.2 投资回收期

(1) 概念

技术方案投资回收期也称返本期,是使累计的经济效益等于最初的投资费用所需的时间,投资回收期就是指通过资金回流量来回收投资的年限,是反映技术方案投资回收能力的重要指标,分为静态投资回收期和动态投资回收期。

(2) 静态投资回收期

1) 概念

技术方案静态投资回收期(P_t)是在不考虑资金时间价值的条件下,以技术方案的净收益回收其总投资（包括建设投资和流动资金）所需要的时间，一般以年为单位。该指标可以衡量项目收回初始投资速度的快慢。

静态投资回收期从技术方案建设开始年算起，若从建设方案投产开始年算起，应予特别注明。静态投资回收期(P_t)的计算公式如下：（单位：年）

$$\sum_{t=0}^{P_t}(CI-CO)_t = 0$$

式中，P_t 为静态投资回收期，CI 为现金流入量；CO 为现金流出量；$(CI-CO)_t$ 为第 t 年净现金流量。

2）判别标准

投资回收期指标可与该行业的基准投资回收期 P_c 比较。行业的基准回收期随行业的不同而不同。一般要求食品工业一年回收，轻纺、化学工业行业两到三年回收，机械工业三到五年回收，重工业五到八年回收，矿山十年左右回收。当然，这只是一般的要求，具体情况还得做具体分析。

静态回收期法中，若 $P_t \leq$ 基准投资回收期 P_c，表明技术方案投资能在规定的时间内收回，则该方案可以考虑接受；若 $P_t >$ 基准投资回收期 P_c，则该方案是不可行的，应当拒绝。

3）计算方法

静态投资回收期可借助技术方案投资现金流量表，根据净现金流量计算，其具体计算又分以下情况：

① 当技术方案建成投产后隔年的净收益（即净现金流量）均相同时，静态投资回收期的计算公式如下：

$$P_t = \frac{I}{A}$$

$$A = (CI - CO)_t$$

式中，I 为技术方案总投资；A 为技术方案每年的净收益，即净现金流量。

【例 4-1】甲方案投资 1000 万元，每年净现金流量为 400 万元，试计算甲方案的静态投资回收期。

解答：甲方案静态投资回收期 $P_t = \frac{I}{A} = \frac{1000}{400} = 2.5$（年）

② 当技术方案建成投产后各年的净收益不相同时，静态投资回收期可根据累计净现金流量求得，也就是在技术方案投资现金流量表中累计净现金流量由负值变为零的时点。其计算公式：

$$P_t = T - 1 + \frac{\left| \sum_{t=0}^{T-1} (CI - CO)_t \right|}{(CI - CO)_T}$$

式中，T 为隔年累计净现金流量首次为正或零的年数；$\left| \sum_{t=0}^{T-1} (CI - CO)_t \right|$ 为第 $(T-1)$ 年累计净现金流量的绝对值；$(CI - CO)_T$ 为第 T 年的净现值流量。

【例 4-2】乙方案净现金流量如表 4-1 所示，求其静态投资回收期，基准投资回收期为 4 年，该方案是否可行。

表 4-1　　　　　　　　　乙方案净现金流量表　　　　　　　　　单位：万元

T	0	1	2	3	4
净现金流量	-80	-40	60	40	50
累计净现金流量	-80	-120	-60	-20	30

解：由表 4-1 中可以看出，乙方案从第 4 年开始累计净流量为正数，所以投资回收期应该是 3 年多但 4 年不到，由于第 3 年累计净现金流量为负的 20 万元，而第 4 年的净现金流量为 50 万元，因此

乙方案静态回收期 $P_t = T - 1 + \dfrac{\left| \sum_{t=0}^{T-1} (CI - CO)_t \right|}{(CI - CO)_T} = 4 - 1 + \left(\dfrac{|-20|}{50} \right) = 3.4$（年）

由于项目方案的投资回收期小于基准投资回收期，所以该项目可行。

4）优缺点

投资回收期指标容易理解，计算也比较简便，能够直观地反映原始总投资的返本期限，可以直接利用回收期之前的净现金流量信息。技术方案投资回收期在一定程度上显示了资本的周转速度，资本周转速度越快，静态投资回收期越短，风险越小，技术方案的抗风险能力就强。

不足之处在于投资回收期（包括静态和动态回收期）没有全面地考虑投资方案整个计算期内现金流量，舍弃了众多经济数据作为参考，只考虑回收之前的效果，不能反映投资回收之后的情况，故无法准确衡量方案在整个计算期内的经济效果，有一定的局限性。而且它只能反映本方案投资的回收速度，不能反映两个以上的方案之间的比较结果。同时，它没有考虑资金的时间价值。所以，投资回收期作为方案选择和项目排队的评价准则是不可靠的，它只能作为辅助评价指标，或与其他评价指标结合应用。

(3) 动态回收期的计算方法

1) 定义

动态投资回收期（$P'{t}$）也称现值投资回收期，是把投资项目各年的净现金流量按基准收益率折成现值之后，再来推算投资回收期，这就是它与静态投资回收期的根本区别。动态投资回收期就是净现金流量累计现值等于零时的年份。一般以年为单位。动态投资回收期法克服了传统的静态投资回收期法不考虑货币时间价值的缺点。即考虑时间因素对货币价值的影响，使投资指标与利润指标在时间上具有可比性条件下，计算出投资回收期。

项目从投产年算起，用每年的净收益现值将初始投资现值全部收回的时间为动态投资回收期，动态投资回收期考虑了货币的时间价值。动态投资回收期的定义式如下。（单位：年）

$$\sum_{t=0}^{P't}(CI-CO)_{t}(P/F,i,t)=\sum_{t=0}^{P't}(CI-CO)_{t}(1+i)^{-t}=0$$

式中，$P't$ 为动态投资回收期；$(CI-CO)_t$ 为第 t 年净现金流量；$\left|\sum_{t=0}^{P't}(CI-CO)_t\right|$ 为第 $(T-1)$ 年累计净现金流量的绝对值。

$(P/F,i,t)$ 为复利现值系数。式中 P 表示现值，F 表示终值；i 为利率；t 为时间。由终值计算公式 $F=P(1+i)^t$ 推导出 $P=\dfrac{F}{(1+i)^t}$，所以通常以 $(P/F,i,t)$ 来代表 $\dfrac{1}{(1+i)^t}$，即 $(1+i)^{-t}$。同样，复利现值的计算可以利用复利现值系数表。

2) 判别准则

动态回收期法中，若 $P't \leq$ 基准投资回收期 P_c，表明技术方案能在要求的时间内收回投资，是可行的；若 $P't >$ 基准投资回收期 P_c，则该方案是不可行的，应予拒绝。

投资回收期指标越短，该项投资在未来时期所冒的风险越小；投资回收期越长，市场变化很大，冒的风险也越大。因此，投资回收期可以作为未来所冒风险程度的标志，又由于其计算方便，所以易被实际工作者接受。

3) 计算方法

由于动态回收期是考虑资金的时间价值收回初始投资所需的时间，相较于静态回收期，各年的现金净流量都需要考虑现值因素。即如果 t 年现金流入量的现值恰好等于全部投资支出的现值，那么这个 t 就是投资回收期。所以需要满足以下计算公式：

$$P't = (累计净现金流量现值出现正值的年数 - 1) + \dfrac{|上一年累计净现金流量现值|}{出现正值年份净现金流量的现值}$$

【例 4-3】动态投资回收期计算表（$i=10\%$）（如表 4-2 所示），假设标准投资回收期为 5 年，判断方案是否可行，并计算其静态和动态投资回收期。

表 4-2　　　　　　　　　　动态投资回收期计算表　　　　　　　　单位：万元

T	0	1	2	3	4	5	6
净现金流量	-20	-250	-100	150	250	250	250
累计净现金流量	-20	-270	-370	-220	30	280	530
净现金流量折现值	-20	-227.3	-82.6	112.7	170.8	155.2	141.1
累计净现金流量折现值	-20	-247.3	-357.2	-244.5	-73.7	81.5	222.6

解：

① 静态回收期 $= 4 - 1 + \dfrac{|-220|}{250} = 3.88$（年）

由于项目方案的投资回收期小于基准投资回收期，所以该项目可行。

② 动态回收期 $= 5 - 1 + \dfrac{|-73.7|}{155.2} = 4.47$（年）

由于项目方案的投资回收期小于基准投资回收期，所以该项目可行。

4）优缺点

优点在于动态投资回收期要比静态投资回收期长，原因是动态投资回收期的计算考虑了资金的时间价值。在一定程度上反映了技术方案的经济性。

不足之处在于考虑时间价值后计算比较复杂，在投资回收期补偿和基准收益率不大的情况下，与静态投资回收期差别不大。因此，动态投资回收期法不常用，而多用静态投资回收期作为辅助指标；其次未考虑项目整个寿命期的经济效益，难以全面反映方案真实效益。最后，它与静态投资回收期一样，只能反映本方案投资的回收速度，不能反映方案之间的比较结果。

(4) 使用区别

在技术方案经济效果评价中一般都要求计算静态投资回收期，以反映技术方案原始投资的补偿速度和技术方案的投资风险性，对于那些技术上更新迅速的技术方案，或资金相当短缺的技术方案，或未来的情况很难预测而投资者又特别关心资金补偿的技术方案，采用静态投资回收期评价有实用意义，但仅作为项目评价的辅助性指标，不能单独使用，一般用于技术经济数据尚不完整的项目初步研究阶段，且不能用于两个以上方案的比较。

为了克服静态投资回收期未考虑资金时间价值的缺点，在投资项目评价中有时采用动态投资回收期。相较于静态投资回收期，更加精准地反映技术方案的经济性，但在短期投资回收期与基准收益率较小的情况下，常常与静态投资回收期的结果相差不大，所以动态投资回收期使用较少，大多数时间采用静态投资回收期作为辅助指标。

4.3 财务净现值

(1) 概念

财务净现值(FNPV)也称"累计净现值",是反映投资方案在计算期内盈利能力的动态评价指标。投资方案的财务净现值是指用一个预定的基准收益率(或设定的折现率)i_c,分别把整个计算期内各年所发生的净现金流量都折现到投资方案开始实施时的现值之和。财务净现值计算公式为:

$$FNPV = \sum_{t=0}^{n}(CI-CO)(1+i_c)^{-t}$$

式中:FNPV 为财务净现值;$(CI-CO)_t$ 为第 t 年的净现金流量(应注意"+""-"号);i_c 为基准收益率;n 为技术方案计算期。

(2) 判断准则

财务净现值是评价技术方案盈利能力的绝对指标。

当 $FNPV > 0$ 时,说明该技术方案能得到超额收益现值,该技术方案在财务上可行;

当 $FNPV = 0$ 时,说明该技术方案现金流入的现值正好抵偿方案现金流出的现值,该技术方案在财务上可行;

当 $FNPV < 0$ 时,说明该技术方案收益的现值不能抵偿支出的现值,该技术方案在财务上不可行。

多个方案进行比选时,遵循净现值最大准则,即净现值越大的方案相对越优秀。但净现值指标用于多方案比较时,不考虑各方案投资额的大小,因而不能直接反映资金的利用效率。但方案的优劣取决于它对投资者目标贡献的大小,在不考虑其他非经济目标的情况下,企业追求的目标可以简化为同等风险条件下净盈利的最大化,而财务净现值就是反映这种净盈利的指标,所以,在多方案比选中采用净现值指标和净现值最大准则是合理的。

(3) 财务净现值的计算

现值法是将方案的各年收益、费用或净现金流量按照要求达到的折现率折算到期初的现值,并且根据现值之和来评价、选择的方案。同时财务净现值等于现金流入现值之和减去现金流出现值之和。计算方式分为以下两种情况:

1) 当技术方案的各年净现金流量相等时。

$$FNPV = A \times (P_A/A, i, t) - p = A \times \frac{(1+i)^t - 1}{i(1+i)^t} - p$$

其中,A 为各年的净现金流量;P 为现金流出现值之和。

(P_A/A, i, t)为年金现值系数。式中 A 表示年金,P_A 表示年金现值;i 为利率;t 为时间。由年金现值计算公式 $P_A = A \times [1 \div (1+i)^1 + 1 \div (1+i)^2 + \cdots + 1 \div (1+i)^t]$ 推导出 $P_A = A \times \dfrac{1-(1+i)^{-t}}{i}$,所以公式中,$\dfrac{1-(1+i)^{-t}}{i}$ 被称作年金现值系数。由于 $\dfrac{1-(1+i)^{-t}}{i} = P_A/A$,且 $\dfrac{1-(1+i)^{-t}}{i}$ 的值由 i 和 n 所决定,所以通常以(P_A/A, i, t)来代表 $\dfrac{1-(1+i)^{-t}}{i}$,由此变式可得 FNPV 计算公式中 $\dfrac{(1+i)^t-1}{i(1+i)^t}$。

【例 4-4】某技术方案的初期投资额为 1500 万元,此后每年年末的净现金流量为 400 万元,若基准收益率为 15%,寿命期为 15 年,则该方案的净现值为多少,该项目是否可行?(单位:万元)

由于每年末净现金流量是相等的,所以先求出每年末的年金现值为净现金流入,初期的投资额作为现金流出,该投资额为现值,所以

$$FNPV = A \times (P_A/A, i, t) - p = 400 \times \dfrac{(1+15\%)^{15}-1}{15\% \times (1+15\%)^{15}} - 1500 = 838.95 \text{(万元)}$$

由于 FNPV = 838.95 万元>0,所以,该方案在财务上是可行的。

2)当技术方案各年的净现金流量不相等时。

$$FNPV = \dfrac{F_1}{(1+i)^1} + \dfrac{F_2}{(1+i)^2} + \dfrac{F_3}{(1+i)^3} + \cdots + \dfrac{F_t}{(1+i)^t} - p$$

其中,F 为各年的净现金流量;P 为现金流出现值之和;t 为年份。

【例 4-5】某房地产投资项目投资 500 万元,建成租给某企业,第一年净收入为 66 万元,以后每年净收入为 132 万元,第十年末残值为 50 万元,折现率为 12%,该项目从财务效益讲是否可行?

首先,确定项目有效期内各年度的净现金流量,第二年至第十年每年净现金流量为 132 万元;然后,将各年度的净现金流量用折现率 12% 折为现值;最后计算出该方案在有效年份内的财务净现值,对其进行评价。

$$FNPV = \dfrac{66}{1+0.12} + \sum_{t=2}^{10} \dfrac{132}{(1+0.12)^t} + \dfrac{50}{(1+0.12)^{10}} - 500 = 203 \text{(万元)}$$

由于 FNPV = 203 万元>0,所以,该方案在财务上是可行的。

(4)优缺点

财务净现值指标的优点是:考虑了资金的时间价值,并全面考虑了技术方案在整个计算期内现金流量的时间分布的状况;经济意义明确直观,能够直接以货币额表示技术方案的盈利水平;判断直观。

财务净现值指标的缺点是:必须首先确定一个符合经济现实的基准收益率,而基准收

益率的确定往往是比较困难的；在互斥方案评价中应注意财务净现值必须慎重考虑互斥方案的寿命，如果互斥方案的寿命不等，必须构造一个相同的分析期限，才能进行各个方案之间的比选；财务净现值不能真正反映该方案投资的使用效率；不能直接说明投资运营期的经营成果；没有给出投资确切的收益大小；不能反映投资的回收速度。

（5）财务净现值率

财务净现值率是投资方案的净现值与项目总投资的现值之比，即单位投资现值的财务净现值，是反映投资项目在投资活动有效期内的获利能力的动态财务效益的分析指标。记作FNPVR，其计算公式为：

$$FNPVR = FNPV/I_p$$

式中，I_p 表示投资的现值。

以【例4-5】为例，该方案的财务净现值率 = 203/500 × 100% = 40.6%

财务净现值率指标用于说明每元投资的现值未来可以获得的收益的现值额。它是一个相对数指标，便于不同投资规模的方案进行比较。因而有着较为广泛的适用性。

所以，净现值率大于零，说明投资方案可行；反之，说明方案不可行。

4.4 财务内部收益率

（1）财务内部收益率的概念

财务内部收益率（FIRR）也称为财务内涵报酬率，是反映项目实际收益率的一个动态指标，是指投资方案在计算期内各年净现金流量现值累计等于零时的折现率，也就是说，FIRR 实际上就是当财务净现值等于零时的折现率；财务内部收益率是考察技术方案盈利能力的相对指标。

若已知某投资方案各年的净现金流量，则该方案的净现值就完全取决于所选用的折现率，即财务净现值是折现率的函数。其表达式如下：

$$FNPV(i) = \sum_{t=0}^{n} (CI - CO)_t (1 + i)^{-t}$$

式中，i 为财务内部收益率。

随着折现率的逐渐增大，财务净现值由大变小，由正变负，FNPV 与 i 之间的关系一般如图4-2所示。

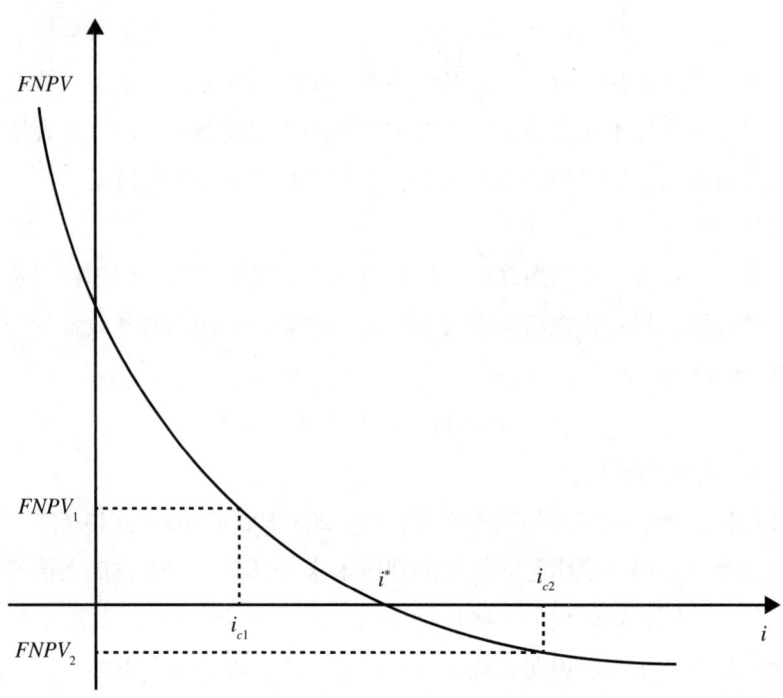

图 4-2 常规投资技术方案的净现值函数曲线

从图 4-2 中可以看出,内部收益率函数性质为单调递减函数,即 FNPV 与折现率成反比关系,按照财务净现值的评价准则,只要 $FNPV(i) \geq 0$,方案或技术方案就可接受。但由于 $FNPV(i)$ 是 i 的递减函数,故折现率 i 定得越高,方案被接受的可能越小。i 可以大到使 $FNPV(i)=0$,这时 $FNPV(i)$ 曲线与横轴相交,i 达到了其临界值 i^*,可以说 i^* 是财务净现值评价准则的一个分水岭。i^* 是财务内部收益率(FIRR)。

对常规投资技术方案,财务内部收益率其实质就是使投资方案在计算期内各年净现金流量的现值累计等于零时的折现率。实质上其数学表达式为:

$$FNPV(FIRR) = \sum_{t=0}^{n}(CI-CO)_t(1+FIRR)^{-t}$$

式中,FIRR 为财务内部收益率。

在实际工作中,一般通过计算机直接计算,手算时可采用试算法确定财务内部收益率 FIRR。

(2)计算方法

1)内插法(精确计算)

$$FIRR = i_1 + \frac{FNPV_1}{FNPV_1 + |FNPV_2|} \times (i_2 - i_1)$$

或

$$FIRR = i_2 - \frac{FNPV_1}{FNPV_1 + |FNPV_2|} \times (i_2 - i_1)$$

式中，$FNPV_1$ 为以 i_1 折现的财务净现值、$FNPV_2$ 为以 i_2 折现的净现值的财务净现值，i_1 为试算用的净现值为正数的较低折现率、i_2 为试算用的净现值为负数的较高折现率。

【例 4-6】某方案的年现金净流量如表 4-3 所示，按估算的折现率逐次测试，估算该方案的内部收益率。

表 4-3　　　　　　　　　　　　　现金净流量

年序	年现金净流量	按18%测试		按20%测试	
		折现系数	现值	折现系数	现值
0	-300000	1	-300000	1	-300000
1	90000	0.847	76230	0.833	74970
2	96000	0.718	68928	0.694	66624
3	96000	0.609	58464	0.579	55584
4	102000	0.516	52632	0.482	49164
5	104000	0.437	45448	0.402	41808
净现值	—	—	1702	—	-11580

从表 4-3 中得出相邻近的一正一负两个净现值 1702 和 -11580，就可以用内插法计算出近似的财务内部收益率。

方案的 $FIRR = i_1 + \dfrac{FNPV_1}{FNPV_1 + |FNPV_2|} \times (i_2 - i_1) = 18\% + (20\% - 18\%) \times \dfrac{1702}{1702 + 11580} = 18.25\%$

2）试算法（分析大致区间）

试算法又称逐次测试法，是根据区间规律进行的估算，并通过估算得出当财务净现值等于零的时候的折现率的范围。具体计算程序如下：

① 先估算一个折现率，并以这个折现率计算出项目的净现值。如果净现值为零或接近于零，说明该折现率就是投资项目的内部收益率。

② 如果净现值大于零，说明估算的折现率小于项目的内部收益率，再定一个较大的折现率重新计算；如果净现值小于零，说明估算的折现率大于项目的内部收益率，再定一个较小的折现率重新计算。

③ 重复第②步骤，直到净现值为零或接近于零；或直到求出相邻近的一正一负两个净现值。

④ 如果净现值为零或接近于零，则设定的折现率接近项目的内部收益率；如果求出了相邻近的一正一负两个净现值，就可以用内插法计算出近似的内部收益率。

例如：当折现率为14%时，财务净现值 $FNPV$ 对应120；当折现率为16%时，财务净现值 $FNPV$ 对应-60；因此我们可以得知，当财务净现值等于零的时候，折现率在15%~16%。

3）财务内部收益率计算的简单方法

以逐次测试法来计算财务内部收益率是件复杂的事，常常需要经过多次的测试才能求得指标值，但如果投资额在第一年年初一次支出，且投资后各年（第1年至第 n 年）的现金净流量相等，就可以采用简单方法计算。根据内部收益率的定义，如果年现金净流量 $*$（$(P_A/A, i, t)$）= 投资额，则 i 就是内部收益率。因此，内部收益率计算的简单方法：

先求年金现值系数：$(P_A/A, i, t) = \dfrac{投资额}{年现金净流量}$

再根据项目计算期 n 及计算出的年金现值系数，查年金现值系数表以确定所对应 i，即为财务内部收益率。如果在年金现值系数表中不能马上确定 i 的值，还需要插入法来求。

显然，简单方法要比逐次测试法快捷得多，但在实际中，大多数项目的现金流量是不规则的，所以，逐次测试法用得更多些。

(3) 应用判断

财务内部收益率的判别是与基准收益率 i_c 作比较，若财务内部收益率 ≥ 基准收益率 i_c，则方案在经济上可以接受；若财务内部收益率 < 基准收益率 i_c，则方案在经济上应予拒绝。

(4) 优缺点

财务内部收益率指标考虑了资金的时间价值以及技术方案在整个计算期内的经济状况，不仅能反映投资过程的收益程度，而且财务内部收益率的大小不受外部参数影响，完全取决于技术方案投资过程净现金流量系列的情况。这种技术方案内部决定性，使它在应用中具有一个显著的优点，即避免了像财务净现值之类的指标那样须事先确定基准收益率这个既困难又易引起争论的问题，而只需要知道基准收益率的大致范围即可。

不足的是财务内部收益率计算比较麻烦；对于具有非常规现金流量的技术方案来讲，其财务内部收益率在某些情况下甚至不存在或存在多个内部收益率。

(5) 财务净现值与财务内部收益率的区别

对独立常规方案应用财务净现值与财务内部收益率评价均可，其结论是一致的。财务净现值计算简便，显示出了技术方案现金流量的时间分配，但得不出投资过程收益程度大小，且受外部参数 i_c 的影响。财务内部收益率计算较为烦琐，但能反映投资过程的收益程度，而 FIRR 的大小不受外部参数影响，完全取决于投资过程现金流量。

4.4 节所述的净现值、净现值率指标，虽然考虑了货币的时间价值，但有一个共同的缺点，就是在一个设定的折现率基础上计算方案的投资收益额及报酬率，但不能反映各个投资方案实际可以达到的报酬率。而内部收益率所反映的就是投资方案实际可以达到的报酬率。因此，财务内部收益率是投资决策中重要的评价指标。比起净现值与净年值来，各行各业的实际经济工作者更加喜欢采用内部收益率这一指标。

4.5 基准折现率的测定

（1）基准收益率的概念

基准收益率，又称基准折现率，是企业或行业投资者以动态的观点所确定的、可接受的投资方案最低标准的收益水平。其在本质上体现了投资决策者对技术方案资金时间价值的判断和对技术方案风险程度的估计，是投资资金应当获得的最低盈利水平，它是评价和判断技术方案在财务上是否可行和技术方案比选的主要依据，是一个重要的经济参数。因此基准收益率确定得合理与否，对投资方案经济效果的评价结论有直接的影响，定得过高或过低都会导致投资决策的失误。

（2）基准收益率测定的影响因素

事实上，影响财务基准收益率的因素有很多。其中资金成本是最基本的影响因素，此外还包括项目所面临的风险因素、通货膨胀、资源供给、市场需求、项目目标、资金时间价值等方面。总体而言，基准收益率的确定应综合考虑四个因素：资金成本、机会成本、投资风险、通货膨胀。从代价补偿的角度来说，确定基准收益率的基础是资金成本和机会成本，而投资风险和通货膨胀则是必须考虑的影响因素。

1）资金成本

资金成本即使用资金进行投资活动的代价。通常所说的资金成本指单位资金成本，用百分数表示。企业投资活动有三种资金来源：借贷资金、新增权益资本和企业再投资资金。借贷资金是以负债形式取得的资金，如银行贷款、发行债券筹集的资金等。新增权益资本指企业通过扩大资本金筹集的资金，增加权益资本的主要方式有接纳新的投资合伙人、增发股票等，按照国家规定将法定公积金转增资本金也是新增权益资本的一种方式。再投资资金指企业为以后的发展从内部筹措的资金，主要包括保留盈余、过剩资产出售所得资金、提取的折旧费和摊销费以及会计制度规定用于企业再投资的其他资金。

① 借贷资金成本

借贷资金的资金成本用年利率表示，如果是银行贷款，税前资金成本即为贷款的年实际利率。如果是通过发行债券筹集资金，则税前资金成本等于令下面等式成立的折现率 i：

$$P_0 = \sum_{t=1}^{n} \frac{I_t + P_t}{(1+i)^t}$$

式中：P_0 为发行债券所得的实际收入；I_t 为第 t 年支付的利息；P_t 为第 t 年归还的本金；n 为债券到期的年限。

② 权益资本成本

权益资本成本指企业所有者投入的资本金，对于股份制企业而言即为股东的股本资金。股本资金分优先股和普通股，优先股股息相对稳定，支付股息需要用所得税税后利润。

③ 加权平均资金成本

为一项投资活动筹措资金，往往不止一种资金来源，所有各种来源资金的资金成本的加权平均值即为全部资金的综合成本。综合资金成本中各种单项资金成本的权重是各种来源的资金分别在资金总额中所占的比例。

2）机会成本

机会成本是指在资金供应有限的情况下，由于将筹集到的有限资金用于特定投资项目而不得不放弃其他投资机会所造成的损失，这个损失等于所放弃的投资机会中的最佳机会所能获得的风险与拟投资项目相当的收益。所以投资者总是希望得到最佳的投资机会，从而使有限的资金取得最佳经济效益。因此，项目的基准收益率必然要大于它的机会成本，而投资的机会成本必然高于资金费用，否则，日常的投资活动就无法进行了。

投资机会成本有两个层次的含义，第一个层次是股东投资的机会成本，是指股东投资于某公司实际上意味着放弃了投资于其他公司的机会和相应的投资收益，所以，股东所期望的最低投资收益率包含了对投资机会成本的考虑。第二个层次是企业进行项目投资决策时所考虑的投资机会成本，在资金有限的情况下，选择某些投资项目意味着放弃其他一些投资项目和相应的投资收益。从原理上讲，在进行项目投资决策时，企业再投资资金的资金成本应该是第二个层次意义上的机会成本，但是当再投资资金只是项目总投资的一部分时，为了便于分析，可以将再投资资金视同于新增普通股本资金，即用股东期望的最低投资收益率作为其资金成本，这样做不会影响最终分析结果。

3）投资风险

投资风险是实际收益对投资者预期收益的背离。风险可能给投资者带来超出预期的收益，也可能给投资者带来超出预期的损失。在一个完备的市场中，收益与风险成正相关，要获得高的投资收益就要承担大的风险。也正是由于风险的存在，才使得投资者期望获得较高的收益来弥补可能发生的风险损失。不利的变化会给投资决策带来风险，为了补偿可能发生的风险损失，投资者要考虑一个适当的风险贴补率，只有满足了风险贴补，才愿意进行投资。投资具有风险性，这是客观事实，而且往往是利润越大的项目风险也越大。因此，在项目经济评价中，需要通过确定一个更高的收益率来反映投资者的这一需要，投资者敢于冒风险，但对所冒的风险要求得到一定的补偿，因而他们会在风险和利润之间作一折中的选择。

4）通货膨胀

在预期未来存在着通货膨胀的情况下，由于通货膨胀影响，会使得项目的各种费用支出上升。从而使投资者的实际收益下降。如果项目的支出和收入是按预期的各年时价计算的，项目资金的收益率中包含有通货膨胀率。为了使被选项目的收益率不低于实际期望水平，就应在实际最低期望收益率水平上，加上通货膨胀率的影响。如果项目支出和收入在整个项目寿命期内是按不变价格计算的，就不必考虑通货膨胀对基准收益率的影响

综上所述，基准收益率考虑了诸多因素，是项目经济评价和比较的前提条件，是计算经济评价指标的基础，是投资者选择项目的依据，因此基准投资收益率决定了项目的取舍。

(3) 基准收益率测定标准

① 在政府投资项目以及按政府要求进行财务评价的建设项目中采用的行业财务基准收益率，应根据政府的政策导向进行确定。

② 在企业各类技术方案的经济评价中参考选用的行业财务基准收益率，应在分析一定时期内国家和行业发展战略、发展规划、产业政策、资源供给、市场需求、资金时间价值、技术方案目标等情况的基础上，结合行业特点、行业资本构成情况等因素综合测定。

③ 在中国境外投资的技术方案财务基准收益率的测定，应首先考虑国家风险因素。

④ 投资者自行测定技术方案的最低可接受财务收益率，除了应考虑上述所涉及的因素外，还应根据自身的发展战略和经营策略、技术方案的特点与风险、资金成本、机会成本等因素综合测定。

综上所述，投资者自行测定的基准收益率可确定：

若技术方案现金流量是按当年价格预测估算的，则应以年通货膨胀率 i_3 修正 i_c 值。即：

$$i_c = (1 + i_1)(1 + i_2)(1 + i_3) - 1 \approx i_1 + i_2 + i_3$$

若技术方案现金流量按基年不变价格预测估算的，预测结果已排除通货膨胀因素的影响，就不再重复考虑通货膨胀的影响去修正 i_c 值。即：

$$i_c = (1 + i_1)(1 + i_2) - 1 \approx i_1 + i_2$$

上述近似处理的条件是 i_1、i_2、i_3 都为小数。i_1 为机会成本率，i_2 为风险成本率，i_3 为通胀率。

(4) 注意事项

① 基准收益率最低限度不应小于资金成本；

② 机会成本是在技术方案外部形成的，它不可能反映在技术方案财务上；技术方案完全由企业自有资金投资时，可参考行业平均收益水平；技术方案投资来自自有资金和贷款时，最低收益率不应低于行业平均收益水平（或新筹集权益投资的资金成本）与贷款利率的加权平均值；如果有好几种贷款，贷款利率应为加权平均贷款利率；

③ 基准收益率应不低于单位资金成本和单位投资的机会成本，这样才能使资金得到最有效的利用；

④ 为了限制对风险大、盈利低的技术方案进行投资，可以采取提高基准收益率的办法来进行技术方案经济效果评价；

⑤ 一般来说，从客观上看，资金密集型的技术方案风险高于劳动密集型的技术方案；资产专用性强的技术方案风险高于资产通用性强的技术方案；以降低生产成本为目的的技术方案风险低于以扩大产量、扩大市场份额为目的的技术方案；从主观上看，资金雄厚的投资主体的技术方案风险低于资金拮据者的。

（5）测定方法

财务基准收益率的测定可采用资本资产定价模型法、加权平均资金成本法、典型项目模拟法、德尔菲专家调查法等方法，也可以用多种方法进行测算，将不同方法测算的结果互相验证，经过协调后确定。

1）资本资产定价模型法

资本资产定价模型法研究的重点在于探求风险资产收益与风险的数量关系，即为了补偿某一特定程度的风险，投资者应该获得多少的报酬率。当资本市场达到均衡时，风险的边际价格是不变的，任何改变市场组合的投资所带来的边际效果是相同的，即增加一个单位的风险所得到的补偿是相同的。公式如下：

$$K_e = R_f + \beta (R_m - R_f)$$

式中，K_e 为权益资金成本；R_f 为市场无风险投资收益率；R_m 为整个市场的平均投资收益率；β 为本公司相对于整个市场的风险系数。

一般可用国库债券利率作为无风险投资收益率。β 是一个反映本公司投资收益率对整个市场平均投资收益率变化响应能力的参数，是测算工作的重点和基础。$\beta = 1$ 表示公司风险相当于市场平均风险，$\beta > 1$ 表示公司风险大于市场平均风险，$\beta < 1$ 表示公司风险小于市场平均风险。由此可知，用公式估算的资金成本包含了对公司整体风险的考虑。

2）加权平均资金成本法

加权平均资金成本法普遍应用于投资决策中。为一项投资活动筹措资金，往往不止一种资金来源，所有各种来源资金的资金成本的加权平均值即为全部资金的综合成本。综合资金成本中各种单项资金成本的权重是各种来源的资金分别在资金总额中所占的比例。国际上通常将资金成本视为投资项目的"最低收益率"。对于新建或新改组企业，或资产负债结构较合理的企业，采用加权平均成本法确定折现率是较适当的选择。税后加权平均资金成本的计算公式为：

$$K^* = \sum_{j=1}^{m} P_{dj} K_{dj} + P_s K_s + P_e K_e$$

式中：K_{dj} 为第 j 种借贷资金的税后成本；K_s 为优先股股本资金的税后成本；K_e 为普通股股本资金的税后成本；K^* 为全部资金税后加权平均成本；P_{dj} 为第 j 种借贷资金在资金总额中所占的比例；P_s、P_e 分别是优先股和普通股股本资金在资金总额中所占的比例。

【例 4-7】某企业的资金结构及各种来源资金的税后成本如表 4-4 所示，求该企业的税后加权平均资金成本。

表 4-4　　　　　　　　　　　某企业的资金结构

资金来源	金额（万元）	资金税后成本
普通股本资金	900	15%
银行贷款	600	12%
发行债券	300	13%
总计	1800	

解：股本资金、银行贷款、发行债券筹资额分别占资金总额的比例为 $\frac{1}{2}$、$\frac{1}{3}$ 和 $\frac{1}{6}$，全部资金的税后加权平均资金成本为

$$K^* = 15\% \times \frac{1}{2} + 12\% \times \frac{1}{3} + 13\% \times \frac{1}{6} = 13.67\%$$

3）典型项目模拟法

典型项目模拟法是通过选取行业内一定数量有代表性的、已经进入正常生产运营状态的建设项目，进行实际调查并作必要的价格调整，计算其财务内部收益率，在此基础上确定行业财务收益率的基准值。

4）德尔菲专家调查法

专家调查法是由一定数量的专家对项目收益率取值进行分析判断，经过几轮调查逐步集中专家意见，形成结论性取值结果。

需要注意的是，挑选的专家应有一定的代表性、权威性；在进行预测之前，首先应取得参加者的支持，确保他们能认真地进行每一次预测，以提高预测的有效性。同时也要向组织高层说明预测的意义和作用，取得决策层和其他高级管理人员的支持；问题表设计应该措辞准确，不能引起歧义，列入征询的问题不应相互包含；所提的问题应是所有专家都

能答复的问题，而且应尽可能保证所有专家都能从同一角度去理解；进行统计分析时，应该区别对待不同的问题，对于不同专家的权威性应给予不同权数而不是一概而论；提供给专家的信息应该尽可能充分，以便其作出判断；只要求专家作出粗略的数字估计，而不要求十分精确。问题要集中，要有针对性，以便使各个事件构成一个有机整体。问题要按等级排队，先简单后复杂，先综合后局部，这样易引起专家回答问题的兴趣。调查单位或领导小组意见不应强加于调查意见之中，要防止出现诱导现象，避免专家意见向领导小组靠拢，以致得出专家迎合领导小组观点的预测结果。避免组合事件。如果一个事件包括专家同意的和专家不同意的两个方面，专家将难以做出回答。

4.6 众筹项目融资

(1) 众筹

众筹就是面向公众筹集资金，特别是指以自主个人、公益慈善组织或商事企业为目的的小额资金募集。相对于传统的融资方式，众筹更为开放，能否获得资金也不再是由项目的商业价值作为唯一标准。作为一种新型的融资模式，它能够及时高效地将人们手上的闲置资金进行集中，来生产这些资金的利用价值。这种新的融资方式给了众多中小型企业一种更快速的资金来源。

(2) 众筹的构成

众筹由筹资人、出资人和众筹平台三方构成。筹资人为有创造能力但缺乏资金的人或企业；出资人为对筹资者的故事和回报感兴趣的，有能力支持的人。众筹平台则是连接发起人和支持者的互联网终端，比如人人投、众意网等都是众筹平台。

众筹并不是一种单纯的投资行为，而是一种有资金、认知、时间盈余的社群成员彼此分工协作，互相提升价值的项目实操过程，而最终的盈利点也是多元化的，除了资金的收获以外，还有经验、资源等不同的价值收获。

(3) 众筹的特征

1) 交易成本低

对于众筹项目融资而言，整个项目的各个环节均通过网络平台实现，有效节省了启动、宣传等成本项目；而且提高了双方的效率，促进了双方的沟通，实现了双方信息公开，对于交易的实现有着良好的作用。

2) 信息成本低

通过线上平台发布信息，众筹平台本身有一定的交易对象，出资人与筹资人能够通过平台建立联系，而平台也能够给双方进行担保，加强双方的交易信任。对于传统的线下筹资方式而言,众筹项目融资的信息成本相较更低。

3) 参与主体激励性强

对于筹资人而言,只要项目足够优秀且有创意,就能够吸引到出资人,可以继续发展这个项目。对于出资人而言,为优秀的项目进行投资,自然可以取得更为丰厚的报酬。双方更加积极,有利于众筹项目的推进与成功。

4) 报酬形式多样化

众筹的方向具有多样性,所以对于投资者而言,可以获得除资金回报之外的企业股权、实物产品、文化作品等更多形式的报酬。回报的多样性能够满足各类投资者的不同需求,也能够激励更多的出资者进行项目的投资。

(4) 众筹的类型

众筹有四种主要的类型,主要包括回报众筹模式、股权众筹模式、债权众筹模式与捐赠众筹模式。以下进行简单介绍。

1) 回报众筹模式

该模式是指投资者对项目或者公司进行投资,相应取得不同级别的回报或者服务的众筹方式。这种众筹模式运用非常广泛,只要产品或者服务能够引起大众的认可与欣赏,都可以作为回报众筹的项目。

2) 股权众筹模式

该模式实质上是以投资送股权的方式进行众筹,这种众筹模式主要有以下三种方式:直接股权投资、借助合伙企业间接投资和两段式投资。股权众筹模式相对其他三种模式而言,具有较大的法律风险,需要谨慎选择,并为此承担一定的风险。

3) 债权众筹模式

债务型众筹是比较常见的一种模式,即投资者对项目或公司进行投资获得其一定比例的债权,未来获取利息收益并收回本金,相当于借贷型投资方式。这种方式比较常见,比如一个公司需要资金,会从身边的职工中募集资金,当公司盈利再进行返利。这种方式同样需要谨慎,会承担相应的风险。

4) 捐赠众筹模式

该模式是投资者进行无偿的捐赠的一种公益性的众筹方式。所积累的资金也称为善款,以备以后国家或者公益上来用,所以基本上公益使用这种捐赠式众筹类型的比较多,而对于企业和商业来说却是极少的类型。

(5) 众筹的风险

1) 法律风险

众筹这种方式存在着一定的法律风险,首先投资人的权益缺乏明确保障。众筹活动中存在筹资人与出资人两方,两者法律关系不明确,导致其义务、权利不明晰,出资人处于被动方，易受损害；其次存在非法集资和非法发行股票等情况，常常会有在众筹平台发布不实信息，那么这样的行为会存在非法集资的嫌疑，触犯了法律。

2）产权风险

在众筹项目融资中，筹资人常常通过发布项目的具体创意吸引投资人的目光，而这种信息一旦发布，就极易被盗取成为他人之物，破坏筹资人项目的产权；但信息发布较少，难以吸引出资人，获得足够的资金，所以众筹项目存在产权被侵犯的风险。

3）信用风险

众筹中涉及筹资者与筹资平台的信用风险。对于出资者来说，平台一般会在筹资额度满后关闭，但是也会有筹资人与筹资平台在项目发起后设定额度高于原本额度来赚取利益的行为，在出资人不知情的情况下，易出现信用风险。

(6) 优缺点

众筹项目融资的优点在于可以快速获取项目资金，有利于中小企业进行资金的筹集；有效降低交易成本、信息成本等各种成本；项目的多样化可以有效地活跃市场；同时项目需要具备创新性，可以更新市场产品，激活市场良性竞争；对于出资人而言，可以取得合适满意的报酬；同时活跃双方的主体积极性。同时它也存在不足之处：首先众筹不能保证资金链的完整，仅仅只能在早期获取投资取得成效，在后期发展中只有保证设计、生产及宣传等环节的快速高效进行，才能有机会获得后续投资。其次众筹存在法律风险、产权风险与信用风险等问题，法律上对众筹双方关系不明确，所以仍有风险。所以在进行众筹融资时，如果不具备承担高风险的个人或企业，要保持谨慎选择。对于项目人而言，众筹平台的选择以及项目产权的保护也需要严谨对待。

【习题】

【简答题】

1. 偿债能力指标有哪些？计算公式是什么？
2. 财务内部收益率与基本折现率的区别是什么？
3. 投资回收期有哪几种？区别是什么？
4. 财务基准收益率的测定方法有哪些？
5. 财务净现值是怎么判别的？
6. 项目融资的基本特征有哪些？

【计算题】

1. 某软件企业 2004 年初计划投资 1000 万元人民币开发一套中间件产品，预计从 2005 年开始，年实现产品销售收入 1500 万元，年市场销售成本 1000 万元。该产品的系统分析员张工根据财务总监提供的贴现率，制作了如下的产品销售现金流量表。根据表中的数据，该产品的动态投资回收期是多少？

年份	2004	2005	2006	2007	2008
投资	1000	—	—	—	—
成本	—	1000	1000	1000	1000
收入	—	1500	1500	1500	1500
净现金流量	−1000	500	500	500	500
净现值	−925.93	428.67	396.92	367.52	340.29

2. 某项目方案有关数据如下表所示，基准折现率为 10%。

（1）分别计算其静态投资回收期和动态投资回收期。

（2）若基准动态回收期为 8 年，试评价方案。

序号	年 / 项目	0	1	2	3	4	5	6
1	投资支出	20	500	100	—	—	—	—
2	其他支出	—	—	—	300	450	450	450
3	收入	—	—	—	450	700	700	700
4	净现金流量	−20	−500	−100	150	250	250	250
5	累计净现金流量	−20	−520	−620	−470	−220	30	280
6	净现值流量折现值	−20	−454.6	−82.6	112.7	170.8	155.2	141.1
7	累计折现值	−20	−474.6	−557.2	−444.5	−273.7	−118.5	22.6

3. 某企业投资项目方案 240000 元，购建一条新的生产线，预计可使用 5 年，每年生产甲产品 10000 件，每年产生利润 80000 元，该企业固定资产采用直线法计提折旧。

① 试计算该项目方案的财务净现值与财务净现值率。

② 如该生产线使用到第四年开始用 22000 元改建，改建后可继续使用 5 年，其他条件不变，改建生产线这一投资项目的现金净流量如表所示。试计算新项目方案的财务净现值与财务净现值率。

现金流量表 单位：元

年	年现金净流量	折现系数（10%）	折现的现金净流量	累计折现的现金
0	−220000		−220000	−220000
1	0		0	−220000
2	0		0	−220000
3	128000	0.751	96128	−123872
4	128000	0.683	87424	−36448
5	128000	0.621	79488	43040
净现值		2.055	43040	

4. 某项目的各年现金流量如表所示，试用净现值指标判断项目的经济性（$i_0=10\%$）。

项目＼年	0	1	2	3	4～10
1. 投资支出	20	500	100		
2. 除投资以外的其他支出				300	450
3. 收入				450	700
4. 净现金流量	−20	−500	−100	150	250

5. 某项目净现金流量如表所示。当基准折现率 $i_0=12\%$ 时，试用内部收益率指标判断该项目在经济效果上是否可以接受。

净现金流量表

年	0	1	2	3	4	5
净现金流量	−100	20	30	20	40	40

6. 有甲乙两个投资方案，甲方案投资1000万元，乙方案投资600万元，两方案各年的现金净流量表如下表所示，求甲乙方案的内部报酬率，应选择哪个方案？

年	甲方案现金净流量	乙方案现金净流量
1	400	300
2	400	250
3	400	200
4	400	100

第五章 评价实践

【本章导读】

投资项目的经济评价主要分为财务评价与国民经济评价。对于私人投资者而言,财务评价的结果已可以满足其投资决策的需要。然而,在现代经济活动中,政府发挥的作用越来越大。政府必须通过有效的投资活动,使国家有限的资源在全社会实现合理配置。要实现该目的,只站在个人或企业角度的项目财务评价是不够的,应从国家和全社会的角度进行项目的国民经济评价。

【学习目标】

1. 掌握项目财务评价中财务评价报表的编制。
2. 掌握效益与费用的识别、国民经济评价的范围和方法。
3. 熟练掌握国民经济评价和财务评价的区别。

5.1 财务评价

5.1.1 项目财务评价概述

(1) 财务评价的定义

财务评价是根据国家现行财税制度和价格体系,分析计算项目的财务效益及费用,编制财务报表,计算财务指标,考察项目盈利能力、清偿能力等财务状况。

(2) 财务评价的目的

衡量经营性项目的盈利能力;衡量非经营性项目的财务生存能力;合营项目谈判签约的重要依据;项目资金规划的重要依据。

(3) 财务评价的内容

① 财务盈利能力分析

现金流量表、项目投资现金流量表、项目资本金现金流量表、投资各方现金流量表、利润与利润分配表。

② 财务清偿能力分析

借款还本付息计划表、资金来源与运用表、资产负债表。

③ 财务生存能力分析

(4) 财务评价的基本步骤

① 在融资前分析结论满足要求的情况下，初步设定融资方案；

② 在已有财务分析辅助报表的基础上，编制项目总投资使用计划与资金筹措表和建设期利息估算表；

③ 编制项目资本金现金流量表，计算项目资本金财务内部收益率指标，考察项目资本金可获得的收益水平；

④ 编制投资各方现金流量表，计算投资各方的财务内部收益率指标，考察投资各方可获得的收益水平。

5.1.2 净现值法

净现值（NPV）是指在项目计算期内，按一定贴现率计算的各年现金净流量现值的代数和。

1) 净现值的计算公式为：

净现值=未来报酬总现值−建设投资总额

即 $NPV = \sum It/(1+R) - \sum Ot/(1+R)$

其中：

NPV——净现值；

$NCFt$——第 t 年的净现金流量；

N——项目预计使用年限；

K——贴现率(预期报酬率或资本成本)；

$1/(1+K)t$——现值系数；

C——初始投资额。

2) 判据：

当 $NPV>0$ 时，说明投资项目有盈利能力，可以接受该项目；

当 $NPV<0$ 时，项目没有盈利能力或盈利能力差，应拒绝该项目。

如果有多个备选方案时，应选择当 NPV >0 且值最大的方案。

【例5-1】某项目总投资1000万，建设期1年，经营期5年，其税后净现金流量分别为150万元，300万元，400万元，400万元，200万元，求财务净现值。

基准收益率按8%计算

NPV=-1000+150/（1+8%）×2+300/（1+8%）×3+400/（1+8%）×4+400/（1+8%）×5+200/（1+8%）×6=54.66（万元）

净现值法有下列优点：

第一，考虑了货币时间价值，能够反映投资方案的净收益额。第二，考虑了风险，因为贴现率或由企业根据一定风险确定期的望收益率或资金成本率来确定。

净现值法的缺点：

第一，贴现率的确定比较困难。由于影响贴现率的因素很多，而这些因素的变化趋势通常难以准确预测，使贴现率的确定产生困难。第二，净现值法说明了未来的盈亏数，但并不能揭示各个投资方案本身可能达到的实际收益率。这样，容易出现决策趋向于投资大、收益大的方案，而忽视了收益总额虽小，但投资效益更好的方案。

5.1.3 内含报酬率法

内含报酬率法又称内部收益率法，是指投资项目在项目计算期内各年现金净流量现值合计数等于零时的贴现率，也可将其定义为能使投资项目的净现值等于零时的贴现率。

公式：

$$\sum_{t=0}^{n} NCF_t \times (P/F, IRR, t) = 0$$

（1）经营期内各年现金净流量相等，且全部投资均于建设起点一次投入，建设期为零时的内含报酬率。

即：经营期每年相等的现金净流量×年金现值系统-投资总额=0

内含报酬率具体计算的步骤如下：

① 计算年金现值系数（$P/A, IRR, t$）。

年金现值系数=原始投资额经营期÷每年相等的现金净流量

② 根据计算出来的年金现值系数与已知的 n，查年金现值系数表，确定内含报酬率的范围。

③ 用插值法求出内含报酬率。

（2）经营期内各年现金净流量不相等或建设期不为零时的内含报酬率。

一般条件下，投资项目在经营期内各年现金净流量不相等或建设期不为零，投资额是在建设期内分次投入的情况下无法应用上述的简便方法，必须按定义采用逐次测试的方法计算，此时，能使净现值等于零的贴现率即内含报酬率，计算步骤如下：

① 估计一个贴现率用它来计算净现值，如果净现值为正数，说明方案的实际内含报酬率大于估计的贴现率，应提高贴现率再进一步测算；如果净现值为负数，说明方案本身的报酬率小于估计的贴现率，应降低贴现率再进行测算。如此反复测试，寻找出使净现值由负或由负到正且接近零的两个贴现率。

② 根据上述相邻的两个贴现率用插入法求出该方案的内含报酬率，由于逐步测试法是一种近似方法，因此相邻的两个贴现率不能相差太大。

【例 5-2】某项目投资一次投入，当年完工并投产，无折旧，无残值，预计使用年限 10 年，投资回收期为 4 年，试算内含报酬率。

解：内含报酬率 = 10/4 = 250%

因为投入的成本 4 年内收回，比如投入 100000 万元，4 年内就赚到 100000 万元，回了本，当然这是不考虑通胀和后续投入的。剩下的 6 年依据之前 4 年的回报率，应该还能赚 150000 万元，总的报酬率就是 250000/100000 万元，净收益率就是 150000/100000 万元。

所谓内含报酬率，是指能够使未来现金流入现值等于未来现金流出现值的贴现率，或者说是使投资方案净现值为零的贴现率。内含报酬率法是根据方案本身内含报酬率来评价方案优劣的一种方法。内含报酬率大于资金成本率则方案可行，且内含报酬率越高方案越优。

计算内含报酬率的内插法公式为：

$$IRR = r_1 + [(r_2 - r_1)/(|b| + |c|)] \times |b|$$

公式中：IRR 为内含报酬率，r_1 为低贴现率，r_2 为高贴现率，$|b|$ 为低贴现率时的财务净现值绝对值，$|c|$ 为高贴现率时的财务净现值绝对值，b、c、r_1、r_2 的选择在财务报表中应选择符号相反且最邻近的两个。

举个例子：某投资项目在期初一次投入全部的投资额，当年完工并投产，投产后每年的利润相等，按直线法计提折旧，无残值，项目有效期 10 年，已知项目静态投资回收期 4 年，计算该项目的内含报酬率。假设项目投资额为 X，则根据项目静态投资回收期 4 年且投产后每年利润相等，得出每年现金流量为 1/4X。

因此，有

$1/4X \times (P/A, I, 10) = X$

$(P/A, I, 10) = 4$

当 $I = 20\%$ 时，$(P/A, I, 10) = 4.1925$

当 $I = 24\%$ 时，$(P/A, I, 10) = 3.6819$

运用插值法计算

$(20\% - I)/(20\% - 24\%) = (4.1925 - 4)/(4.1925 - 3.6819)$

$I = 21.51\%$

内含报酬率为 21.51%。

内含报酬率法的优点：

① 考虑了货币的时间价值；

② 从相对指标上反映了投资项目的收益率。

内含报酬率法的缺点：

① 内含报酬率中包含一个不现实的假设：假定投资每期收回的款项都可以再投资，而且再投资收到的利率与内含报酬率一致；

② 收益有限，但内含报酬率高的项目不一定是企业的最佳目标；

③ 内含报酬率高的项目风险也高，如果选取了内含报酬率高的项目意味着企业选择了高风险项目；

④ 如果一个投资方案的现金流量是交错型的，则一个投资方案可能有几个内含报酬率，这对于实际工作很难选择。

5.1.4 获利指数法

获利指数，是指项目投产后按一定贴现率计算的在经营期内各年现金净流量的现值合计与原始投资现值合计的比值，其计算公式为：

现值指数 = (∑经营期各年现金净流量现值)/原始投资现值

净现值率与现值指数有如下关系：现值指数 = 净现值率 + 1

净现值率和现值指数的决策标准：净现值率大于或等于零，现值指数大于或等于 1 是项目可行的必要条件。

净现值和现值指数是正指标，指标越大越好。净现值率大于或等于零，现值指数大于或等于 1 表明项目的报酬率高于或等于贴现率，表示收益能抵补资本成本或必要报酬率，此项目可行。净现值率小于零，现值指数小于 1，表明项目的报酬率小于贴现率，收益不能抵补资本成本，所以对于单一方案的项目来说，净现值率大于或等于零，现值指数大于或等于 1，此项目可行。当有多个投资项目可供选择时，由于净现值率或现值指数越大，企业的投资报酬水平就越高，所以应采用净现值率大于零或现值指数大于 1 中的最大者。

优点：现值指数是未来现金净流量现值与所需投资额现值之比，是一个相对数指标，反映了投资效率，所以，用现值指数指标来评价独立投资方案，可以对原始投资额现值不同的独立投资方案进行比较和评价。该方法的缺点：没有考虑寿命期的问题，不能用于寿命期不同的独立方案决策。

5.2 国民经济评价

5.2.1 国民经济评价概述

(1) 国民经济评价的概念

所谓国民经济评价，是指按照资源合理配置的原则，从国家整体角度考察项目的效益和费用，用货物影子价格、影子工资、影子汇率和社会折现率等经济参数分析，计算项目国民经济的净贡献，从而评价项目的经济合理性。

(2) 国民经济评价的基本原理

1) 费用—效益分析

费用—效益分析是项目国民经济分析的基本理论。国民经济评价概述是从整个国民经济和社会发展的角度出发，通过比较各种备选项目或方案的全部预期效益和费用的现值，来决定项目取舍或选择最后实施方案的一种方法。

对投资项目而言，费用是指因项目建设而使国民经济付出的代价，包括项目自身和国民经济其他部门或其他环节所付出的代价。项目的费用分为直接费用和间接费用。直接费用是指用影子价格计算的项目投入物的经济价值；间接费用是指社会为项目付出了代价，项目本身并不需要支付的那部分费用。在国民经济分析中，项目的费用一般要求用机会成本来度量。项目投入物作为一种稀缺资源，它有许多种用途，投到该项目上去，就失去了用于别的用途获得效益的机会。那么，这种投入物用到该项目上去，使国民经济所付出的代价就是放弃其他使用机会而获得的最大效益。

项目的效益是指一个工程项目对国民经济所作的贡献。项目效益分为直接效益和间接效益。直接效益是指项目产出物用影子价格计算的经济价值；间接效益是指项目为社会作出了贡献，而该项目的投资者本身并未得到的那部分效益。

2) 外部性

外部性是外部收益和外部成本的统称。外部收益指落在项目投资经营主体之外的收益，此收益由投资经营主体之外的人免费获取；外部成本是指落在项目投资经营主体之外的社会成本，但此成本却不由该投资经营主体给予等价补偿，而由外部团体和个人无偿地承担。比如一个技术先进项目的投产，能培养一批高水平的技术人员和管理人员，其技术扩散会给社会其他企业和项目带来益处；有些项目的投入，可以使上下游企业原来闲置的资源利用起来，产生一种连锁的外部效果，而这些外部效果在企业财务评价中没有包括。在国民经济分析中，必须充分考虑项目所产生的外部性，实际上，这也是国民经济评价的一个主要任务。

3）影子价格

影子价格的概念是 20 世纪 30 年代末 40 年代初由荷兰数理经济学、计量经济学创始人之一詹思·丁伯根和苏联数学家、经济学家、诺贝尔经济学奖获得者康特罗维奇分别提出来的。

国民经济评价中使用的影子价格，是指由国家有关部门统一测算后颁布的、或项目评价人员具体测定的、独立于实际价格以外的、能反映项目投入与产出物真实社会价值的那种价格。它通常以直接值或换算系数两种形式给出，即把货物的财务价格换为影子价格时，可直接选取某一适宜的价格，也可以用财务价格乘以某一适宜的价格换算系数。

4）国民经济评价的作用

① 国民经济评价是宏观上合理配置国家有限资源的需要。国家的资源（包括资金、外汇、土地、劳动力以及其他自然资源）总是有限的，必须在资源的各种相互竞争的用途中作出选择。而这种选择必须借助于国民经济评价，从国家整体的角度来考虑。

国民经济评价就是评价项目从国民经济中所吸取的投入与向国民经济提供的产出对国民经济这个大系统的经济目标的影响，从而选择对大系统目标优化最有利的项目或方案。

② 国民经济评价是真实反映项目对国民经济净贡献的需要。许多国家，特别是发展中国家，不少商品的价格不能反映价值，也不能反映供求关系。在这种商品价格严重"失真"的条件下，按现行价格计算项目的投入和产出，不能确切地反映项目建设给国民经济带来的效益与费用支出。因此，必须运用能反映资源真实价值的影子价格，借此计算建设项目的费用、效益，以得出该项目的建设是否对国民经济总目标有利的结论。

财务评价只考虑了直接效益和直接费用，而没有考虑项目的外部性，即该项目产生的间接效益和间接费用。所以，财务分析不能保证全面地反映项目的经济效果。国民经济评价不但考察了项目的直接效益和直接费用，而且考察了项目的外部经济或外部不经济所带来的间接效益或间接费用。可见只有进行国民经济评价，才能保证比较全面地反映项目的经济效果。

③ 国民经济评价是投资决策科学化的需要。

国民经济评价的作用，主要体现在以下三个方面：

一是有利于引导投资方向。运用影子价格、影子汇率等参数，可以起到鼓励或抑制某些行业或项目发展的作用，促进国家资源的合理分配。

二是有利于控制投资规模。当投资规模膨胀时，可以适当提高社会折现率，控制一些项目的通过。

三是有利于提高计划质量。项目是计划的基础。有了足够数量的、经过充分论证和科学评价的备选项目，才便于各级计划部门从宏观经济角度对项目进行排队和取舍。

5.2.2 经济效益与费用分析

由于国民经济评价是从国家整体角度评价项目的经济合理性，其效益和费用不能只简单地计算项目自身的产出物和投入物，而要从社会角度考虑项目的效益和费用。

(1) 项目的效益

项目的效益是指项目对国民经济所作的贡献，是指由于项目的实施给国民经济带来的可能收益。项目的效益分为直接效益和间接效益两部分。

直接效益是用产出物影子价格计算的项目产出物（产品或劳务）经济价值。它可能是增加该产出物数量来满足国内需求产生的效益；也可能是替代其他同类或类似企业产出物，使被替代企业减产，从而减少国家有用资源耗费的效益；也可能是增加出口（或减少进口）所增收（或节支）的国家外汇等。间接收益是指项目为国民经济和社会作出了贡献，但项目本身并未直接受益的那部分效益。例如，建设水力发电站，发电效益为项目的直接效益，而防洪、航运、灌溉、旅游等效益为项目的间接效益。

(2) 项目的费用

与项目的效益划分相对应，项目的费用指国民经济为项目付出代价，即由于项目的实施使国民经济增加的可能耗费和其他代价。也分为直接费用和间接费用两部分。

直接费用是以投入物影子价格计算的项目投入物经济价值。一般表现为：其他部门为供应本项目的投入物而扩大生产规模所耗用的资源费用；减少对其他项目或最终消费者的投入物供应所放弃的效益；增加进口（或减少出口）所耗用（或减少）的外汇等。间接费用是指社会为项目付出了代价，但项目本身并不需要直接支付的那部分费用。例如，火力发电站项目中，煤的投入（以影子价格计算）属于项目的直接费用，发电站的污染损失属于项目的间接费用。

总之，项目的效益、费用的划分是以项目实施后将给国民经济整体带来的实际损益为原则。这时，与项目直接有关的税金、国内借款利息、补贴等则属于国民经济内部的转移支付，不计为项目的费用或效益。通常将项目的间接效益和间接费用统称为"外部效果"，如工业项目引进先进技术的扩散引起的科学技术水平提高是外部效益，排出的废气、废水和废渣引起的环境污染是外部费用，等等。相应地，将项目的直接效益和直接费用统称为"内部效果"。进行项目的国民经济评价，除了计算项目的内部效果外，对显著的外部效果要作定量分析，计入项目的效益或费用；不能定量分析的，要进行定性描述。

5.2.3 国民经济评价参数

从前几章可以知道，计算项目经济性指标必须使用一些基本经济参数：价格、折现率、汇率，这些参数水平的选取在很大程度上影响着方案的经济性能。进行国民经济评价是将项目的效益、费用、资金、外汇等放置在国民经济整体中评价其经济性，所采用经济参数的水平也应该从社会角度确定。这时使用的上述参数是影子价格、社会折现率和影子汇率。

(1) 影子价格

进行项目的经济性评价时，价格是衡量项目效益和费用大小的重要尺度。在实际工作中，由于定价时价格与价值的背离、市场分割和垄断、税收和补贴、进出口补贴和其他政府干预，现行市场价格往往被扭曲，不能正确反映生产成本和供求关系，因而不能真正反映项目的国民经济效果。所以，在项目国民经济评价中，衡量项目的效益和费用采用的不是市场价格，而是一种新的价格体系——影子价格，又称为计算价格或经济价格。

1) 影子价格

影子价格是一种虚拟的价格，是进行项目国民经济评价，计算国民经济效益与费用时专用的价格，是指依据一定原则确定的。能够反映投入物和产出物真实经济价值，反映市场供求状况，反映资源稀缺程度，使资源得到合理配置的价格。通常认为，资源（自然资源、劳动力、资金等）的影子价格是资源对社会目标的边际贡献。严格地说，资源的影子价格是资源可用量的任何边际化对国家的基本社会经济目标所贡献的价值，它是由国家基本社会经济目标和资源可用量的边际变化赖以产生的经济环境所决定的。可见，影子价格是项目国民经济评价中衡量其国民经济效果的尺度。

实际上，在项目国民经济评价中，还应区分资源是作为投入物还是产出物出现。同一种资源在作为投入物和产出物时，其影子价格各不相同。投入物的影子价格是项目投入该种资源使国民经济发生的实际代价；产出物的影子价格则是项目单位产出物带来的国民经济效益。

2) 影子价格的计算

关于影子价格的确定，一般是按一定原则和方法将资源的市场价格调整为影子价格。调整的基本步骤如下：

① 将项目的投入物和产出物划分成外贸货物、非外贸货物和特殊投入物。外贸货物是指其生产和使用将直接或间接影响国家进、出口的项目产出物、投入物。包括：项目产出物中直接出口、间接出口或替代进口者；项目投入物中直接进口、间接进口、减少出口者。非外贸货物是指其生产和使用将不影响国家进口或出口的项目产出物、投入物。除了所谓"天然"非外贸货物如施工、国内运输和商业等基础设施的产品和劳务外，还有由于运输费用过高或受国内贸易政策和其他条件的限制不能进行外贸的投入物、产出物。特殊投入物包括劳动力和土地。

② 外贸货物影子价格的计算。外贸货物的影子价格以实际将要发生的口岸价格为基础确定，其方法一般为：

$$产出物影子价格 = 离岸价格 - 国内运输费 - 贸易费用 \quad (5-1)$$
$$投入物影子价格 = 到岸价格 + 国内运输费 + 贸易费用 \quad (5-2)$$

贸易费用是指外经贸机构为进出口货物所耗费的、用影子价格计算的流通费用，包括货物的储运、再包装、短途运输、装卸、保险、检验等环节的费用支出，以及资金占用的机会成本，但不包括长途运输费。一般按下式计算：

$$贸易费用 = 贸易费用率 \times 出厂价（到岸价） \quad (5-3)$$

贸易费用率的高低取决于物资流通的效率、生产资料价格总水平、人民币与外币的比价等因素。

③ 非外贸货物影子价格的确定。非外贸货物不直接或间接参加进口、出口贸易，无法以口岸价反映它对国民经济的价值，其影子价格是对投入物或产出物形态的非外贸货物分别确定。

作为产出物的非外贸货物对国民经济的作用可能有两种：一是增加其供应数量满足国内需求；二是替代其他同类或类似企业的产出物，致使被替代企业减产或停产。对前一种情况，可以用社会对该种非外贸货物的估价，即社会需求方愿意以多少代价取得该种非外贸货物，作为其对社会经济目标的贡献——影子价格。这时，影子价格的确定要考虑该种货物的供求状况。供求均衡，表明供求双方对该种货物的价值量是一致的，用国内各种交换价格（国家计划价格与市场价格）中较低者作为影子价格；供不应求的货物，用国内各种交换价格（国家计划价格与市场价格）中的高者作为影子价格；无法判断供求状况时，用国内各种交换价格（国家计划价格与市场价格）中较低者作为影子价格，防止高估项目收益。对于替代其他企业产品的非外贸产出物，被替代企业对各种资源减少的消耗就是其对国家社会经济目标的贡献。这时，如果该非外贸货物与被替代企业产品质量相同，可以用被替代企业相应产品成本分解确定其影子价格，但对质量比原有企业产品有提高的非外贸产出物，由于质量不可比，不可以直接用原有企业分解成本为其影子价格，这时可以参照国际市场同类同质产品价格确定。

作为投入物的非外贸货物，其影子价格表现为生产该投入物的各种资源消耗，一般采用成本分解法确定其影子价格。

成本分解法是确定非外贸货物影子价格的重要方法，它是在从社会角度考虑资金时间价值的基础上，计算为增加单位该种非外贸货物所发生的投资和生产消耗的真实价值，是将增加该种非外贸货物所需投入分解成各种实物投入形态，对分解成的实物投入形态用已知的影子价格计算其价值，汇总后便得到该种非外贸货物的分解成本，并以此作为其影子价格。分解成的实物投入也可能有外贸货物和非外贸货物，其中，外贸货物的影子价格按前述方法，以口岸价为基础确定；重要的非外贸货物要进行再次分解，确定影子价格；不重要的非外贸货物可以直接采用现行价格，不再进行调整。

由于成本分解法确定非外贸货物的影子价格,是对增加该种非外贸货物所需的投入进行价值确定,因此,在理论上应该对边际成本进行分解调整。但确定边际成本比较困难,在实际工作中,我国目前不常采用边际成本的概念。所以一般分两种情况考虑:如果该种非外贸货物的增加必须通过新增投资的方式实现,则按全部成本分解,即考虑资金回收与生产投入;如果该种非外贸货物的增加无须新增投资,通过发挥原有项目生产能力就能实现,则按新增生产投入即可变成本进行分解。

分解步骤如下:

① 按生产费用要素列出某非外贸货物的财务成本、单位货物耗费的固定资产投资额及占用的流动资金,并列出该货物生产厂的建设期限、建设期各年投资比例。缺少固定资产投资资料的,可按固定资产原值除以设定的固定资产形成率求得固定资产投资费用。

② 剔除税金,并用已知的影子价格或换算系数对外购货物的费用进行调整。对重要的外贸货物应单独测算其影子价格,重要的非外贸货物可留待第二轮分解。

③ 计算总投资(包括固定资产投资和流动资金)的资金回收费用,对折旧和流动资金利息进行调整。

④ 对上述成本中涉及的重要的非外贸货物进行第二轮分解。

⑤ 综合上述各项后可得该种非外贸货物的分解成本,即为总投资的资金回收值与生产期生产要素费用之和,即按总成本进行分解时,将总分解成本除以年产量即为单位货物的分解成本。单位货物分解成本即为其影子价格。

(2) 特殊投入物影子价格的确定

1) 劳动力影子价格——影子工资

影子工资是劳动力的机会成本,是项目使用劳动力,国家和社会付出的代价。影子工资的构成包括两个部分:由于劳动力从原来的部门转入该部门而导致别处放弃的那部分净效益;由于劳动力的就业或转移而增加的社会资源消耗,如培训费、搬迁费、交通运输费等。

在项目经济评价中,影子工资作为国民经济费用计入经营费用,为方便核算,影子工资由劳动力名义工资及提取的职工福利基金乘以影子工资换算系数求得。一般项目中,影子工资换算系数为1,具体项目中由于使用劳动力的素质、要求等不同可能有变动,通常情况下,技术性工种劳动力的影子工资换算系数为1,非技术性工种劳动力的影子工资换算系数为0.8。影子工资换算系数又称为影子工资率。

2) 土地的影子价格确定

土地的影子价格是每单位该土地用于拟建项目而使社会为此放弃的原有效益,以及社会为此而增加的消耗(如居民搬迁费等)。实际上,土地的影子价格主要决定于使用土地的边际效益。

如果土地没有其他潜在用途，比如项目占用的是荒山野岭，则使用土地的机会成本为零，土地的影子价格为零；如果该土地另有他用，则使用土地费用可按土地使用的机会成本即土地用于其他可能用途所放弃的最大收益计算。项目国民经济评价中，土地占用费用有两种处理方法：一是将项目占用土地在整个占用期间放弃的净效益的现值和，作为土地费用计入项目建设投资之中；二是将土地费用的现值换算成生产期各年的等额系列值，计入项目生产期每年投入之中。一般采用前者。

3）社会折现率

折现率是进行项目经济性评价的另一重要参数。在项目国民经济评价中计算各动态经济效果指标时，采用的折现率不是从项目自身考虑的实际资金利率，而是社会折现率，一般用 i 表示。社会折现率表征以国民经济整体出发对资金时间价值的估量。适当的社会折现率有助于合理分配建设资金，引导资金投向对国民经济贡献大的项目，调节资金供求关系，促进资金长期和短期的合理分配。

社会折现率的确定应体现国家的经济发展目标和宏观调控意图。一般来说，社会折现率可根据一定时期的社会一般投资收益水平、资金机会成本、资金供求状况以及社会折现率对长、短期项目的影响等因素来确定。我国目前社会折现率的取值为10%。

在国民经济评价中，社会折现率用作经济净现值、净年值指标时的折现率，并作为经济内部收益率评价的基准值。

4）影子汇率

汇率是以一国货币单位表现另一种货币单位的价格，即两种不同货币的比价，是外汇买卖的折算标准。在项目涉及外汇交易时，需要通过汇率将不同货币单位统一成同一货币单位，以计算项目的效益费用或各种经济效果指标。国民经济评价中采用的汇率是影子汇率而不是实际汇率，即采用影子汇率进行外汇与人民币之间的换算。

影子汇率代表外汇的影子价格，是社会对该种外汇效益的估价，反映该种外汇对国家的真实价值。影子汇率的取值高低，将影响项目评价中进出口的换算，影响进口设备或是国产设备的选择，影响产品进口替代型项目或产品出口型项目的决策，以及其他有关涉外项目的决策。

影子汇率可以根据国家一定时期内进出口结构和水平、外汇机会成本及其发展趋势、外汇供需状况等因素综合确定。在前两类因素比较难以把握的情况下，可以参照外汇市场价格确定，采用换算方式为：影子汇率＝国家外汇牌价×影子汇率换算系数，目前我国的影子汇率换算系数取值为1.080。

5.2.4 经济费用效益分析

(1) 经济费用效益分析的概念

经济费用效益分析又称国民经济评价,是对投资项目进行决策分析与评价,判断其经济合理性的一项重要工作。所谓经济费用效益分析是指按照合理配置资源的原则,采用社会折现率、影子汇率、影子工资和货物影子价格等经济分析参数,从国家整体角度考察项目对社会经济所作的贡献以及社会为项目付出的代价,评价项目的经济合理性。

(2) 经济费用效益分析的作用

按照我国目前的规定,在某些工程项目中,将经济费用效益分析的结论作为主要的决策依据,而财务评价只起辅助作用,可见经济费用效益分析是十分重要的。概括地说,对投资项目进行经济费用效益分析有如下几个方面的作用:

1) 综合作用

经济费用效益分析能够客观地估算出投资项目为社会作出的贡献和社会为其付出的代价。在经济费用效益分析中,效益与费用无论最终如何归属,只要发生了,都要按其真实价值加以计算。计算中不仅仅计算其盈利大小、资金回收速度等,而且各类财政收入的增加、就业增加、环境保护与生态平衡、资源利用与合理分配等都将作为考虑的因素和内容。可以看出,相对财务评价而言,经济费用效益分析无疑更客观、层次更高、综合性更强。

2) 导向作用

运用经济费用效益分析的方法对投资项目进行评价能够对资源和投资的合理流动起到导向作用。在经济费用效益分析中采用了影子价格和社会折现率。影子价格不仅能起到市场信号反馈的作用,而且是在资源最优分配状态下的边际变化对国民收入增长的贡献值。因此,对资源合理分配并加以引导,可以达到宏观调控的目的。不管哪一行业,都采用统一的社会折现率,这样可以使投资最终流向投资效率高、投资回收率大的行业或生产部门,这无疑也会促进资源高效利用,使社会整体效益提高。

3) 标准作用

经济费用效益分析可以达到统一标准的目的。由于经济费用效益分析不仅统一采用评价价格体系——影子价格,而且统一采用评价参数——通用参数(社会折现率、影子汇率、影子工资、贸易费用率等),这样就使不同地区、不同行业的投资项目在经济评价中都站在同一"起跑线"上,达到相互之间从效益上、费用上具有可比性。这种横向对比对于宏观上选择最优投资方向是十分有益的。

5.3 社会评价

5.3.1 项目社会评价概述

（1）项目社会评价的概述

社会评价是考虑社会发展问题和社会发展目标的一个过程。

社会评价是分析评价项目为实现国家和地方的各项社会发展目标所作的贡献与影响，以及项目与社会的相互适应性的一种系统的调查、研究、分析、评价方法。

社会评价是把社会分析和公众参与融入发展项目的设计和实施中的一种行动工具和行为手段。

（2）项目社会评价的目的

帮助项目实现持续的社会发展目标，使项目预期的受益人能够从项目中受益，减少或消除项目可能带来的负面社会影响，提高项目实施的效果，扩大项目提供的发展机遇，有利于项目为广义的社会发展目标，如减贫、促进性别发展作出贡献。

（3）项目社会评价的范围

社会评价必须是有选择的。由于发展项目影响的多样性，社会评价也要有重点，对某些项目要分析评价所有和项目实施有关的社会方面的问题，如社会性别、弱视群体等，有些项目需要集中在其中某些问题上。

一般来说，社会评价主要应用在那些社会因素复杂、社会影响和社会风险大、社会矛盾突出、社会问题较多的发展项目上。这些项目包括：引发大规模移民征地的项目，有明确社会发展目标的项目和社会服务项目。

在我国，社会评价通常在涉及扶贫、移民、少数民族等问题的项目中展开，同时特别关注性别问题。

项目地区的人口历来处于不利定位或被排斥在发展项目之外；项目地区存在严重的社会、经济不平等现象；项目地区存在严重社会问题（面临大规模企业调整带来的失业），可以预见到项目会产生重大的负面影响，如非自愿移民、文物古迹的严重破坏；项目活动会改变当地人口的现行行为方式、道德规范和价值观念；社区参与对项目效果可持续性和成功实施十分重要；项目设计人员及外来专家对当地需求、问题、制约和问题的解决方案缺乏足够的了解；缺乏受益人群瞄准机制或选择标准。

（4）项目社会评价的原则与步骤

项目社会评价的原则
① 认真贯彻党和国家社会主义现代化建设有关社会发展的方针、政策和有关法律法规。
② 以国家和地区政府制定的国民经济与社会发展计划规定的社会发展目标为依据；以近期目标为重点，兼顾远期社会发展目标。
③ 不同时期社会发展的重点不同。
④ 采用现代科技发展的成果和各相关科学发展的成就，选择先进的分析工具和科学适用的评价方法。
⑤ 项目的社会评价应在项目投资前期与项目可行性研究同时进行。

项目社会评价的步骤：
① 确定评价目标与评价范围；
② 选择评价指标；
③ 调查研究，分析现状，确定评价基准；
④ 制订备选方案；
⑤ 预测评价；
⑥ 选出最优方案；
⑦ 专家咨询论证；
⑧ 编制项目社会评价研究报告。

(5) 项目社会评价的几个案例
青海国家级自然保护区环境保护与发展项目；
各地因为房屋拆迁引起的各种矛盾；
内蒙古自治区鄂温克族迁徙；
甘肃一个扶贫移民工程；
一个非洲国家的扶贫项目。

5.3.2 项目社会评价的内容

项目社会评价的主要内容：
涉及社会经济影响、合理利用自然资源、自然与生态环境影响、对社会环境的贡献四个方面。
① 对社会经济的影响
就业效益；
收入分配；
技术进步效益；
促进地区经济发展；

促进部门经济发展；

促进国民经济发展；

提高产品国际竞争力。

② 对合理利用自然资源的影响

国土开发利用效益；

节约自然资源（能源、水资源、耕地、生物资源等）；

自然资源综合利用。

③ 对自然与生态环境的影响

自然环境污染（包括废气废渣、废水、噪声、放射物等）；

影响自然景观；

传播有害细菌；

破坏森林植被；

造成水土流失；

诱发地震及其他灾害；

危害野生动植物生存。

④ 对社会环境的影响

控制人口的影响；

居民收入的影响；

社区居住条件的影响；

城市建设的影响；

人民文化娱乐的影响；

教育的影响；

人民卫生保健的影响；

文物古迹的影响；

国防的影响；

国家国际威望的影响；

防止自然灾害的影响；

当地人民风俗习惯的影响；

宗教信仰的影响；

社区社会保障的影响。

5.3.3 项目社会评价的方法

(1) 投资项目社会评价的定性指标

① 对环境保护与生态平衡的影响；
② 对提高科学技术水平的影响；
③ 项目对水资源、卫生、人口等方面的影响；
④ 对国防安全的影响；
⑤ 对各民族习惯，对民族团结、和睦的影响；
⑥ 对提高人民教育水平的影响；
⑦ 对丰富当地文化生活、提高人民生活水平的影响；
⑧ 对增进人民健康，延长寿命的影响；
⑨ 对增加绿地面积、美化环境、提高森林覆盖率的影响；
⑩ 对土地使用的影响。

部分因素只能进行定性评价，而部分因素则可以进行定量与定性相结合的评价，还有部分因素可以完全采用定量评价。

(2) 定量指标

1) 就业效益

2) 收入分配效益指标

贫困地区收益分配系数；

贫困地区收入分配效益。

3) 自然资源利用效率指标

自然资源指直接从自然界获得的物质与能量：

一般包括土地资源、水资源、矿产资源、生物资源、海洋资源等。

一般工业项目要分析评价能源利用效率，水资源利用效率，耕地节约或利用效率等。而以矿产资源为原料的项目，还要分析评价对该项矿产资源的合理利用、综合利用、节约使用等问题。

4) 环境影响指标

5) 投资项目社会评价方法

① 有无对比分析法

有项目情况与无项目情况的对比分析，以确定投资项目对各种效益与影响的性质与程度。

② 利益群体分析法

项目利益群体指与项目有直接或间接利害关系，并对项目的成功与否有直接或间接影响的有关各方。以确定利益群体对投资项目影响的性质与程度。

③ 多目标综合评价法

多目标综合评价法是采用定性指标或定量指标对投资项目的多种影响因素进行综合考

虑，作出的评价。

6）工业项目社会评价方法

工业项目社会评价定性分析的主要内容：

① 项目的外围设施影响分析；

② 项目的技术影响分析；

③ 项目的环境影响分析；

④ 社会经济适应性分析；

⑤ 社会文化适应性分析；

⑥ 社会人口适应性分析；

⑦ 相关产业的影响分析。

5.4 风险评价

5.4.1 项目风险分析概述

（1）风险的定义

风险是指由于随机原因所引起的项目总体的实际价值和预期价值之间的差异。风险是对可能结果的描述，即决策者事先可能知道决策所有可能的结果，以及知道每一种结果出现的概率。

（2）风险的特征

风险的特征是风险本质及其发生规律的表现，认识风险所具有的特征，对于风险管理人员和涉及风险事物的任何人来说都具有重大的意义，风险一般具有如下特征。

① 客观性

风险是由客观存在的自然因素和社会因素所引起，而自然因素和社会因素都有其自身的发展规律，人们只能在有限的范围内改变风险存在和发生的条件。降低其发生的频率和减少损失程度，而不能也不可能完全地改变它。

② 不确定性

不确定性是风险最本质的特征。风险的存在是客观的、确定的，但风险的发生是不确定的。风险的不确定性包括发生与否、发生时间、发生状态以及其结果的不确定性。

③ 可预测性

不确定性是风险的本质属性，但这种不确定性人们可以根据以往发生的一系列类似事件的统计资料经过概率分析处理，对某种风险发生的频率及其造成损失的程度作出主观上的判断和经验上的总结，从而对可能发生的风险进行预测和衡量。

④ 潜在性

以风险的规律来看，其具有潜在性，不是显现在表面的东西，它的不确定性决定了它的一种特定出现只是一种可能。但这并不是说风险是不可认识的，因为风险同时具有可预测性。

⑤ 双重性

风险的双重性是指风险的损失与收益并存。在这里，我们所说的收益是广义的，它等同于可能获得的目标利益。如果把目标主体的存在状态因损失风险得以妥善处理和控制，从而能保持良好态势也视为一种赢得的收益，那么损失风险就与这种收益机会所并存。

⑥ 相对性

风险总是相对项目活动主体而言的。对于项目风险，人们的承受能力主要取决于收益的大小，投入的大小，项目活动主体的地位和拥有的资源等因素的影响。

(3) 项目风险分析的概念与作用

1) 项目风险分析的概念

项目的风险分析是从项目建设的宏观经济条件、项目环境及项目决策的实际要求出发，借助不确定性分析的测算结果，重点分析项目存在哪些风险、风险的性质、类型及可能造成的影响，以及可能采取的防范措施。

2) 项目风险分析的重要作用

在项目风险的决策分析与评价阶段，对项目承担的风险进行系统的分析，能够实现资源的有效配置，甚至需要定量结果，只是把项目的风险分解成不同风险来源以及对它们进行系统研究，就可以避免遭受损失，同时也为项目全过程的风险管理打下了基础。但是风险管理不能消除所有的风险，它只能使决策减少某些风险的潜在影响。考虑风险在项目各方之间的分担，风险管理有助于进行合理的预防性决策。风险分析并不是要取代专业经验和判断。恰恰相反，它是要帮助专业人士充分运用他们的经验和知识得到确定的计划和预测。

(4) 项目风险分析的实验步骤

风险识别是项目风险分析全过程的第一步，也是最基础的一步。它是一项复杂而细致的工作，要求按照特定的程序、步骤，采用先进的方法逐层分析各种现象，并实事求是地作出评价。风险识别是指风险事故发生之前，运用科学合理的方法系统地认识所面临的各种风险以及分析风险事故发生的潜在因素。风险识别主要包括感知风险和分析风险。

风险估计是指在对过去风险资料信息分析的基础上，运用一些方法，对某一个（或几个）特定风险事故发生的概率以及风险事故发生后所造成的损失的严重程度做出定量分析，从而预测出较精确并满足一定规律的结果的过程。风险估计是建立在概率论和数理统计的大数法则、类推原理和惯性原理的基础上。由于对大量风险事故发生的统计分析结果呈现出一定的统计规律，可以用惯性原理预测将来风险事故发生的可能性。

风险评价是指在风险识别和风险估计的基础上，确定各风险因素对项目目标的影响程度大小，排序后得出影响项目的主要风险因素、一般因素及次要因素等。风险决策者重点分析这些主要风险可能对项目造成的各种影响，估算其风险并进行定量分析。

在风险评价的基础上，通过采用适当的方法和技术回避风险或控制风险发生导致不利影响的程度。

5.4.2 不确定性分析

（1）不确定性的定义

不确定性是指决策者事先不知道决策的所有可能结果，或者虽然知道所有可能结果但不知道它们出现的概率。有不确定性就有风险。

不过风险有大小。小而言之，可能影响某一个具体活动的成败；大而言之，则可能使决策者一蹶不振。总的来说，由于不确定性带来风险，畏惧风险则是每个人的普遍心态。美国投资奇才索罗斯就曾言："我什么都不怕，只怕不确定性。"言下之意就是对风险的忧虑。当然，风险本身是一柄"双刃剑"。正是由于不确定性、模糊性和混沌性，才使得后来居上、脱颖而出成为可能；才使得超常规、跨越式发展成为现实。

以企业行为为例，企业在进行外部环境分析时，要充分考虑不确定性以及风险，尤其是战略风险。战略风险通常是指对企业的战略决策有重大影响的不确定性，对企业生死攸关的不确定性。因此，企业对此必须高度重视，认真研究，趋利避害。一方面，企业应该对可能造成严重伤害的不确定性，设法化解与超越，力争把损失减小到最低；另一方面，企业应该把握、利用甚或刻意创造不确定性，以期获得重大的战略机遇，实现战略性赶超。

（2）不确定性分析

1）含义

通过分析研究可能出现的不确定性因素对项目评价的影响，从而推测项目可能承担的风险，进一步确认项目在财务上、社会经济上的可靠性的一种技术方法。

2）作用

明确项目不确定性因素对项目成本效益指标的影响；

确定项目评估结论的有效性和有效范围；

提高项目评估结论的可靠性和有效性；

确定项目成本效益指标的变化情况。

3）项目不确定性的影响因素

① 市场价格的变动

产品的价格或者原材料的价格等，是影响项目不确定性的最基本因素，它通过项目费用、生产成本和产品售价反映到项目效益指标上来。项目的寿命期一般都为一二十年，甚至更长，在这一时期里，各种原材料或产品的价格难免会发生变动，因此，价格是影响项目效益的重要的不确定性因素。

② 生产能力利用率的变化

生产能力利用率的变化主要是指生产能力达不到设计能力时对项目的收入和经营成本所产生的影响，进而会对项目效益产生影响。

生产能力达不到设计能力是由种种原因造成的，如原材料、能源、动力的供应保证程度低，运输条件差，工人对技术、工艺的掌握程度差，管理水平低等，但最重要的一个原因是市场销路的问题。

③ 项目工艺、技术方案的更改

项目在分析时所利用的投入、产出物的数量和价格，是根据现有的工艺技术状况估计的，当引进新工艺、新技术、新设备时，原先使用的基础参数也将随之发生变化。

④ 项目工期与资金的变化

如果在资金估算时，项目的总投资额没有考虑充分，或者是由于其他原因而延长了建设期和投产期，或者因为建设材料的价格变动，就会导致资金的变化。

⑤ 项目寿命期的变化

在项目分析中，许多指标的计算都是以项目整个寿命期为基础的。但随着科技的发展，项目所采用的一些工艺、技术，设备等，很可能提前老化，从而使项目的技术寿命期将缩短，许多指标也将相应地发生变化。

⑥ 经济形势的发展

投资项目的财务预测是受国家现行法规制约和影响的，其中，税收制度、财政制度、金融制度、价格制度以及整个经济管理体制对投资项目的效益起着决定性的作用。随着经济形势的发展，现行经济法规也会有所变动，这就必然使得预测的基本经济数据发生变化，从而使得项目效益发生变化。

(3) 项目不确定性分析的方法

1) 一般步骤

为评价不确定性因素对技术方案经济效果的影响，通常采用盈亏平衡分析、敏感性分析和概率分析等分析方法，其分析方法的一般步骤如下。

① 鉴别主要不确定性因素

虽然影响技术方案的不确定性因素有许多，但不同因素在不同的投资活动中不确定性程度及其对投资方案的影响程度是不同的。因此，在开始分析时，首先要从各个变量及其相关诸因素中，找出不确定程度较大的关键变量或因素。这些变量和因素是不确定性分析的重点。在投资项目的不确定性分析中，其主要的不确定性因素有销售收入、生产成本、投资支出和建设工期等。引起它们变化的原因一般为：物品价格上涨，工艺技术改变导致产品数量和质量发生变化，设计能力达不到，投资超出计划，建设期延长等。

② 估计不确定性因素的变化范围，进行初步分析

找出主要的不确定性因素，就要估计其变化范围，确定其边界值或变化率，也可先进行盈亏平衡分析。

③ 进行敏感性分析

对不确定性因素进行敏感性分析，找出方案的敏感性因素，分析其对投资项目的影响程度。

2）盈亏平衡分析

① 概述

盈亏平衡分析法是指一定的市场、生产能力条件下，通过分析拟建项目的产量、成本、收益之间的关系，判断项目优劣及盈利能力的方法。

② 目的

通过分析产品产量、成本与方案盈利能力之间的关系找出投资方案盈利与亏损在产量、产品价格、单位产品成本等方面的界限，判断投资方案对不确定性因素变化的承受能力，为决策提供依据。

③ 条件

产品组合是单一的；生产量等于销售量；生产成本是生产量（销售量）的函数；每一生产批量的固定成本不变，可变单位成本随产量相应变化；产品单价不随生产量（销售量）变化而变化，所以销售收入是销售量的线性；采用的是正常经营年份的数据。

5.4.3 项目风险的概率分析

(1) 概率分析概念

敏感性分析对项目经济效益的不确定性进行了初步的定量描述，可以识别出强敏感性因素，并加以分析。但对参数不同值发生的可能性却没有识别分析，这还不能满足对项目风险和不确定性的实际需要，因此需定量估计参数不同取值发生的可能性及其对经济指标的影响，即需要进行概率分析。所谓概率分析就是运用概率与数理统计理论，对项目经济指标的不同取值作出概率描述，分析其对项目经济效益的影响，从而对项目的风险情况作出判断的方法。

概率分析的基本原理是，假设各参数是服从某种概率分布的相互独立的随机变量，因

而项目经济效益作为参数的函数必然也是一个随机变量。通过分析这些参数的变化规律及其与项目经济效益的关系，就可以更为全面地了解项目的风险。

(2) 概率分析的步骤

在进行概率分析时，先对参数作出概率估计，并以此为基础计算项目的经济效益，最后通过累积概率、经济效益期望值、标准差等指标就可以定量反映出项目的风险和不确定性程度。其中，最重要的是确定参数的概率分布。概率分布的确定方法主要有概率树、蒙特卡罗模拟、CIM模拟计算法等分析方法。本节主要介绍概率树分析法。

概率树分析法是在假定风险变量之间相互独立的基础上构造概率树，将变量的各种取值状态进行组合，分别计算每种组合状态下的相应概率及评价指标值（一般为净现值），得到评价指标的概率分布，统计得到评价指标低于或高于基准值的累积概率，并计算出评价指标的期望值、标准差等，以此作为风险识别的依据。

评价指标的期望值是指在参数不确定的情况下，经济指标可能达到的平均水平。其计算公式如下：

$$E(X) = \sum_{i=1}^{n} X_i P_i$$

式中：X——变量 X 的第 i 个取值 $(i = 1, 2, \cdots, n)$；

P——X 发生的概率。

标准差反映了随机变量实际发生值对其期望值的偏离程度。标准差越大，实际值对期望值的偏离就越大，项目风险也就越大。其计算公式如下：

$$\sigma = \sqrt{\sum_{i=1}^{n} P_i [X_i - E(X)]^2}$$

概率树分析法一般是通过计算项目净现值的期望值及净现值大于或等于零的累积概率来评价项目的风险性。运用概率分析法进行此项工作的步骤如下：

① 确定风险变量。可以通过敏感性分析的结果选择需要分析的风险变量。

② 判断风险变量可能发生的情况，并确定每种情况可能发生的概率。应注意每种情况发生的概率之和等于1。

③ 列出变量不同取值的所有组合，计算组合概率并画出概率树。

④ 计算每种组合下的净现值及累计概率，求出净现值的期望值及标准差。

⑤ 计算净现值的期望值及净现值大于或等于零的累积概率。

⑥ 评判项目的风险性。

5.5 项目后评价

5.5.1 项目后评价概述

(1) 项目后评价含义

项目后评价指项目建成投产并运行一段时间（一般为 2 年）后，对项目立项决策、建设目标、设计、实施、竣工验收、直到投产运行全过程的工程活动进行系统综合分析，对项目产生的财务、经济、社会效益和环境影响及可持续发展性进行客观、全面的再评价。

(2) 项目后评价目的

通过项目后评价确认项目成败的原因，总结投资项目管理的经验教训，提出补救和改进策略与措施，并反馈到未来项目的决策与管理、实施中去，再提高管理、决策水平和投资效益。

(3) 项目后评价的特点与原则

① 现实性；

② 科学性、客观性、公正性；

③ 独立性；

④ 全面性；

⑤ 可信性；

⑥ 反馈性。

(4) 项目后评价与项目前评价的区别

1) 评价主体不同

项目前评价是由投资主体（投资者包括企业、部门、基金或个体、贷款决策机构如银行、项目审批机构等）组织实施。

项目后评价则由投资运行的监督管理机构、单设的后评价机构或决策的上一级机构为主，会同计划、财政、审计、设计、质量等有关部门进行。

2) 评价的侧重点不同

项目前评价主要以定量指标为主，侧重于项目的经济效益分析与评价，其作用是直接作为项目投资决策的依据。

项目后评价要结合行政和法律、经济和社会、建设与生产、决策与实施等方面内容进行综合评价。以现有事实为依据，以提高经济效益为目的，对项目实施结果进行鉴定，并间接作用于未来的投资决策，为其提供反馈信息。

3) 评价内容不同

项目前评价主要对项目建设的必要性、项目建设条件及技术方案等，对可行性、合理性进行评价，对未来经济效益和社会效益进行科学推测。

项目后评价除了对工程项目的前评价内容进行再评价外，还要对项目决策的准确程度和实施效率进行评价，对项目的实际运行状况进行深入细致的分析。

4) 评价的依据不同

项目前评价主要依据历史资料和经营数据，以及国家和有关部门颁发的政策、规定、方法、参数等文件。

项目后评价则主要以已经建成投产后一段时间内，项目全过程（包括项目的工程实施期）的总体情况为依据进行的评价。

5) 评价的阶段不同

项目前评价属于项目前期工作，为投资决策提供依据，在前阶段进行。

项目后评价在项目建成投产后一段时间里进行，比前评价具有更高的现实性和可靠性。

6) 项目前评价与项目后评价相比

相同点

① 性质相同，都是对项目生命期全过程进行技术、经济论证；

② 目的相同，都是为了提高项目的效益，实现经济、社会和环境效益的统一。

不同点

① 评价的主体不同；

② 在项目管理过程中所处的阶段不同；

③ 评价的依据不同；

④ 评价的内容不同；

⑤ 在决策中的作用不同。

5.5.2 项目后评价的内容

一般投资项目后评价的内容可以有不同的划分方法。从与项目前评价内容相对称的角度，项目后评价的内容可分为以下几个方面。

(1) 项目建设必要性的后评价

从国内外市场上产品的实际供求状况来验证项目前评价时所作的市场需求预测是否正确，包括分析产品销售量、占领市场范围、持续时间、产品价格和产品市场竞争能力等方面的变化情况，并作出新的趋势预测。如果项目实施结果偏离预测目标较远，要分析产生偏离的原因，并提出相应的补救措施。项目建设必要性后评价的内容除重新分析和评价项目产品实际市场需求情况与预测情况的偏差及其原因外，还要重新评价建设项目是否符合国家产业政策、地区与行业规划、经济布局、项目规模经济等的要求。

(2) 项目生产建设条件的后评价

分析和衡量项目的实际生产条件、建设条件，并与前评价的预测情况相比较，若两者存在较大的偏差，应分析其原因并提出对策建议。生产建设条件后评价的内容包括：厂址条件的再评价；实际影响建设项目的人文、地质、矿藏、地理环境及交通运输等因素的评价；项目建设组织管理的再评价；资源储量、品位、成分以及开采、利用条件的再评价；原料、辅助材料、燃料的种类、数量、来源渠道和供应方式的再评价；所需公用设施的数量、供应方式和供应条件的再评价；生产组织管理机构的设置、运行效率、招聘工人的方式、人员结构和人员培训的再评价等。

(3) 项目技术方案的后评价

这是对工程设计方案、项目实施方案的再评价。工程设计方案的后评价内容包括：项目构成范围的再评价；项目土建工程量的再评价；技术来源、主要技术工艺及设备选型和工艺流程的再评价。项目实施方案再评价的内容主要包括：项目施工方式技术方案的再评价；项目实施进度、成本、质量的再评价等。

(4) 项目经济后评价

项目经济后评价包括项目财务后评价和项目国民经济后评价两个组成部分。项目财务后评价是从企业（项目）角度对项目投产后的实际财务效益的再评价；项目国民经济后评价是从宏观国民经济角度出发，对项目投产后的国民经济效益的再评价。由于我国还没有完善的项目社会效益、环境效益的分析方法，在项目经济后评价时应尽可能地对项目实际的社会效益和环境效益进行再评价。

从项目运行过程的角度划分，项目后评价的内容主要包括以下几个方面：

① 项目前期工作的后评价。主要包括项目立项条件再评价、项目决策程序和方法的再评价、项目勘察设计的再评价、项目前期工作管理的再评价等。

② 项目实施的后评价。主要包括项目实施管理的再评价、项目施工准备工作的再评价、项目施工方式和施工管理的再评价、项目竣工验收和试生产的再评价、项目生产准备的再评价等。

③ 项目运营的后评价。主要包括生产经营管理的再评价、项目生产条件的再评价、项目达产情况的再评价、项目产出的再评价、项目经济后评价等。

5.5.3 项目后评价的方法

① 资料收集法

专家调查、实地考察、抽样调查。

② 市场预测法

时间序列、回归分析。

③ 分析研究法

指标对比法（对比分析法）。

因素分析法。

统计分析法。

5.5.4 项目后评价的组织与实施

（1）项目前期工作

① 对项目前期筹备工作的后评估。主要包括筹备单位名称、组织机构、筹备计划及筹备工作效率等。

② 对项目决策工作的后评估。主要包括项目可行性研究承担单位名称、资格，项目可行性研究的编制依据，项目可行性研究起始和完成时间，项目决策单位、决策程序、决策效率等。

③ 对项目征地拆迁工作的后评估。主要包括征地拆迁工作进度，安置补偿标准等是否符合国家有关规定。

④ 对项目委托设计与施工的后评估。主要包括设计单位名称及资格审查，委托设计方式、设计费用、设计方案的技术可行性和经济合理性、设计标准与设计质量，委托施工方式、施工企业资格审查情况及施工合同等。

⑤ 对建设物资、资金等落实情况的后评估。

（2）项目实施后评估

① 项目开工评估。

② 对项目变更的评估。如项目范围变更、设计变更，变更的原因及其影响。

③ 对施工管理的评估。即对施工组织方式、实际施工进度、施工工程成本、质量及控制、监理、施工技术与方案等进行的评估。

④ 对项目建设资金供应情况的评估。

⑤ 对项目建设工期的评估。主要评估实际建设工期及工期提前或延迟的原因。

⑥ 对项目建设成本的评估。即对项目实际建设成本及超支或节约的原因的评估。

⑦ 对项目工程质量的评估。

⑧ 对项目竣工验收与试生产的评估。

⑨ 对项目建成投产后的实际生产能力与单位生产能力投资的评估。

（3）项目生产经营的后评估

① 项目达产情况的后评估。

② 项目产出物的种类与数量、产品销售情况的评估。

③ 项目获取利润情况的后评估。

④ 企业经营管理的评估。主要对机构设置、管理人员配备及素质、管理规章制度、管理效率等进行的评估。

⑤ 劳动定员评估。

⑥ 职工培训评估。

(4) 项目经济后评估

① 项目财务效益后评估。项目财务效益后评估主要包括项目财务状况及预测、项目实际财务效益指标、主要财务指标的对比与分析、财务状况的发展变化趋势及对策措施。

② 项目国民经济后评估。项目国民经济后评估主要包括项目国民经济效益状况及预测、项目国民经济效益指标与计算、评估指标的对比分析等。

综合结论

主要是上述各项评估内容的基本结论。它一般包括项目准备、决策、实施和生产经营各个阶段的主要经验教训；对项目可行性研究及评估决策水平的综合评估；项目在评估时点后的发展前景；提高项目在未来时期内经济效益水平的主要对策和措施。

【习题】

【简答题】

1. 经济费用效益分析与财务费用效益分析有何关系？
2. 经济费用效益分析的效益和费用有哪些？
3. 什么是影子价格？
4. 什么是社会折现率？
5. 什么是影子汇率？

【计算题】

1. 某进口产品的国内现行市场价格为 800 元/吨，其价格换算系数为 2.2，国内运费和贸易费用为 100 元/吨，影子汇率为 7.68 元人民币/美元，试求该进口产品的到岸价格。

2. 某外贸货物的到岸价格为 200 美元/吨，国内运费为到岸价的 3%，贸易费用为到岸价的 1%，则该货物的影子价格为多少？（影子汇率为 8.67 元/美元）

3. 某外贸货物的到岸价格为 200 美元/吨，国内运费为到岸价的 3%，贸易费用为到岸价的 1%，则该货物的影子价格为多少？（外汇牌价为 8.03 元/美元）

4. 某投资项目,正式投产运营时要购置两台机器设备,一台可在国内购得,其国内市场价格为 300 万元/台,影子价格与国内市场价格的换算系数为 1.3;另一台设备必须进口,其到岸价格为 60 万美元 1 台,影子汇率换算系数为 1.06,外汇牌价为 8.63 元/美元,进口设备的国内运杂费和贸易费用为 10 万元和 5 万元。试求该种产品进行生产时,两台设备的影子价格和所需设备的总成本。

第六章　价值工程

【本章导读】

价值工程不仅在设计、生产领域，而且在施工、组织、预算、服务、管理等领域都有广泛应用，且以在产品设计、改进方面的应用最为典型、普遍。价值工程分析是利用产品成本结构与产品功能结构的比值关系来寻找降低成本、提高成本效能比率的途径，从而改进产品或工艺设计的有效方法。价值工程中关于"价值"的概念是个科学的概念，它正确反映了功能和成本的关系，并为分析与评价产品的价值提供了一个科学的标准。价值工程中的"成本"，是指实现功能所支付的全部费用。从产品来说，是以功能为对象而进行的成本核算。

【学习目标】

1. 理解掌握重要公式：$V = F/C$。
2. 掌握价值工程对象选择的方法。
3. 理解掌握强制确定法选择价值工程分析对象的步骤。
4. 了解价值工程的应用。
5. 理解成本控制的步骤。

6.1　价值工程基本原理

6.1.1　价值工程的概念

价值工程（Value intelligence）是提高产品功能，降低产品成本的一种有效技术，用最低的寿命周期成本，可靠地实现必要功能，并且着重于功能分析的有组织的活动。通过运用价值工程的原理和方法，对工程建设方案进行技术经济评价和比较，可以达到减少资源消耗、提高经济效益的目的。

价值工程包括以下三个基本要素，即价值、功能和成本。

（1）价值

价值工程中的价值的含义有别于政治经济学中所说的价值"凝结在商品中的一般的、无差别的人类劳动"；也有别于统计学中的用货币表示的价值。它更接近人们日常生活常用的"合算不合算""值得不值得"的意思，是指事物的有益程度。价值工程中关于价值的概念是个科学的概念，它正确反映了功能和成本的关系，为分析与评价产品的价值提供了一个科学的标准。树立这样一种价值观念就能在企业的生产经营中正确处理质量和成本的关系，生产适销对路产品，不断提高产品的价值，使企业和消费者都获得好处。在价值工程中，价值是指对象所具有的功能与获得该功能的全部费用之比。它是一种相对价值，对象的功能越大，成本越低，价值就越大。

（2）功能

功能可解释为功用、作用、效能、用途、目的等。对于一件产品来说，功能就是产品的用途、产品所担负的职能或所起的作用。功能所回答的是"它的作用或用途是什么"。在价值工程中，功能的含义很广。对产品来说，是有何效用，如电视机是看节目的。功能本身必须表达它的有用性，没有用的东西就没有什么价值，就谈不到价值分析了。就产品来说，人们在市场上购买商品的目的是购买它的功能，而非产品本身的结构。例如人们买彩电，是因为彩电有"收看彩色电视节目"的功能，而不是买它的集成元件、显像管等元器件。功能是各种事物所共有的属性。价值工程自始至终都要求围绕用户要求的功能，对事物进行本质的思考。

功能是包含许多属性的，为分清它的性质，价值工程中一般将其分为以下几类：

1）按重要程度标志分基本功能和辅助功能

① 基本功能是指实现该事物的用途必不可少的功能，即主要功能。例如，钟表的基本功能是显示时间。基本功能改变了，产品的用途也将随之改变。确定基本功能应从用户需要的功能出发。可以从它的作用是否是必需的，主要用途是否真是主要的，其作用改变后是否会使性质全部改变三方面来考虑。

② 辅助功能是指基本功能以外附加的功能，也叫二次功能。如石英钟的基本功能是显示时间，但有的附加了音响、日期等辅助功能。辅助功能可以依据用户需要进行改变。

2）按满足要求性质的标志分使用功能和美观功能

① 使用功能是指提供的使用价值或实际用途。使用功能通过基本功能和辅助功能反映出来，如带音响的石英钟，既要显示时间，又要按时发出声音。

② 美观功能是指外表装饰功能，如产品的造型、颜色等，美观功能主要是提供欣赏

价值，可起到扩增价值的作用。有些产品纯属欣赏的，如美术工艺品、装饰品等。有些产品不追求美观，如煤、油、地下管道等。有些产品，要讲求美观功能，如衣着等。

3）按用户用途标志分必要功能和不必要功能

① 必要功能是指用户要求的需要功能。如钟表的"走时"功能是必要功能。产品若无此功能，也就失去了价值。必要功能包括基本功能和辅助功能，但辅助功能不一定都是必要功能。

② 不必要功能是指用户可有可无的不甚需要的功能，包括过剩的多余的功能。区分上述功能，就可以抓住主要矛盾，尽量减少那些不必要的、次要的功能成本，从而提高其价值。

（3）成本

价值工程中的"成本"，是指实现功能所支付的全部费用。从产品来说，是以功能为对象而进行的成本核算。一个产品往往包含许多零部件的功能，而各功能又不尽相同，就需要把零部件的成本变成功能成本，这与一般财会工作中的成本计算是有较大差别的。财会计算成本是零部件数量乘以成本单价，得出一个零部件的成本，然后把各种零部件成本额相加，求得总成本。而价值工程中的功能成本，是把每一零部件按不同功能的重要程度分组后计算的。价值分析中的成本的"大小"，是根据所研究的功能对象确定的。

建设项目的寿命周期是指从对象被研究开发、设计制造、用户使用直到报废为止的整个时期。价值工程一般以经济寿命来计算和确定对象的寿命周期。而寿命周期成本是指从项目构思到项目建设投入使用直至报废的全过程所发生的一切可直接体现为资金耗费的投入的总和。寿命周期与寿命周期成本的关系如图 6-1 所示。

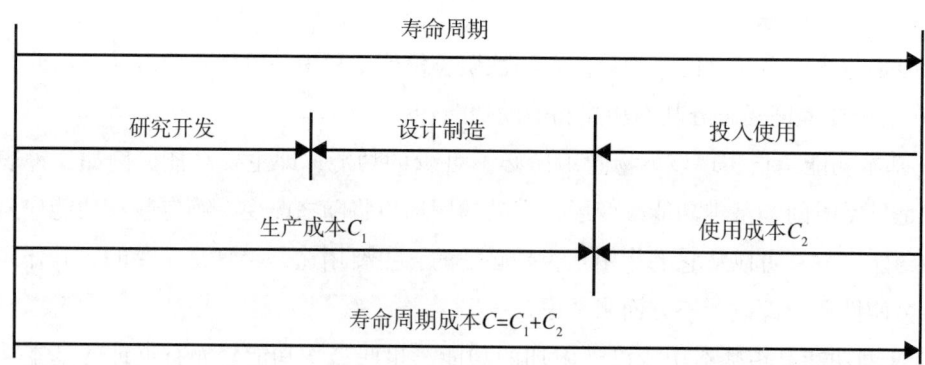

图 6-1 寿命周期与寿命周期成本的关系

寿命周期成本包括研究和生产阶段的费用构成的产品生产成本 C_1 以及在使用过程中的能源消耗、维修和管理费用等所构成的产品使用成本 C_2。$C = C_1 + C_2$ 就是总成本，人们习惯上比较重视产品的购置费而忽视产品的使用费。实际生活中有许多产品的使用成本大于制造成本，如汽车的使用成术通常是制造成本的 2.5 倍，因此，忽视使用成本是不合算的。在技术经济条件已定的情况下，随着产品功能水平的提高，生产成本 C_1 提高，使用成本 C_2 下降，寿命周期成本则呈马鞍形变化，如图 6-2 所示。

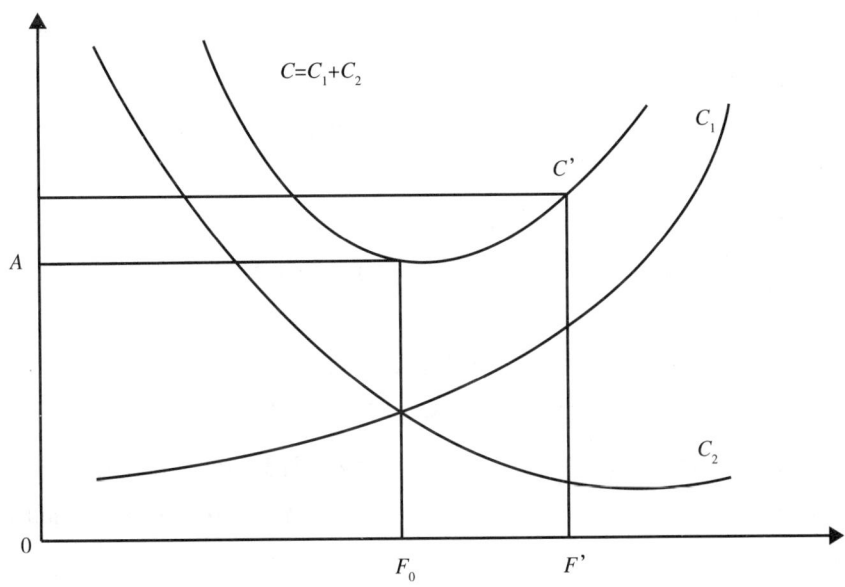

图 6-2 寿命周期成本

由图 6-2 可以看出，只有功能、成本相适宜，才能使总成本最低。性能为 F_0 成本为 C_{min} 是一种理想状态。一般来说，无论现实产品或现有设计方案都不一定能够达到。若以 C 表示现实成本，F 表示现实功能，则在 F 与 C_{min} 之间有一个成本可能降低的幅度 $C - C_{min} = A$；在 F' 和 F_0 之间存在性能可以提高的幅度 $F_0 - F' = B$，我们进行价值工程活动正是要以最低成本实现产品的必要功能，即使一次 VE 不能达到，也要通过不断努力逐步达到，使企业与用户都获得最大利益。

6.1.2 价值工程的计算公式和特点

（1）价值工程的计算公式

价值工程是指通过各相关领域的协作对所研究对象的功能与费用进行系统的分析，不断地创新，旨在提高所研究对象价值的思想方法和管理技术。就建筑业而言，价值工程是一种系统的对某个建筑产品或施工管理系统进行功能分析以及方案创造、评价和实施,用最低的寿命周期费用可靠地实现用户所要求的功能,从而提高研究对象价值的技术经济方法。

价值的定义式为:$V = F/C$

其中:V——价值;

F——功能;

C——寿命周期成本。

价值的公式明确反映了价值、功能、成本三者之间的关系,说明功能和成本是决定价值的两个因素,提高价值的基本途径有以下五种:

① 保持产品的必要功能不变,降低产品成本,以提高产品的价值。

② 保持产品成本不变,提高产品的必要功能,以提高产品的价值。

③ 成本稍有增加,但必要功能增加的幅度更大,使产品价值提高。

④ 在不影响产品主要功能的前提下,适当降低一些次要功能,大幅度降低产品成本,提高产品价值。

⑤ 运用高新技术,进行产品创新,既提高必要功能,又降低成本,以大幅提高价值。

其中③和④两种途径的使用是有一定限制条件的,也就是采用该经营策略时,必须保证企业利润不降低,两种途径才有意义。⑤是一种最为理想的途径。企业必须在既提高生产技术水平又提高经营管理水平的基础上,考虑如何提高产品功能水平时,同时降低其费用水平,增强企业的竞争能力。

(2) 价值工程的特点

① 价值工程以提高对象价值为目的,以最低的寿命周期成本,实现产品的必要功能。企业正在生产或正在研制的产品,其功能成本由于科技日新月异的进步、消费者的需求的不断变化与理想状态有一定现实差距。如何对产品的功能与成本进行较理想的选择,始终是企业面临的重要课题。离开价值工程,单方面解决成本问题或单方面解决质量问题都不能全面满足企业和顾客的需要。

② 价值工程以功能为中心考虑问题,从消费者的功能要求出发,定性与定量方法相结合,分析产品(或作业)的功能,确定必要的功能,剔除不必要的功能,功能与成本分析相结合,寻求二者的最佳结合点。以功能分析为核心,不受现有产品的约束,因而可以做出根本性的变革,促进新技术、新工艺、新产品的出现与应用,例如,电子计算机取代算盘实现计算的功能,如果仅从算盘的产品结构上怎么分析都不会诞生电子计算机的。

③ 价值工程将产品价值、功能和成本作为一个整体同时来考虑,并且强调不断改革和创新。

④ 价值工程要求将功能定量化,即将功能转化为能够与成本直接相比的量化值。

⑤ 价值工程是以集体的智慧开展的有计划、有组织、有领导的管理活动。价值工程涉及产品开发设计、制造、供应、使用、维修以及企业经营的各个方面，需要综合运用技术与经济多种学科知识，所以仅靠个人决策是不够的，只有有组织的活动、依靠各方面集体的智慧，才能获得最佳方案和良好的运行实施。

⑥ 活动领域上价值工程侧重于产品的研制设计阶段。价值工程应用的重点放在产品的研制设计阶段。因为产品的功能和成本 70% 主要取决于这个阶段。一旦设计图纸付诸实践，在生产阶段改变工艺和设备、调整劳动组织等所需的成本会成倍增长，技术经济效果必然受到严重影响，所以设计上的浪费是最大的浪费。

6.2 价值工程的工作内容和工作步骤

（1）价值工程的中心内容

价值工程的中心内容可用六个字概括：功能、创造、信息。

① 功能分析是核心

功能分析是价值工程特殊的思考和处理问题方法。用户购买任何产品，不是购买产品的形态，而是购买功能。例如，用户买电风扇，是买其"制冷"的功能，买相机是买"拍照"的功能等。只要具有相应的功能，就能满足用户的需要。空调可以制冷，因而可以取代电风扇提供给居民；手机可以拍照，因而可以代替相机使用。但是，具有相同功能而成分或结构不同的产品或零部件的成本一般是不相同的。价值工程就是要通过对实现功能的不同手段的比较，寻找最经济合理的途径，它透过人们司空见惯的产品生产、使用、买卖现象，抓住功能这一实质，从而取得观念上的突破，为提高经济效益开辟了新的途径。

② 创造是关键

功能毕竟要有具体的实现手段，这是上述问题的另一面。手段不同，效果也不同，要想取得好的效果，就必须找到更多更好的手段。手段是人们创造出来的，没有创造，一切都是空话。价值工程的全过程都体现了千方百计为创造开辟道路的宗旨。

③ 信息是基础

价值工程以技术和经济这两方面的结合为特点，也以这两方面的信息为基础。技术上的革新绝大多数是在继承他人成果的基础上实现的，不了解国内外同行在材料、产品、工艺、设备等方面的现有技术，不了解技术发展的趋势，那么，或者提不出改进办法，或者耗时耗资甚多而收效甚微。不了解市场，不了解用户的意见，不了解同类产品的水平，就会无的放矢，甚至故步自封，最终会失去用户。

总之，价值工程就是要从透彻了解所要实现的功能出发，在掌握大量信息的基础上，进行创新改进，完成功能的再实现。

（2）价值工程的工作程序

价值工程的工作过程，实质就是针对产品的功能和成本提出问题、分析问题、解决问题的过程。针对价值工程的研究对象，整个活动围绕七个基本问题展开，这七个问题是：

① 这是什么？

② 这是做什么用的？

③ 其成本是多少？

④ 其价值是多少？

⑤ 有其他的方案能实现这个功能吗？

⑥ 新方案的成本是多少？

⑦ 新方案能满足要求吗？

这七个问题决定了价值工程的基本步骤和活动程序。故可以分为三个阶段：分析、综合、评价，其基本步骤是功能定义、功能评价、制订改进方案。如果只有基本步骤，显得划分太粗。为了使工作顺利进行，还应有详细步骤。表 6-1 说明 VE 的工作程序：

表 6-1　　　　　　　　　　　　价值工程工作程序表

一般决策过程阶段	价值工程工作程序	价值工程提问
分析问题	（1）对象选择	（1）价值工程对象是什么？
分析问题	（2）情报收集	（2）它是做什么用的？
分析问题	（3）功能分析	（2）它是做什么用的？
分析问题	（4）功能评价	（3）其成本是多少？
综合研究	（5）方案创造	（4）其价值是多少？
综合研究	（6）概略评价	
综合研究	（7）方案制订	
综合研究	（8）试验研究	（5）有无其他的方案能实现同样的功能？
方案评价	（9）详细评价	（6）新的方案成本是多少？
方案评价	（10）提案审批	（7）新的方案能满足要求吗？
方案评价	（11）方案实施与检查	
方案评价	（12）成果鉴定	

（3）价值工程的工作内容

1）确定分析对象

把工程活动中有待改善的产品、部件或工艺选择出来作为价值工程的分析对象。

2）情报收集

首先要明确价值工程研究对象的内容和范围，并以充分的信息作为基础依据，创造性地运用各种有效手段，正确地进行对象选择、功能分析和创新方案。情报工作的开展是价值工程的基础。通过情报资料的收集，可以获得价值工程所需要的依据、标准和对比对象，同时价值工程是一种创造性很强的工作。决定着企业的生存与发展。得知有价值情报才有利于从实际情况出发，正所谓知己知彼，百战百胜。

一般根据情报内容分为以下几类：

① 市场情报

企业对市场情报掌握如何，决定着企业的生存与发展。如果一个企业较好地掌握市场情报，满足用户需求甚至创造一种新的需求使顾客产生不满足感，就可以及时准确地进行生产、销售，处于市场竞争的有利地位。有关市场的情报主要包括：用户对产品的基本性能、外形、可靠性、价格、交货期、技术服务等方面的要求，市场上竞争对手的产品的竞争力如何、竞争对手的实力，市场需求变化情况、区域特点以及国家产业规划等。如：货运情报。

② 技术情报

技术情报，包括产品设计和科研、产品工艺、制造设备、原材料及批量生产的数量、质量、成本、售价、质量标准等。技术上的突破，改进是价值工程的目的。掌握这类情报，有利于企业迅速掌握新产品、新材料、新工艺，在保持甚至提高功能时大幅度降低成本，也有利于研究人员打开思路，找到问题、解决问题。如：物流情报。

③ 成本费用情报

成本费用情报，包括同类产品的成本及其构成情况，本企业成本资料、生产经营预算情报，具体指标有设计成本、工艺成本、材料成本、标准化成本、能源消耗成本、人工费用、外购件成本等。降低成本是价值工程活动的重要目标，所以必须认真做好成本费用情报的收集与整理工作，提高情报的准确性和可靠性，更好地服务于价值工程。

④ 采购外协情报

采购外协情报，包括外购原材料、外协件的品种、规格、质量等指标，供应单位与外协单位的分布状况、技术水平、经营状况、信誉、厂外运输方面的情报。采购外协是企业生产经营活动的重要方面，进行价值工程有利于以最低成本实现必要功能。

⑤ 企业的状况

企业必须从自身实际情况出发，做到知己知彼，才能更好地实现企业目标和价值工程制定的目标。本企业的状况资料包括企业的经营方针、设计能力、生产能力、管理水平、适应环境能力、经营状况、企业信誉及发展规划等。

⑥ 其他

其他情报包括国家法令、政策规则、国际环境等方面内容,具体指政府有关技术发展、劳动保护、能源使用、环境污染等的政策、法律以及长远规划和国际标准、国际贸易条例法则、国际趋势等情报。这是企业作为社会的一员对用户、国家、社会应负的责任,同时对于企业的前途也有重大影响。

3) 功能分析

对选定的对象进行功能分析是价值工程分析的重要内容。功能分析是通过对选定对象进行定义,确定对象及各组成部分具有的功能、各组成部分彼此之间的相互关系,在此基础上对功能进行分类和整理。

4) 功能评价

功能评价是根据功能系统图,在设计方案的同一级的各功能之间,计算并比较各功能价值的大小,从而寻找功能和成本在量上不匹配的具体改进措施。

5) 方案创造

针对分析对象存在的问题,制订各种具体的改进方案。

6) 方案评价

从众多的备选方案中选出价值系数最高的方案进行评价。方案评价可分为概略评价和详细评价,均包括技术评价、经济评价和社会评价等方面的内容。将这三方面联系起来进行权衡,则称为综合评价。根据评价结论进行筛选,从中选择最优的方案。

7) 试验研究

对最优方案进行技术上的试验,进一步论证技术上的可行性和经济上的合理性。

8) 提案审批

有侧重地撰写出具有充分说服力的提案书,报决策部门审查批准。

9) 实施与检查

对所选的方案进行实施,进一步从技术、经济和社会效果等方面进行跟踪检查。

10) 成果鉴定

对实施方案的效果进行总结,从而对价值工程的成果进行全面评价。

6.3 价值工程对象选择与情报收集

6.3.1 分析对象选择原则

价值工程研究的对象可以是实物,也可以是工作。价值工程分析对象选择的原则是:

优先选择对企业生产经营有重要影响或对国计民生有重大影响的产品或项目,或在改善价值上有较大潜力,可取得较大经济效益的产品或项目,具体包括以下几个方面:

① 设计方面:选择结构复杂、体大量重、技术性能差、能源消耗高、原材料消耗大或是稀有、贵重的奇缺产品。

② 施工生产方面:选择产量大、工序烦琐、工艺复杂、工装落后、返修率高、废品率高、质量难以保证的产品。

③ 销售方面:选择用户意见大、退货索赔多、竞争力差、销售量下降或市场占有率低的产品。

④ 成本方面:选择成本高、利润低的产品或在成本构成中比重大的产品。

6.3.2 分析对象选择方法

(1) 经验分析法

经验分析法也称因素分析法。这种方法是根据经验,运用智慧对各种影响因素进行综合分析,区分主次与轻重,充分考虑所选对象的必要性和可能性,尽可能准确地选择出价值工程改善对象。

该方法简便易行,考虑问题比较全面,不需要对有关人员作特殊培训,特别是在时间紧迫或企业资料不完善的情况下,效果明显。刚开始进行价值工程工作需要考虑的因素如下:

① 市场角度

对企业利润有重大影响的主导产品;用户意见大、意见多的产品;返修率高的产品;已进入产品生命期的衰退期、销售量面临大幅度下降的产品;结构复杂的产品或套机组。

② 设计角度

性能差、技术落后、亟待更新换代的产品;设计存在严重缺陷的产品;产量大的产品;价格高的产品。

③ 生产角度

工艺复杂或工艺落后的产品;重量大、体积大、物耗高的产品;次品、废品率高的产品;情报资料易收集齐全的产品。

④ 实施角度

在技术、人才方面有优势的产品;改进牵涉面不大、不需要大量人力物力的产品;易于成功的产品。

但此方法缺乏定量分析,准确程度较差,对象选择是否适当,主要取决于分析人员的经验、知识和责任心。所以,经验分析法要求发挥集体的智慧,共同确定改善对象,以弥补准确性较差的缺陷。

(2)百分比分析法

百分比分析法是种通过分析某种费用或资源对企业的某个技术经济指标的影响来选择价值工程对象的方法。

【例6-1】某集团推出五种不同类型的空调,在各项功能基本相同的前提下,其成本比重与利润比重见表6-2。

表6-2 产品成本比重与利润比重

产品	成本比重(%)	利润比重(%)	价值工程对象选择
A	30	15√	
B	20	35	
C	24	10	√
D	17	25	
E	9	15	
合计	100	100	

解:由表6-2可知,A、C两种户型的成本比重大于利润比重,故将A、C两种产品作为价值工程的分析对象,研究降低其成本的途径。

(3)ABC分析法

1)基本原理

ABC分析法根据研究对象对某项技术经济指标的影响程度,通过研究对象的成本和数量比例,把拟研究对象划分为主次有别的A、B、C三类。将举足轻重的划为A类,作为价值工程的研究对象。其关键在于区别一般的多数和极其重要的少数。

2)基本内容

① 确定分析对象的特征。可用技术指标、价值指标及效果指标来表示。

② 研究数量和特性之间的关系,找出事物规律。

③ 直观表示数量和特性之间的关系。可用ABC分析表、ABC分析图来表示。

④ 做出分类决策。ABC分析的目的在于有成效的管理,因此,在完成分类之后,还应进一步确定不同类别的管理方式。

3)基本步骤

第一步,计算每一种材料的成本。

第二步,按照成本由大到小排序并列成表格。

第三步,计算每一种材料成本占库存总成本的比率。

第四步,计算累计成本比率。

第五步，分类。累计成本比率在0~70%之间的，为最重要的A类材料；累计成本比率在70%~90%的，为次重要的B类材料；累计成本比率在90%~100%的，为不重要的C类材料。另外，累计数量比率在0~10%的，为最重要的A类材料；累计数量比率在10%~30%的，为次重要的B类材料；累计数量比率在30%~100%的，为不重要的C类材料。

需要注意的是，在运用上述标准时，成本标准是最重要的，数量标准仅作为参考。

【例6-2】某房地产开发商要构建一栋楼，需要购买10种混凝土构配件，总成本为170.9万元，各构配件成本与数量见表6-3，用ABC分析法选择价值工程对象。

表6-3　　　　　　　　　　　　　构配件成本与数量

编号	1	2	3	4	5	6	7	8	9	10	合计
成本（万元）	75	55	10	9	7	5	3	2.5	2.3	2.1	170.9
构件数量	1	1	2	1	2	4	3	2	3	2	21

解：
① 将10种混凝土构配件按成本大小依次排列填入表6-4序号1。
② 计算出各混凝土构配件的累计成本比重，填入表6-4序号2。
③ 计算出各混凝土构配件的数量比重，填入表6-4序号3。
④ 计算出各混凝土构配件的累计数量比重，填入表6-4序号4。
⑤ 分类累计成本比重归并和分类累计数量比重归并，填入表6-4序号5~6。

根据表6-3的分类标准，混凝土构配件划分类别见表6-4序号7。

表6-4　　　　　　　　　　　　　　ABC分类

序号	编号	1	2	3	4	5	6	7	8	9	10
1	成本比重（%）	43.89	32.18	5.85	5.27	4.10	2.93	1.76	1.46	1.35	1.23
2	累计成本比重（%）	43.89	76.07	81.92	87.19	91.29	94.22	95.98	97.44	98.79	100
3	数量比重（%）	4.76	4.76	9.52	4.76	9.52	19.05	14.29	9.52	14.29	9.52
4	累计数量比重（%）	4.76	9.52	19.04	23.8	33.32	52.37	66.66	76.18	90.47	100
5	分类累计成本比重归并	76.07%			15.22%				8.71%		
6	分类数量比重归并	9.52%			23.8%				66.67%		
7	类别	A			B				C		

由表6-4所知，A类混凝土的构配件的成本约占总成本的76%，为价值工程的重点研究对象。在工程实施中应控制好构配件1和2的采购成本，同时避免施工中发生浪费现

象。

（4）价值指数法

价值指数法是根据价值工程的原理，在产品成本已知的条件下，将同类产品的功能参数由小到大排序，计算出价值指数。价值指数的计算公式为：

$$价值指数 = 产品的功能参数 / 产品的成本$$

观察价值指数的数值是否随着产品功能参数值递增而递增，把价值指数与功能参数值不相适应的产品作为价值工程改善对象。

【例6-3】某建筑机械厂生产三种型号的混凝土搅拌机，各种型号混凝土搅拌机的主要功能参数、生产成本见表6-5。

表6-5　　　　　　　　　　混凝土搅拌机的主要功能参数和生产成本

产品型号	A型搅拌机	B型搅拌机	C型搅拌机
功能参数（立方米/h）	5	7	12
生产成本（万元）	0.65	0.85	2.25

解：根据价值指数公式计算各型号混凝土搅拌机的价值指数，见表6-6。

表6-6　　　　　　　　　　　混凝土搅拌机的价值指数

产品型号	A型搅拌机	B型搅拌机	C型搅拌机
价值指数	7.692	8.235	5.333

（5）强制确定法

1）基本原理

强制确定法兼顾功能与成本，具体做法是先求出分析对象的成本系数、功能系数，得出价值系数，揭示出分析对象的功能与花费的成本是否相符，不相符、价值低的被选为价值工程的研究对象。

2）基本步骤

① 对组成产品的各种零件强制确定打分，以确定某零件的功能得分。具体打分采取零件——对比进行，相对重要打1分，不重要打0分，即01评分法。用01评分法得出各零件（或功能项目）分值应构成一个自然数序列（即：0、1、2…n），如果不是自然数序列，则是在评分时出现逻辑错误。某零件（或功能项目）的评分值为0，并不意味着该零件（或功能项目）无功能，为避免这种情况发生，可以对得分累计进行修正。打分者还可

吸收用户代表参加，使评价产品的功能更能体现用户的意愿。

② 计算各零件的功能评价系数。

③ 计算各零件的成本系数。

④ 计算各零件的价值系数。

⑤ 根据价值系数的大小，确定重点改进对象的方向。

3) 计算方法及评价

① 求功能评价系数 Fi。

零件的功能重要性是把构成产品的各个零件排列起来进行功能比较而确定的。将几位评价者的评分值作综合统计，列出功能评价综合统计表。求出平均评分值和功能评价系数，即：

i 零件功能评价系数 $Fi = i$ 零件的功能得分值／全部零件的功能得分值，即：

功能评价系数大反映功能重要，功能评价系数小说明功能不太重要。

② 求成本系数 Ci。

某零件的目前成本占产品全部零件成本的比例即为该零件的成本系数，即：

i 零件成本系数 $Ci = i$ 零件的目前成本／全部零件成本

③ 计算价值系数 Vi。

价值系数 Vi 为功能评价系数与成本系数之比，即：

i 零件价值系数 $Vi = i$ 零件功能评价系数 Fi / i 零件成本系数

④ 企业根据收集到的情报确定目标成本。

计算按重要性系数应分配的预期成本，根据结果选择对象。

运用强制确定法时，价值系数 Vi 的计算结果有以下三种情况：

第一，$Vi > 1$，说明该零件功能比较重要，但分配的成本较少，应具体分析，可能功能与成本分配已较理想，或者有不必要的功能，或者应该提高成本。

第二，$Vi < 1$，说明该零件分配的成本很多，而功能要求不高，应该作为价值工程活动的研究对象，功能不足则应提高功能，成本过高应着重从各方面降低成本，使成本与功能比例趋于合理。

第三，$Vi = 1$，说明该零件功能与成本匹配，从而不作为价值工程活动的选择对象。

应注意一个情况，即当 $Vi = 0$ 时，要进一步分析，如果是不必要的功能，该零件则取消；但如果是最不重要的必要功能，要根据实际情况处理。

从以上分析可以看出，对产品零件进行价值分析，就是使每个零件的价值系数尽可能趋近于1。

强制确定法从功能和成本两方面综合考虑，适用比较简便，不仅能明确揭示出价值工程的研究对象所在，而且具有数量概念。这种方法是人为打分，只有0、1两种评价标准，不能准确反映功能差距的大小，只有适用于零件间功能差别不太大且比较均匀的对象，而且一次分析的零件数目也不能太多，以不超过 10 个为宜。在零部件很多时，可以先用 ABC 法、经验分析法选出重点零件，再用强制确定法细选；也可以用逐层分析法，从部件选起，然后在重点部件中选出重点零件。

强制确定法根据价值系数 V 偏离 1 的程度决定对象选择的优先顺序，有时不能有效选出对提高价值影响更大的对象。原因是价值系数是个比值。不能考虑到成本和功能比重大、更能提高价值的对象。

强制确定法选择优先研究对象会产生许多不足，为了克服这些不足，已经出现了很多新方法，如 DARE 法、04 评分法、多比例评分法、分功能评分法、基点法、最合适区域法等。

【例 6-4】某分部工程由 8 个分项工程组成，各分项工程的成本见表 6-7，专家采用 01 评分法对各分项工程的功能重要性进行评价。试选择价值工程的分析对象。

表 6-7　　　　　　　　　　　　各分项工程成本

分项成本	A	B	C	D	E	F	G	H	合计
成本	1625	2500	215	214	595	382	65	705	6301

表 6-8　　　　　　　　　　　　评分及功能评价系数计算

分项工程	A	B	C	D	E	F	G	H	分项得分累计	修正得分累计
A	—	1	1	0	1	1	1	1	6	7
B	0	—	1	0	1	1	1	1	5	6
C	0	0	—	0	1	1	1	0	3	4
D	1	1	1	—	1	1	1	1	7	8
E	0	0	0	0	—	0	1	0	1	2
F	0	0	0	0	1	—	1	0	2	3
G	0	0	0	0	0	0	—	0	0	1
H	0	0	1	0	1	1	1	—	4	5
合计									28	36

解：根据功能评价系数计算公式、成本系数计算公式、价值系数计算公式以及上表数据计算各分项工程的成本系数、功能评价系数及价值系数，见表 6-9。

表 6-9 成本系数、功能评价系数与价值系数

分项工程	成本系数	功能评价系数	价值系数
A	0.258	0.194	0.752
B	0.399	0.167	0.418
C	0.034	0.111	3.265
D	0.033	0.222	6.529
E	0.094	0.056	0.596
F	0.060	0.083	1.361
G	0.010	0.028	2.800
H	0.112	0.139	1.241
总计	1.000	1.000	—

由表 6-9 可知：

① B、E 分项工程的价值系数都较低。但 B 成本系数为 0.399，而功能评价系数仅为 0.167，说明成本偏高，应作为价值分析的主要对象。E 的价值系数虽很低，但成本系数和功能系数都很小，可不考虑。

② D 分项工程的功能评价系数较高，但成本系数仅为 0.033，意味着成本分配额过低，可以适当提高成本，以便和分项工程的重要性相符。建设项目方案的价值系数远大于 1，一般认为是非正常现象。

6.4 方案评价的内容与方法

6.4.1 方案评价的内容

方案评价是在方案创造的基础上对新构思的方案从技术、经济和社会效果等几方面进行评价，以选择出最佳方案。

（1）技术评价

技术评价也称技术评估。指对科学技术对社会的影响进行综合的、多方面的估价和分析，为决策提供咨询的一种手段。主要内容包括：

① 在技术开发和应用时，预先从各个方面、各个角度研究技术带来的好或坏的影响，并找出对策或替代方案。

② 技术的可行性、经济性、安全性等方面的价值利益分析。

③ 提出客观的结论和建议。

技术评价就是根据用户功能要求，从技术角度论证各方案的功能实现程度和可行性。功能的实现程度越高，实施难度越小，方案越少。

（2）经济评价

经济评价，是为了节省并有效地使用投资的分析过程，在作出投资决策之前，要认真进行可行性研究，并对投资项目的经济效益进行计算和分析。当可供选择的方案多于一个时，还要对各个方案的经济效益进行比较和选优。这种分析论证过程称为项目经济评价。

经济评价还需要根据产品的寿命周期成本，论证各方案的经济效果孰优孰劣。哪个方案劳动消耗少、盈利大，哪个方案就好。经济评价一般包括生产费用、使用费用和盈利效果三方面。

（3）社会评价

社会评价根据方案的社会效果，评价方案的企业利益与用户利益、社会利益的一致性。方案越满足用户要求，越有利于国民经济发展，方案就越好。主要内容包括：

① 社会影响分析：项目的社会影响分析旨在分析预测项目可能产生的正面影响（通常称为社会效益）和负面影响。

② 互适性分析：主要是分析预测项目能否为当地的社会环境、人文条件所接纳，以及当地政府、居民支持项目存在于发展的程度，考察项目与当地社会环境的相互适合关系。

③ 社会风险分析：对可能影响项目的各种社会因素进行识别和排序，选择影响面大、持续时间长，并容易导致较大矛盾的社会因素进行预测，分析可能出现这种风险的社会环境和条件。

（4）综合评价

综合评价是在技术评价、经济评价和社会评价的基础上所进行的总体性评价，从中选择技术、经济和社会效果三方面都比较均衡协调的方案。综合评价方法的特点：

① 评价过程不是一个指标接一个指标顺次完成，而是通过一些特殊的方法将多个指标的评价同时完成。

② 在综合评价过程中，要根据指标的重要性进行加权处理，使评价结果更具有科学性。

③ 评价的结果为根据综合分值大小的单位排序，并据此得到结论。

由以上特点可见，综合评价可以避免一般评价方法局限性，使得运用多个指标对多个单位进行的评价成为可能。这种方法从计算及其需要考虑的问题上看都比较复杂，但由于其显著的特点——综合性和系统性，使得综合评价方法得到人们的认可。

在综合评价中，其关键技术主要有以下几个方面。其一，指标选择；其二，权数的确定；其三，方法的适宜。因此，在应用和研究综合评价方法时，应当随时把握住上述三个方面的可行性和科学性。

综合评价的一般步骤包括以下五个方面：

1）选取评价指标，建立评价指标体系

综合评价的结果是否客观、准确，首先取决于被综合的评价指标是否准确、全面。因此，评价指标的选择是综合评价中的重要基础工作。

从方法上分，评价指标的选取有定性选择和定量选择两大类。

① 定性选择评价指标。定性选择法也称经验选择法、专家咨询法，是指根据实际经验和专家的判断来选择评价指标的方法。

② 定量选择评价指标。定量选择评价指标也称数学选择评价指标，是指在备选的指标集合中，应用数学方法进行分析来确定评价指标的方法。

2）确定评价指标的转换和综合方法

① 评价指标同质性转换。

② 确定汇总综合的方法。

③ 确定汇总指标的修正方法。

3）确定评价指标的权数

影响事物发展变化的因素有很多，而各个影响因素的影响程度是不同的，有主次之分。也就是说，在综合评价中，评价指标体系中的各个指标对被评价事物的作用有大有小，其重要性有所不同。因此，需要加权处理。权数是衡量各指标在综合评价中相对重要程度的一个数值，一般以相对数形式表示。由于多指标的综合一般采用加权平均的方法，因此，权数的确定直接影响着综合评价的结果，权数的变动会改变被评价对象的优劣顺序。所以，权数确定在综合评价中是十分敏感而又重要的工作。

4）综合指标的汇总合成

综合指标的汇总合成的主要内容有：

① 根据指标体系的各个数据的标准值、评价汇总方法和权数，对于各个对象的各个层次的内容进行汇总合成为一个指标；

② 比较合成指标的数值大小来判断各个对象的优劣程度。

5）综合评价分析

经过上述技术处理之后，我们可以对于综合评价计算过程中得到的各种数据进行统计分析。在综合评价资料的统计分析中，主要包括以下内容。

① 对于评价对象综合得分的排序分析。通过综合评价，各个被评价对象都具有一个（且只有一个）具体的综合得分，对于综合得分数据进行排序分析，能够描述和区分出各个评价对象的综合性优劣和好坏。

② 对于评价对象的因素和指标影响分析。对于被评价对象特征的描述可以进行层次分解。因此，在进行综合时可以反映各个层次的特征，进而分析被评价对象的各个层次和各个具体指标的得分情况，各个层次和各个具体指标对于整体综合得分的贡献率、影响程度和方向。

③ 评价对象的类型分析。根据各个层次的得分和各个具体指标的得分，使用因素分析方法和聚类分析方法可以对于被评价对象的类型进行划分，以解决各个被评价对象的本质特征的描述问题。

④ 评价对象的动态分析。通过各个时期被评价对象的综合评价得分及各个层次和各个具体指标的得分比较分析，可以揭示被评价对象的动态变化情况和结构变化情况，增量的符号变动情况等。

⑤ 各个要素和各个具体指标的分布分析。通过各个层次的得分和各个具体指标的得分，我们可以分析各个层次因素得分在各个评价对象上的分布；各个具体指标在各个评价对象上的分布情况。以揭示各个层次因素和各个具体指标的分布特征。

综合评价的方法包括优缺点列举法（选择优点较多而缺点较少的方案为优方案）、德尔菲法、直接评分法、加权评分法、强制评分法及价值系数法（选择价值系数较高的方案为优方案）。

6.4.2 价值系数法

价值系数法是功能评价的主要方法之一。从分析产品主要零部件的功能与成本之间的关系入手，比较零部件的功能与成本是否相适应，从中找出薄弱环节，作为价值工程重点分析和改进的对象。该方法通过分别确定出各备选方案的功能系数、成本系数，进而确定各方案的价值系数，价值系数最大的方案为优方案。其步骤如下：

1) 计算各方案功能评价系数（即功能重要度）

某方案功能系数=该方案功能评定总分/各方案功能评定总分之和

其中，该方案功能评定总分=Σ（各功能重要性系数×该方案对各功能的满足程度得分）

2) 计算各方案的成本系数

某方案成本系数=该方案成本/各方案成本之和

3) 计算价值系数

某方案价值系数=该方案功能系数/该方案成本系数

价值系数可能出现以下三种情况：

① 价值系数等于1（或趋近于1），该零件功能的重要度与成本在产品中所占的比例相适应，是比较理想的零件。

② 价值系数小于 1，该零件的功能与成本不相适应，零件成本偏高，应选为价值工程重点分析和改进的对象。

③ 价值系数大于 1，该零件成本分配较少而使功能显得不足，此时可适当提高零件成本，补充不足功能。

4）方案选择

以价值系数最高的方案为最佳方案。经过综合评价选出的方案，是价值工程人员向企业管理部门推荐的拟实施的方案。为了使方案得到认可，需要将方案实施等问题写成提案形式报送有关部门审批。

【例 6-5】某项目有 A、B、C 三种设计方案，通过专业人员测算和分析，三个方案功能得分和单方造价如表 6-10 所示。按照价值工程原理，选择实施的方案。

表 6-10　　　　　　　　各方案功能得分和单方造价

方案	A	B	C
功能得分	97	95	98
单方造价（元/平方米）	2400	2600	2500

解：根据功能评价系数计算公式、成本系数计算公式、价值系数计算公式和表 6-10 数据，计算结果见表 6-11。

表 6-11　　　　　　　　各方案功能得分和单方造价

方案	A	B	C	Σ
功能得分	97	95	98	290
单方造价（元/平方米）	2400	2600	2500	7500
功能系数	0.334	0.328	0.338	1
成本系数	0.32	0.347	0.333	1
价值系数	1.044	0.945	1.015	3.004

比较各方案价值系数，可知应选择方案 A 为实施方案。

6.5 基于价值工程的成本控制

价值工程分析不是一味地降低分析对象的成本,也不是一味地追求提高分析对象功能,而是强调分析对象的功能与成本的匹配,使分析对象的价值合理化。价值工程的成本控制一般通过成本评价方法来完成。

6.5.1 对象目前成本的确定

对象目前成本的计算与一般的传统成本核算既有相同点,也有不同之处。两者相同点是指它们在成本费用的构成上是完全相同的,如建筑产品的成本是寿命周期成本;而两者的不同之处在于对象目前成本的计算是以对象的功能为单位,而传统的成本核算是以产品或零部件为单位。因此,在计算功能目前成本时,就需要根据传统的成本核算资料,将产品或零部件的目前成本换算成功能的目前成本。

① 当一个零部件只实现某一功能时,该零部件的目前成本就是此功能的目前成本。

② 当两个或两个以上零部件共同实现某功能,且这些零部件除实现这一功能外,没有别的作用时,则这些零部件的目前成本之和就是此功能的目前成本。

③ 当一个零部件同时实现几项功能时,就要将该零部件的目前成本分摊到它所实现的几项功能中去,从而求出各项功能的目前成本。

④ 当几个零部件共同实现某一项功能,且这些零部件可能还分别去实现其他功能时,就先将几个零部件的目前成本,按比例分摊到它们所实现的各个功能上去,再将某功能所分摊的各零部件的目前成本相加,就是该功能的目前成本。应该注意的是,这时某一具体功能与其成本并非简单的一一对应关系,不应把某一具体功能作为评价对象,而应选择总体功能(如产品、工程等)或各子功能系统(如零部件、工序、作业等)作为评价对象。

在上述分摊过程中,常用方法有以下三种:一是凭经验或统计资料估算分摊比例;二是根据零部件在各项功能中发挥作用的大小进行分摊;三是按实现功能的困难程度(主要是技术、经济条件)进行分摊。

6.5.2 对象目标成本的确定

目标成本的常用估算方法有经验估算法、设想最低费用测算法和功能评价系数法。

(1) 经验估算法

经验估算法是由有经验的专家根据用户的要求,对实现某一产品功能的几个方案依据经验进行成本估算,取各方案中成本平均值最低的作为功能目标成本。

这种方法要求评价人员具有扎实的专业知识和丰富经验，能够站在用户的立场，保证估算出来的成本符合功能的最低费用；每一功能的目标成本由几个或更多的专家共同做出，并取专家们估算值的平均值作为功能的目标成本，以保证功能目标成本的客观和准确。

经验估算法具有简便易行的优点，只要运用得当，可收到良好的效果，但若评价人员缺乏必要的经验和资料，或者评价对象比较复杂或无先例可循时，评价结果的准确程度就会降低。

（2）设想最低费用测算法

设想最低费用测算法，是指在对将要实现的必要功能所设想的可能采用的方案或手段的基础上对各种方案的总费用进行测算、比较，从中选出成本最低的作为功能目标成本的方法。

设想最低费用测算法具有简单易行，而且在没有同类产品资料参考条件下也能进行测算；同时，费用测算与方案设想相联系，方案容易实现；但此法也可能使方案创造受到约束，而且要求评价人员有丰富的经验和较强的测算能力。

【例6-6】某建筑公司为建造一幢办公楼，需采购和保管某些施工材料。为保证施工生产的顺利进行，尽可能少占用资金，该公司依据设想最低费用测算法，提出了三个材料采购和保管方案，有关数据见表6-12。

表 6-12　　　　　　　　　　设想最低费用测算

方案	采购费用（万元）	保管费用（万元）	总费用（万元）
A	835	11.5	846.5
B	756	23.2	779.2
C	889	9.7	898.7

解：由表6-12可知，B方案总费用最低，为779.2万元，可作为功能的目标成本。

（3）功能评价系数法

功能评价系数法根据功能与成本的匹配原则，按功能评价系数把产品的目标成本分配到每一个功能上，作为各功能的评价值。

i 功能的目标成本 C' = 方案目标成本 C × 该功能的功能系数 F

i 功能的成本降低值(ΔC) = i 功能的目前成本 C − 该功能的目标成本(C')

当 $\Delta C > 0$ 时，说明实际成本偏高，可能存在功能过剩，基至是多余功能；当 $\Delta C < 0$ 时，说明实际成本偏低，有可能存在不足，应适当增加成本。需要注意的是，在实际评定时，往往应结合具体情况进行深入分析。

成本控制的步骤：

① 确定方案的目标成本。

② 确定方案各功能的目前成本。

③ 确定某功能的目标成本：某功能目标成本＝方案目标成本×该功能的功能系数。

④ 确定成本调整值：某功能成本调整值＝某功能的目前成本－某功能的目标成本。

⑤ 根据功能成本调整值的大小确定成本控制顺序。

【习题】

【简答题】

1. 功能指数中，$V=F/C$，说明 $V=1$，$V>1$，$V<1$ 的含义。

2. 提高价值的途径有哪些？最理想的方法是什么？

3. 价值工程的工作步骤和阶段分别为哪些？

4. ABC 法中 A、B、C 的含义是什么？

【计算题】

1. 已知某产品由 5 个部件组成，各部件的功能重要性如表 6-13 所示，各部件的成本如表 6-14 所示，应用强制确定法确定价值工程的分析对象，并进行分析。

表 6-13　　　　　　　　　　　零部件重要性评价

部件	A	B	C	D	E	得分
A	×	1	0	1	1	3
B	0	×	0	1	1	2
C	1	1	×	1	1	4
D	0	0	0	×	0	0
E	0	0	0	1	×	1

表 6-14　　　　　　　　　　　零部件成本

部件	A	B	C	D	E	合计
成本（元）	189	140	105	140	126	700

2. 某市高新技术开发区有两幢科研楼和一幢综合楼，其设计方案对比项目如下：

A 楼方案：结构方案为大柱网框架轻墙体系，采用预应力大跨度叠合楼板，墙体材料采用多孔砖及移动式可拆装式分室隔墙，窗户采用单框双玻璃塑钢窗，面积利用系数为 93%，单方造价为 1438 元/平方米。

B 楼方案：结构方案同 A 方案，墙体采用内浇外砌，窗户采用单框双玻璃塑钢窗，面积利用系数为 87%，单方造价为 1108 元/平方米。

C 楼方案：结构方案采用砖混结构体系，采用多孔预应力板，墙体材料采用标准黏土砖，窗户采用单玻璃空腹塑钢窗，面积利用系数为 79%，单方造价为 1082 元/平方米。

方案各功能和权重及各方案的功能得分见表 6-15。

问题：

① 试用价值工程方法选择最优设计方案。

② 为控制工程造价和进一步降低费用，拟针对所选的最优设计方案的土建工程部分，以工程材料费为对象开展价值工程分析。将土建工程划分为四个功能项目，各功能项目评分值及其目前成本见表 6-16。按限额设计要求，目标成本额应控制为 12170 万元。试分析各功能项目和目标成本及其可能降低的额度，并确定功能改进顺序。

表 6-15　　　　　方案各功能和权重及各方案的功能得分

方案功能	功能权重	方案功能得分		
		A	B	C
结构体系	0.25	10	10	8
模板类型	0.05	10	10	9
墙体材料	0.25	8	9	7
面积系数	0.35	9	8	7
窗户类型	0.10	9	7	8

表 6-16　　　　　各功能项目评分值及其目前成本

功能项目	功能评分	目前成本（万元）
A. 术士基围护工程	10	1520
B. 地下结构工程	11	1482
C. 主体结构工程	35	4705
D. 装饰工程	38	5105
合计	94	12812

第七章 技术选择

【本章导读】

本章主要介绍了技术选择、技术选择分析的内容、技术选择评价、技术预见和技术预测等内容,阐述了技术选择的含义、特征、标准、原则等,分析了宏观技术选择和微观技术选择,说明了技术评价的内容、方法及流程,探讨了技术预见和技术预测的区别。

【学习目标】

1. 理解技术选择的含义,特征,了解技术选择的原则和标准。
2. 掌握宏观技术选择和微观技术选择的内容。
3. 理解技术选择评价的指标体系。
4. 了解技术预见的概念和面临的潜在问题。
5. 了解技术预测的概念、种类、作用,理解技术预测的基本原则和方法,明辨技术预见和技术预测的差异。
6. 能运用技术选择的相关知识解决实际问题。

7.1 技术选择概述

(1) 技术选择的理解

技术是不断发展的,而发展中的技术,其成果是多样的,因此,社会就需要对各种技术进行选择。社会选择是技术发展中的重要一环,技术就是在社会选择过程中形成的。从选择学的角度来看,选择不仅是人的本质特征,而且也是自然界的本质特征。

在谈技术选择之前,我们要先了解什么是技术,这里所谈的技术是广义的,技术是指把科学知识、技术能力和物质手段等要素结合起来所形成的一个能够改造自然的运动系统。技术作为一个系统，即不是知识、能力或物质手段三者中任何一个孤立的部分，也不是三者简单的机械组合，而是在解决特定问题中体现的有机整体。从表现形态上看，技术可体现为机器、设备、基础设施等生产条件和工作条件的物质技术（或称硬技术）与体现为工艺、方法、程序、信息、经验、技巧和管理能力的非物质技术（或称软技术）。不论是物质技术还是非物质技术，它们都是以科学知识为基础形成的，并且遵循一定的科学规律互相结合在生产活动中共同发挥作用。

技术选择是指决策者为了实现一定的经济、技术和社会发展目标，综合考虑系统内客观因素制约，对各种技术能力、技术适应性、技术路线、技术方针、技术措施和技术方案进行判断、分析、比较，选取最佳方案的过程。简言之，技术选择，即在特定的经济环境条件下，选择什么样的技术去实现特定的目标。它反映了人们对于技术应用的认识的决策水平。不同的自然、社会条件，要求不同形式的技术、不同形式的技术应用，以形成切实可行的技术选择方案。技术选择是一个多层次、多因素的动态决策过程。从技术应当满足人类需要，应当与自然、社会、经济协调发展认识的角度出发，它包含以下三层含义：第一，技术选择不仅是生产工具、工艺和方法的选择，而且是关于如何应用技术的指导方针、原则和政策的选择。第二，技术选择不仅是单纯的经济效益比较，而且要着眼于社会和人类的需要，满足一定经济的、社会的和环境的目标。第三，技术选择并非简单寻求解决某一具体问题的权宜性措施，而是要为一个目标去选择建立适合一定社会经济、自然资源、生态环境和文化教育条件的技术类型、技术结构和技术体系。理解技术选择应把握以下要点。

① 技术选择是一个经济概念

技术选择既包含丰富的技术内容，同时又包含丰富的经济内容。它既不是一个纯技术的概念，又不是一个纯经济的概念。技术选择是技术长于经济，经济引入技术，是技术与经济的结合体。它是一个技术经济概念，技术选择活动是一项技术经济活动。无论是从纯技术的角度还是从纯经济的角度，都不可能对技术选择做出准确的描述和理解。

② 技术选择是一个动态的过程

技术选择与技术的发展密切相关，而技术系统的发展是一个动态发展过程。人们在技术发展过程中，不断选择新技术、新工艺，由此推动技术向前发展，这样循环往复，形成一个动态的发展过程。

③ 技术选择是客观的社会技术经济现象

技术选择是一定社会技术、经济，以及科学、教育、文化、政治、国际条件、自然环境等因素相互影响与相互作用而产生的必然结果。技术发展对一个国家的经济增长和社会进步所起的作用是巨大的。世界各国为了促进本国经济的增长，运用新技术来发展生产力，但新技术的运用会受各种因素的制约，发展中国家不应为了经济增长，盲目地追赶发达国家，必须结合自己的资源和国力情况，走自己的发展道路。

(2) 技术选择的特征

技术选择具有强烈的时间性。从历史的角度来看，技术进步是一个无穷的序列，而由于社会、经济和技术发展的不平衡性以及社会需要的多层次性，这一序列在空间上体现为在同一时期内多层次的技术并存。这些不同层次的技术适用于不同的经济、技术及自然条件，服务于不同社会需求层次，在生产效率、投入产出结构等方面往往有明显的差异。举一个简单的例子，就拿2020年新型冠状病毒引起的疫情来说，为了有效地控制疫情蔓延，对于技术的选择，武汉在第一时间选择了封城隔离，其他城市也纷纷采取隔离的方式，同时，也有千家万户的配合，疫情才得到较大程度上的控制，那么这就说明选择隔离这一方式是有效果的。如果没有在第一时间选择隔离这种方式，或者是选择了另外的方式，比如继续等待，使疫苗研究成功后再加以控制，那么必定将会有更多的人感染病毒，给国家、社会带来更大的冲击，后果将不堪设想。所以，技术选择具有强烈的时间性。

技术选择具有明显的资源约束性。从经济学的角度来看，人们可用生产活动的资源总是有限的。资源可供量的限制迫使任何一个经济系统在解决自身发展中所遇到的问题时，必须能够充分地利用现有资源，根据自身的目标与条件进行技术选择。

(3) 技术选择的标准

① 产值标准。主张以产值大小作为技术选择的标准，即在进行技术选择时，应考虑以一定的资本能取得尽可能高的产出量技术。

② 社会极限生产率论。该理论认为，只看产值不行，因为即使使用一定量的资本能获得较高的产出量，但是得到的收益很低，或者因此而使用的原材料等投入增加，致使国际收支恶化，这就不能说是有利的。因此，该理论主张以产值、收益率、国际收支效果等综合标准来进行选择。

③ 再投资率理论。该理论强调技术选择要立足长远观点，应以资本积累或再投资的大小和利润分配作为选择技术的标准。

④ 时间序列标准理论。该理论认为，不同的计划时期内应采用上述诸多标准中最适合当时条件的标准。在某一计划期内，劳动密集型技术可能是最佳选择，而在彼一时期的另一计划期内资本密集型技术可能是最好的选择。因此，可以说，时间序列标准实质上综合利用了上述各种标准。

(4) 技术选择的原则

技术选择是一个社会经济过程，受一国的经济技术发展状况、趋势及社会和环境因素的影响和制约。根据我国国情，可以确定我国选择技术的原则，其基本内容包括以下几个方面：

① 技术的先进性与适用性相统一

先进技术是一个相对概念，是指在一定时间和一定空间范围内居于领先水平的技术，这种领先既可能是国际的，又可能是国内的或者区域的。先进技术强调技术本身的新颖性、创造性和深奥性。

适用技术是指适合于本国资源情况和采用条件的，能够对经济、社会和环境目标作出最大贡献的技术。适用技术强调本国生产要素的现有条件、市场容量、社会文化环境、技术水平现状等因素。对引进技术则考虑是否具备引进的环境与条件，是否有吸收消化直至创新的能力。适用技术不强调技术的先进性，而强调其应用的经济效果和社会效果。它既可以是先进技术，也可以不是先进技术，但定是有较好效益的技术。

技术的发展没有止境，先进技术取代落后技术是技术发展的客观规律。一方面，先进技术对经济发展具有强大推动作用，在技术选择中应充分估计到技术发展的速度和方向，注重技术的先进性，特别是对作用时间长、影响范围大的技术项目和一些大型引进项目，更应把技术的先进性放到重要位置。另一方面，并非任何先进技术对任何系统都是运用的、能带来最佳经济效果的，某一系统的先进技术对另一系统可能并不具有适用性。要实现技术的效能，还取决于系统对技术的消化吸收能力，包括投资能力、使用能力（科研水平、职工素质）、生产条件、配套能力等。因此，选择技术时，应对技术的先进性与适用性进行统一论证，既注意采用先进技术，又注意结合本国、本地和本企业的实际情况，采用适用技术，使技术的先进性与适用性达到最大限度的一致。

② 技术的效益与代价相统一

技术活动的目的之一是以较小的劳动耗费获得更多的劳动成果，即取得一定的经济效益，技术的经济性应成为技术选择活动的重要原则。

技术进步能带来经济效益，而这种效益的取得必须付出一定的代价。技术的效益体现了技术发展对经济发展的推动作用，技术的代价则体现了经济状况对技术发展的制约作用，技术的效益与代价之间构成了矛盾的统一体。在进行技术选择时，应正确处理这一对矛盾，进行综合平衡，按照有限目标、突出重点的原则取舍项目，并要采取各种措施保证所选择的技术发挥最大的经济效能。

③ 技术的特定目标与社会效益相统一

选择技术首先要考虑实现其特定的目标，但是任何技术的使用都会产生连锁效果，对社会、环境带来一定的影响。技术的连锁效果是指一项技术的研究开发和使用，一方面可能促进其他相关技术的发展，对整个技术体系的完善起到正向作用，带来良好的社会效益；另一方面可能为社会带来负效果，如公害、环境污染等。为了趋利避害，使技术真正造福于人类，对技术的选择不仅要考虑微观的技术经济效益，而且要注重客观的社会效果；不能只顾眼前利益和局部利益，而要服从长远利益和整体利益；不仅看到技术的直接效果，还要注意研究分析技术的负效果。

④ 技术结构合理化

技术结构是指各类型的技术（如劳动密集型、资金密集型、知识密集型技术等）和各种水平的技术（如手工操作、半机械化、机械化、半自动化、自动化技术，或传统技术、中间技术、先进技术、尖端技术）之间，在一定时空内的构成比例和结合方式。根据经济发展和产业结构优化的不同需要，技术体系呈现出层次性，因此，选择技术时，要从实际需要和可能出发，综合分析影响技术选择的政治、经济、社会文化及资源因素，选择适于经济发展、产业结构合理化和优化的技术和技术系统，形成合理的技术结构。

7.2 技术选择分析的内容

技术选择分宏观技术选择和微观技术选择。

(1) 宏观技术选择

宏观技术选择是指一个行业、一个地区、一个国家为实现其社会经济发展战略目标，制定技术方针政策，确定技术路线，优化自身的技术体系和技术结构，研究分析和比较技术种类、技术组合、技术发展方向，并选择优化方案的活动。

宏观技术选择是指涉及面较广的技术采用问题，其影响的广泛性和深远性超出一个企业的范围，影响到整个国民经济的发展和社会进步。例如，从近期来看，发展中国的电力工业，是优先发展火电，还是优先发展水电，或者是优先发展核电，从长远来看又应作何选择；又如，要解决中国的城市交通问题，是大力发展小汽车，还是采用发展公共交通加自行车的办法；再如，中国铁路运输的牵引动力，应该以蒸汽机车为主，还是以内燃机车为主，或者是以电力机车为主。这些都是涉及范围很广的宏观决策问题，每一项决策都与采用和发展什么技术有关，而且最终都会影响到整个国家经济、技术和社会的发展。

宏观技术选择是一个涉及面很宽、涉及因素也很多的决策活动，有些因素难以定量反映，因而必须进行全面综合的分析，才能作出正确的判断和抉择。宏观技术选择的主要分析内容包括以下几个方面。

① 技术分析。宏观技术选择所作的技术分析是一种事前分析和评估。它是依据技术评价中的主要技术结论，对备选技术系统、技术方针政策等，结合现在和将来的使用范围、发展趋势、技术前景进行详细的估计与评价，同时不仅要对替代技术产生的可能性和前景做准确预测和判断，还要分析备选技术对优化宏观技术结构的作用和地位。

② 经济分析。宏观技术选择中的经济分析包括两大内容：一是分析和估计发展备选技术的宏观投资和成本包括直接投资和连带的相关投资，估计备选技术可能带来的经济效

果，包括直接经济效果和间接经济效果；估计发展某项备选技术可能带来的丧失其他技术投资机会的机会损失。二是研究发展某项技术可能对整个经济发展带来的影响。比如，由于该项技术的研究开发和应用，会使某些产品的产量、劳动力需求、经济结构等发生变化。宏观技术选择就是要从整个国民经济的角度进行分析和选择。

③ 环境分析。技术的环境效果已成为当今技术选择中的主要指标，因而宏观技术选择中对环境的分析甚至比技术分析对经济的影响更重要。技术对环境的影响有些是可测量的，有些是目前无法测量的。对可测量的影响，要估算和分析一系列指标，用量化数据反映其影响程度，说明对环境影响的性质；对不可测量的影响，要定性分析对环境影响的性质、范围。环境分析还应分析评估某些技术对环境的危害，考虑消除这些危害的办法及其所需要的直接投资和间接投资。

宏观技术选择应注意选择环境危害小或没有危害、易于消除危害的技术及技术组合。把技术的环境效果放在重要地位加以考虑。

④ 社会分析。备选技术往往会给社会带来多方面的影响，有正面效果也有负面效果，在选择时就要对其对社会各方面产生的影响做深入的了解和分析。宏观技术选择中的社会分析的主要内容包括：技术对教育的影响和要求，技术对就业的影响，技术对政治、立法等的影响，技术对人的价值观念的影响等。

例如，有的技术应用的前提是较高的教育文化水平；有的技术由于提高劳动生产效率可能导致大量的待业问题；也有的技术不能带来任何直接经济效益，但却是政治上所需要的。

定量分析技术的社会效果是非常困难的，因此一般采用间接评价法（如评分法、专家咨询法）进行分析和评估。

(2) 微观技术选择

相对于宏观技术选择，一般微观技术选择是指影响范围小的技术选择问题，例如企业的产品选择以及工艺、设备选择等。企业生产什么产品，以及用怎样的方式进行生产？采用什么样的工艺过程？选用什么设备进行生产？这些都涉及企业技术选择问题。如前所述，在技术进步的条件下，达到同种功能要求的技术是多种多样的，那么选择哪一种技术也应作全面的分析。

微观技术选择是指企业范围内的产品、工艺和设备的选择。企业生产什么产品，用怎样的方式生产，采用什么样的工艺过程，选用什么样的设备等，是影响企业市场竞争能力和经济效益的关键性问题，所以，技术选择是企业经营活动中的重要决策。微观技术选择虽然直接涉及的是各个企业的生存与发展，但最终也将影响到整个国民经济的发展。

微观层次的技术选择，其核心是企业（或投资项目）技术结构的优化，这既涉及具体技术的种类、技术水平的选择与组合，又涉及技术要素（设备、工艺、生产方法等）的匹配。

1）产品技术选择

技术往往以产品为载体，凝聚在产品之中。因此，产品技术选择实际上是产品选择的问题。

产品选择是否适销对路，有无市场发展前景，市场进入障碍及竞争状况对技术方案的成败至关重要，产品选择必须进行市场调查和科学预测。产品选择直接关系企业的生存与发展。选择产品的出发点是市场需求量大、适销对路。这就必须以满足人们的需要为前提，在产品的性能、质量、价格、花色品种上使用户满意，只有这样才能增加市场的销售量，提高企业的经济效益。因此，企业选择产品时，要对产品方案的市场需求、生产成本、销售收入，以及企业的技术经济实力和能力进行全面分析，以保证产品开发和生产销售的最佳经济效益。产品选择时要注意以下方面：

① 是否符合企业经营目标和经营策略。

② 产品市场需求状况及发展前景，注意分析产品的寿命周期。

③ 产品所在行业的市场竞争程度及进入障碍分析。

④ 评价产品的技术水平，能否带动企业其他产品提高水平。

⑤ 企业的生产技术能力，如设备、工艺、原材料、协作配套等条件。

2）制造技术及工艺、设备选择

工艺和设备选择是技术选择中重要的内容，这一选择的正确与否不仅对产品的生产有着直接的影响，而且对生产经济性和社会环境等方面都有着直接的影响，因此工艺和设备选择是技术选择中不可忽视的内容。工艺和设备选择应满足以下的基本要求：

① 功能性要求。在产品选择之后，为生产出规定的质量、性能、品种和规格的产品，首先就是靠工艺和设备来保证，这是实行产品方案的基本前提，我国的产品落后，首先就是工艺和设备落后，因而生产不出来与工业发达国家相比美的产品。所谓现有企业的技术改造也主要是改造原有工艺和更换关键设备，以求产品的翻新，因此工艺和设备选择必须以满足这一功能为主。

② 经济性要求。由于技术进步和技术的多层次存在，达到相同功能要求的工艺方案和设备的种类是很多的，进一步的选择将决定于经济性。大批大量生产、小批生产在工艺和设备选择上有着极大的不同，专业化大厂和万能小厂又完全不同。经济性的标志是在各种不同的工艺和设备选择方案条件下，保证单位产品工艺成本最低，更确切地说，是单位产品成本最低。应该说这一原则适用于一切条件，但是，在有些情况下，工艺和设备选择不涉及原材料、燃料、动力耗费的差异，不涉及工资等费用的差异，这时也可以只比较工艺和设备的自身损耗和维修等费用。

③ 相关性要求。工艺和设备的选择并不是孤立的，更不能只从本企业的目前利益出

发,尤其是引进技术,要与本行业,甚至整个经济系统相适应。为此,首先要与原生产系统、国民经济上下关联的生产系统相适应。例如,引进产量很高的轧机,如轧出的板材宽度与整个国产剪板机宽度不相适应,造成国产剪板机全部不能使用,这将在经济上造成很大的损失。比如,我国有一台进口设备,每年要从十几个国家进口 4000 多万元的备品备件,其中某些备件在它们技术输出之后不久业已淘汰,形成无新货源的局面。其次与资源条件相适应,能充分发挥企业的资源优势,包括原材料、能源、劳动力和科技能力等在内,节约稀缺资源,达到提高经济效益的目的。再次与现有技术能力、技术服务相适应,能使选择的工艺和设备得以充分发挥作用,不仅能保证生产过程的正常进行,又能进行正常的维护和修理,对国外引进的工艺和设备能做到消化、吸收和国产化。最后与社会发展目标相适应,有利于提供更多的就业机会,有利于改善劳动条件、改善环境条件、不造成潜在的环境危机和增加环境保护的投资。

7.3 技术选择评价

(1) 技术评价内涵及分类

对技术评价(或评估)的界定由来已久,形成诸多不同角度的认识,如日本科学技术厅认为技术评估就是综合检查、评价技术的直接效果、间接效果和潜在的可能性,将技术控制在整个社会希望的方向上。美国科学研究开发委员会主席 Daddario 认为,技术评估是一种政策研究形式,它为决策者提供公正的估价。它鉴别政策焦点,评估现有状况及各行动方向的影响,是一个系统评价一项技术进步的性质、意义、状态和功过的分析方法。中国学者陈劲从广义上认为技术评估包括三个组成部分:技术的观念、技术的评估和技术的管理。技术的观念,就是确立对技术的价值观;技术的评估,就是根据技术的价值观,对技术可能给自然和社会各方面带来的影响进行分析、评价;技术的管理,就是根据技术的价值观和技术评估的结论,制定政策、采取措施,使技术沿着有益于人类的方向发展。目前使用较多的界定是,技术评价是将技术开发、应用或推广过程中可能带来的经济、社会及环境等方面的各种有利和不利的影响进行系统的识别、分析和评定,以确定技术发展的可行性,为技术开发的管理提供决策依据的活动。

按照不同的依据,技术评价可划分为多种类型。从技术评价对象的角度来看,可将技术评价划分为技术项目评价、特定技术评价和技术问题评价三种类型。

① 技术项目评价。一般意义上的项目评价,是指对地理、技术上都有明确限定的专门项目的评价。例如,对一条高速公路的建设、一条输油管道的铺设、一项水利电力工程的兴建等进行的评价。而技术项目评价则是针对某特定技术主体开展的技术开发、应用或

推广的具体项目进行的技术先进性、经济可行性、环境友好性等诸多方面的评价。

② 特定技术评价。通常是针对某项创新技术进行评价，例如，对 DVD（Digital Versatile Disc）产业发展过程中的下一代技术蓝光 DVD 进行评价。与技术项目评价相比，特定技术评价不针对某一具体的技术使用者即使用条件，技术的应用不受地理位置的限制，所评价的技术既可以是已成熟的技术，也可以是新出现的尚未成熟的技术；既可以是具体的单项技术（如太阳能光伏发电技术），也可以是一个技术群（如清洁能源技术）。特定技术评价比技术项目评价在评价的时间、空间跨度上和政策选择范围方面更为宽泛，面临的不确定性也较大。

③ 技术问题评价。是指针对某一技术领域中一个待解决的技术问题及各种备选解决方案进行的评价。虽然在广义上技术项目评价也可以看作是一种技术问题评价，但通常认为技术问题评价的对象有更强的综合性。例如，对可能面临的 2025 年能源短缺问题的技术性对策进行评价。

上述三种技术评价往往是互相补充、互相渗透的。例如，一种新技术在某类可再生能源技术研发项目中的应用，可能产生的后果既是这类可再生能源技术研发项目评价中的内容，也是针对这种新技术应用的特定技术评价，还可将其纳入能源体系发展问题技术性对策评价中，与其他可供选择的可再生能源形式加以比较。

(2) 技术评价流程

技术评价在不同国家都有其不同的具体实践程序。例如，经济合作与发展组织提出的技术评价程序，共分为九步：①明确问题。②弄清技术评估的实施范围及前提条件等。③列举相关技术的替代方案。④明确影响范围（影响的可能性、影响的种类、对象）。⑤影响评价（影响的重要程度）。⑥明确决策者（团体或个人）。⑦明确利害关系者。⑧替代方案（选出可能的较优的方案）。⑨替代方案的综合评价和结论。

日本通产省和日本科学技术厅的技术评估基本程序如下：①掌握评估对象技术概要。②技术的主、副效果分析。③影响的寻找、整理和分析（影响的规模、频度、相互关系、非容忍影响）。④研究对策、对策评价。⑤综合评价。

美国 MITRE 公司是美国重要的智囊之一，从其评估项目的过程可以归纳出基本程序如下：①确定评估任务和范围。②对评估对象进行描述。③预测社会状况。④判定影响范围。⑤分析潜在影响。⑥明确对策方案。⑦综合效果分析。

我国学者陈劲在综合考虑已有技术评价程序的基础上，提出技术评价的基本程序分为确定评价目的、掌握技术概要、了解问题和社会环境、分析潜在影响、查明非容忍影响、制订改良方案以及综合评价七个步骤（见图 7-1）。

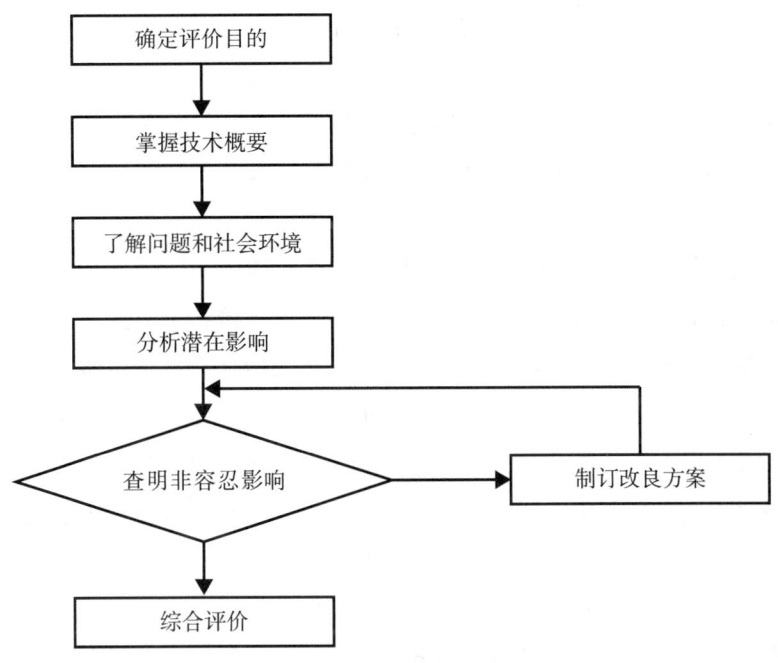

图 7-1 评价技术工作程序

1) 确定评价目的。根据委托人的要求，进一步确定评价报告最终使用者的需要，弄清用户所关心的问题；在明确目的基础上，限定评价范围。

2) 掌握技术概要。包括：①技术性质，主要是技术形态、技术的相关领域涉及的基础学科领域；②产品结构、工作原理、使用方法；③制造过程的设备、工艺、资源消耗、输入输出情况；④服务方式的基本原理、使用装置、操作方法；⑤厂房设施、建设方法、周围环境、结构和功能；⑥其他，如开发方法、开发人员、费用负担、试验方法等。

3) 了解问题和社会环境。描述技术存在的各种问题，弄清问题产生的原因以及与技术的相互关系、可能产生的后果及解决措施，即可能采用的技术方案。还要说明技术及存在的问题对更大的社会环境的影响。在了解社会影响时特别要注意各种不同意见和技术应用的限制因素，了解由于认识价值上的冲突造成观点和看法的差异。要在仔细了解后进行客观分析。

4) 分析潜在影响。首先是寻找影响，技术评价的目的不仅要关心直接影响，而且要重视二次、三次等高次的影响，并采取对策。由于技术本身的发展引起的变态和接受该技术的社会状态演变，以及人们的价值观改变等，寻找影响的工作相当困难。因此，要求工作成员具有丰富的实践经验和对技术带来的影响具有预测能力（指逻辑推理与联想能力）。其次是影响的分析和整理，包括单个影响的分析与影响的相应关系分析。单个影响分析主要是为了确认寻找出来的影响的真实情况，掌握影响的性质和程度，并针对影响的原因、条件，明确该影响的好坏性质和所占的地位；从承受影响对象的种类、分布，推测影响的规模；根据影响的时间、空间等因素，推测其产生的频度。影响的相应关系分析目的在于从整体掌握该技术带来的影响全貌，了解各影响之间的相互作用，以确定判断对策的范围，具体工作是制作"因果关系回路图"，即按影响的来龙去脉把相关的两个影响用线连接起来，绘出回路图。

5）查明非容忍影响。在影响分析的基础上，对各种影响作进一步分析和评价，并寻找有无非容忍的影响。一般分为以下三个步骤：①选择评价指标，这是评价的基础，选择要全面。②对指标进行分析，判断其所处的地位。评价指标应具备定量的尺度，即可用某种物理量的大小或参数来衡量，对能定量地表示某项指标的参数，规定基准点，把它作为定性评价的标准。③影响的综合分析，将各评价指标从整体上进行归纳、综合时，要判定各影响的性质是正还是负，负的影响要作进一步分析，判断是否会带来危害。为了找出非容忍影响，要分两步进行，第一步，定性地判断是否有非容忍的性质，为此，必须设定非容忍事项的评价标准，据此判断影响是否为非容忍事项；第二步，定性地分析非容忍的影响程度，根据第一步找出的因素进行全面分析，判断非容忍影响的程度。

6）制订改良方案。找出非容忍影响，即找出技术的致命问题，接着必须采取对策，予以解决。通常考虑的对策有改良该项技术（即修正开发方案）、补救技术的开发、限制使用、教育使用者、中断开发或停止使用等。

7）综合评价。综合评价工作就是列举该项技术可能带来的一切影响，包括正影响和负影响，将有利方面和危害方面进行全面分析，权衡利弊，决定应采取的技术方案。

（3）技术评价的内容及方法

在企业层次，技术评估是指企业从自身利益出发，对技术构思、技术方案的一种综合性评价。技术评估的具体内容一般包括技术的先进性、可行性、连续性，近期与长期的经济效果，就业、环境、资源利用、技术扩散等社会效果，风险性及风险与收益的关系等。目前，主流观点是技术评价应包括以下内容：

1）技术因素评价

技术因素评价会涉及技术的先进性、可接受性、继承性与可延续性等方面。

技术先进性评价可以通过对被评价技术与其他可比技术的主要技术指标进行比较来实现；可接受性主要从企业自身的技术自给能力、设备水平与数量、人员数值与数量等技术匹配能力方面来进行评价；技术的继承性与可延续性评价主要是考察拟采用技术对在用技术的继承程度与未来被替代时的可延续使用程度。

在具体的技术评价时，首先要确定技术性能指标，以便明确评估的具体标准。凡是表示产品的功能、制造和运行状况的一切性能都是技术性能指标。针对新产品的技术因素评估可以从以下几个方面进行：必要的功能、性能的实现程度（性能、质量、寿命等）；产品的可靠性、可维修性、安全性、操作便利性；产品协调性（内部协调性与外部协调性）；产品外观；产品本身的加工性、装配性、搬运性；产品中采用某些技术现存问题的解决程度等。在确定了技术性能项目之后，还必须明确评估要求，把各种技术要求区分为固定要求、最低要求和尽可能考虑的愿望，以分清主次，有助于评估的开展。

2）经济因素评价

经济因素方面，主要是评价技术的经济效益，技术的经济效益可能是近期可实现的，也可能是需要较长时间才能实体，可能表现为直接的财务效益，也可能不在短期财务效益上表现出来。所以，经济因素的评价要体现两方面的内容：一方面是直接的财务效益的评价，用成本、资金占用、收入、投资收益率、回收期、净现值、内部收益率等指标来评价；另一方面是间接的长期战略性效益的评价，这类效益不易被直接计量，而且对不同类型的技术来说，其表现也是不同的，一般从作用于市场应变能力的提高、企业信誉的提高、企业管理水平的提高、企业技术能力的提高等方面加以评价。

3）环境和社会效益评价

随着人们对环境和社会问题的日益关注，对企业社会责任方面的要求越来越高，企业在评价某项技术是否先进或适用时，除了对技术和经济因素上的评价外，还需要对该技术所带来的环境和社会效益进行评价。通常，环境效益评价一般包括技术项目的污染控制、区域环境质量的影响、自然资源的利用和保护、生态平衡的影响和环境管理等内容；社会效益评价是指评价项目对国家或地方社会发展目标的贡献和影响，主要涉及推动劳动就业、促进环境改善、加快技术扩散与进步、促进社区和谐发展、改善企业员工工作条件及提高居民生活质量等方面。

4）综合评估方法

为了对诸方面评价进行综合，获得总体评价印象和结果，需要将各方面的评价进行汇总分析。常用的方法有检查表法、图形法、加权评价法等。

综合评价检查表是将技术评价要考虑的因素按类别列出，其可以起到提示评价者和决策者的作用，防止评价时遗漏某些因素，但不能将诸因素进行汇总处理。由于该方法简便易行，因此应用颇为广泛。

技术项目可从企业目标、战略、政策、市场，研究开发，财务，生产与环境和生态六个方面进行综合评价。表7-1列出了技术评价的多种因素，这是我国技术管理领域著名学者吴贵生等综合了美国许多公司的经验后制成的。

表 7-1　　　　　　　　　　技术综合评价的构成因素

技术评价要素	技术评价内容
企业目标、战略、政策	① 与企业现行战略长期计划是否一致 ② 项目潜力是否大到值得改变现行战略 ③ 与企业形象是否一致 ④ 与企业对待风险的态度是否一致 ⑤ 与企业对待创新的态度是否一致 ⑥ 是否满足企业对待时间（进度）的要求
市场	① 是否满足市场需求 ② 预计的市场总体大小 ③ 预计的市场份额 ④ 预计的市场寿命 ⑤ 商业成功可能性 ⑥ 销量估计 ⑦ 销售期（时间跨度）及与销售计划的关系 ⑧ 对现有产品的影响 ⑨ 定价和顾客可接受性 ⑩ 竞争地位 ⑪ 与现有销售渠道的相容性 ⑫ 预计的市场开发成本 ⑬ 受竞争者攻击的难易程度 ⑭ 与现有支撑体系（基础设施）的相容性
研究开发	① 与企业研究和开发战略是否一致 ② 项目潜力大到足以改变研究与开发战略吗 ③ 技术成功可能性 ④ 开发成本与时间 ⑤ （获得）专利地位 ⑥ 研究与开发资源可得性 ⑦ 产品将来的发展及所产生的的未来技术应用前景 ⑧ 对其他项目的影响 ⑨ 与全部运行体系的相容性 ⑩ 软件可得性

续表

技术评价要素	技术评价内容
财务	① 研究与开发成本 ② 生产性投资 ③ 营销投资 ④ 按进度获得资金的可能性 ⑤ 对其他需要资金项目的影响 ⑥ 最大负现金流和盈亏平衡时间 ⑦ 潜在的年收益和获益时间 ⑧ 期望利润 ⑨ 是否符合企业投资标准
生产	① 所需工艺 ② 生产人员（数量、技能）可得性 ③ 与现有生产能力相容性 ④ 原材料可得性及成本 ⑤ 生产成本 ⑥ 所需的附加设施 ⑦ 生产安全性 ⑧ 产品生产的附加价值
环境和生态	① 产品和生产过程可能产生的危害 ② 公众的敏感性 ③ 对就业的影响 ④ 现行和预计的法律 ⑤ 废物回首（循环利用）的潜力

（4）技术选择的评价指标

技术选择是科学技术转化为生产力的关键环节之一，而对技术的评价则是技术选择的核心工作。本节定量地给出用于技术选择的评价指标，使决策者能够直接应用。

1）技术的生产力度量

通过技术市场，科学技术从科研单位转移到企业，这就意味着科学技术将转化为生产力，即通过生产产品或提供服务把技术转化为提高人民生活水平，促进经济增长与社会进步的能力。那么，在诸多的科学技术成果中，是否每项技术都具备生产力，这是在科学技术转移之前必须首先解决的问题。为了陈述科学技术生产力的度量，设立以下前提：

假设①：技术是依附性无形资产，不能单独使用创造收益，只能与主体资产（一般为有形资产）组合使用才能创造增额效益。主体资产是技术的载体，主体资产与依附性（无形）资产的组合体称为整体资产。

假设②：主体资产的资本量处于最佳规模，即技术在这样的主体资产上实现其功能将能取得最佳经济效益。

假设③：主体资产是以同类资产的市场平均收益率取得收益。

假设④：资产本身的参数和相关的市场参数均可测。

在上述假设条件下，设立以下定义：

定义①：设技术投资项目的建设期为 $t=0$，1，…，T；各期投资额为 C_0，C_1；…，C_r；项目（这时作为企业或具有生产能力的实体）的运营期为 $t=T+1$，$T+2$，…，n；各期净收益为 A_{r+1}，A_{r+2}，…，A_n；期末残值为 PC_n，同类企业的市场平均收益率为 R_m；则技术投资项目的净现值（Net Present Value）为：

$$NPV_0 = \sum_{t=0}^{T} C_t(1+R_m)^{-t} + \sum_{t=T+1}^{n} A_t(1+R_m)^{-t} + PC_n(1+R_m)^{-n} = PV_0 - PC_0 \quad (7-1)$$

其中，

$$PC_0 = \sum_{t=1}^{T} C_t(1+R_m)^{-t} \quad (7-2)$$

称为项目的投资现值，而

$$PV_0 = \sum_{t=T+1}^{n} A_t(1+R_m)^{-t} + PC_n(1+R_m)^{-n} \quad (7-3)$$

称为项目的收益现值。

定义②：设存在 IRR，使得

$$NPV_0 = \sum_{t=0}^{T} C_t(1+IRR)^{-t} + \sum_{t=T+1}^{n} A_t(1+IRR)^{-t} + PC_n(1+IRR)^{-n} = 0 \quad (7-4)$$

则定义 IRR 为技术投资项目的内部收益率（Internal Rate of Return），其含义为项目的运营收益能够回收其总投资的收益率，它表示投资资金在技术投资项目上能够获取的货币时间价值率：单位货币在单位时间的资金增值。

定义③：设技术投资项目的净现值为 NPV_0；内部收益率为 IRR。当 $NPV_0 > 0$ 时，此技术具有使用价值；当 $IRR > R_m$ 时，此技术具有生产力。

在这个定义中，$NPV_0 > 0$，意味着 $PV_0 > PC_0$，说明项目的收益大于投资，有利可图，也就有使用价值；当 $NPV_0 \leq 0$，意味着 $PV_0 \leq PC_0$，说明项目的收益至多收回投资，无利可图，也就没有使用价值。当 $IRR > R_m$ 时，意味着项目的收益率高于同类企业市场平均收益率，说明该技术具有生产力；当 $IRR \leq R_m$ 时，意味着项目的收益率不高于同类企业市场平均收益率,说明该技术不具备生产力。

在定义③的基础上,给出一个参考性公式用于度量技术的生产力。

定义④:设同类企业市场平均收益率为 R_m,技术投资项目的内部收益率为 IRR_j,则定义该项技术的生产力度量为:

$$P_j = \frac{IRR_j - R_m}{R_m} = \frac{IRR_j}{R_m} - 1 \tag{7-5}$$

公式 7-5 具有很好的可比性。首先在同行业是可比的。在同企业,由于 R_m 的共用,个别技术的收益能力通过 IRR_j,由 P_j 的大小给出。$P_j > 0$,即 $IRR_j > R_m$,说明技术具有生产力;$P_j < 0$,即 $IRR < R_m$,说明技术没有生产力。其次,在不同行业之间,由于 IRR_j / R_m 具有相对稳定性,不同类型的技术的生产力比较如同同一类型技术的生产力比较,由此可见式(7-5)定义的技术生产力度量具备宏观评价意义,因此技术的生产力度量可作为技术选择的宏观评价指标。

2) 技术的风险回报率

对于企业家,选择某项技术进行投资,不仅考虑技术的收益能力,还必须考虑对技术的投资风险,这是现代投资理论的重要论点。

定义⑤:设技术投资项目的预期收益率(即预期内部收益率)为 $E(R_j)$,度量风险的收益标准差为 $\delta(R_j)$,市场无风险收益率为 R_t,则定义技术投资项目的风险回报率为:

$$r_j = \frac{E(R_j) - R_t}{\delta(R_j)} \tag{7-6}$$

其中,j 代表技术投资项目的标号。

又设同类企业的市场预期收益率(即市场平均收益率)为 $E(R_m)$,市场风险为 $\delta(R_m)$,则定义同类技术投资项目(或同类企业)的市场风险回报率为:

$$r_m = \frac{E(R_m) - R_t}{\delta(R_m)} \tag{7-7}$$

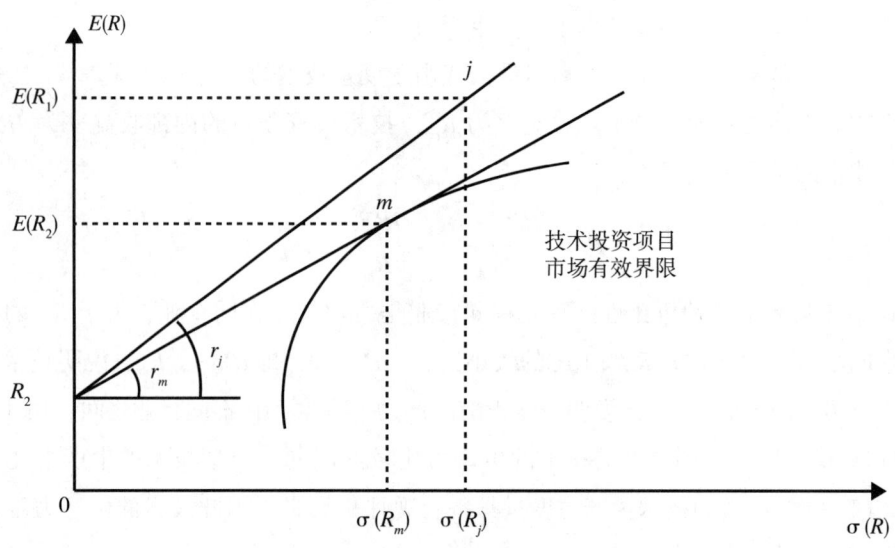

图 7-2 技术投资项目敲击有效界限

图 7-2 说明式（7-6）及式（7-7）：

在图中 R_j 与 R_m 的比较成为企业家选择技术进行投资的直接依据，于是技术投资项目的风险回报率可作为技术选择的微观评价指标。

3）技术的风险生产力度量

技术的生产力未必是确定性的，考虑含有风险的技术生产力将更为科学和现实。

定义⑥：设技术投资项目的预期收益率为 $E(R_j)$，标准差为 $\delta(R_j)$，同类企业的市场预期收益率为 $E(R_m)$，则定义技术的风险生产力度量为：

$$P_j(\delta) = \frac{E(R_j) - E(R_m)}{E(R_m)\delta(R_j)} \qquad (7-8)$$

$P_j(\delta)$ 可以理解为单位风险的技术生产力回报。

技术的生产力度量（7-5）和（7-8）及技术的风险回报率（7-6）和（7-7）成为技术选择的基本评价指标。

7.4 技术预见

当今世界，新科技革命迅猛发展，科技作为第一生产力的地位越来越突出。国际竞争从根本上说是科技的竞争，是自主创新能力的竞争；而战略性的技术发展对于长期的经济竞争力并因此对于政府和企业的战略利益来说都是关键的。所以，随着高新技术的发展，需要以科学的手段跟踪和预见未来较长时间的科技发展趋势，以减少技术开发的风险与不确定性，从而赢得未来的主动和占领未来的技术前沿。技术预见作为一种试图解决上述问题的有效方法，已日益引起众多国家和研究机构的关注。

（1）技术预见的概念内涵

技术预见是英文 Technology Foresight 翻译而来的。与其他概念一样，对于"技术预见"，目前也没有为学界一致认可的定义，不同学科、不同研究机构从各自不同的角度出发都有着各自不同理解。

经济合作与发展组织（OECD）的解释为：技术预见是系统研究科学、技术、经济和社会在远期未来的发展状况，其目的是选择可能产生最大经济效益与社会效益的共性技术。

我国有学者指出，所谓"技术预见"，实则是进行前瞻性战略研究的一项社会系统工程，其目标是确定未来发展中具有战略性的研究领域，其内容是系统地研究科学、技术、经济和社会在未来的长期发展状况，以选择那些能给经济和社会带来最大化利益的研究领域与技术（关键技术与通用技术），并对资源优化配置和相应的政策安排提出建议，最终实现其经济与社会利益的最大化。

亚太经合组织的技术预见中心（APEC Center for Technology Foresight，APEC CTF）认为，技术预见是系统的研究科学、技术、社会和经济以及它们相互关系在未来的长期发展状况，以便提升社会、经济和环境利益。

但目前国际上最为公认的是英国 Sussex 大学科学政策研究所（SPRU）Ben Martin 在 1995 年给技术预见下的定义，Ben Martin 认为，技术预见是试图对科学、技术、社会和经济在未来远期的状况进行系统研究，其目的是要确定具有战略意义的研究领域以及选择那些可能出现的、对经济和社会可能产生最大利益的共性技术。

通过上述关于技术预见的种种见解可以看出，技术预见强调预见的系统性和远期性（一般为 10~30 年）；技术预见的对象主要是共性技术（generic technologies），而且是能产生社会效益和经济效益的，而不是仅仅注重其所能产生的经济效益；技术预见的支撑因素不仅仅是技术，而是包括科学、技术、社会和经济及其相互关系的未来走向；技术预见并不是单纯消极的预测，而是"预测—选择—决策—行动"四位一体的，是一种积极主动地依据当前技术来建构未来技术的活动。

技术预见被认为是技术发展过程中最基本的因素。技术预见是技术创造过程特别是技术项目规划阶段的一环，它为技术基本结构的发展提供明确的政策和战略指导；而且它还能够为技术创新提供支持，并能为企业和政府在技术管理和技术引进等方面提供激励和援助，从而使企业获得强大的竞争力和发展机会。它是一个动态的过程而不仅仅是一套技术体系，其最好的未来目标的实现需要有一个良好的意图为指导的行动。

技术预见作为一种自发的研究活动最早产生于 20 世纪 20 年代，但作为现代意义上的技术预见活动，最早开始于"第二次世界大战"（World War II，1939—1945）后，美国空军顾问团预测20年后军事技术的一份报告——Towards New Horizons；20世纪70年代的日本，开始将技术预见作为政府制定科技政策、促进科技效益最大化的一种工具；20世纪90年代后，开始出现以政府为主导的体制化研究模式，并逐步发展成为一种世界性潮流。

技术预见的类型很多，有基于当前技术而对技术的未来发展趋势进行的预见，有对技术发展轨迹的未来纵横向联系及应用效益的技术领域进行的预见等；有国家及国际性的技术预见、区域性的技术预见以及产业技术预见等；有综合性、行业性和专题性的技术预见；有短期（3~5年）、中期（5~15年）和长期（15~30年）技术预见等；有第一代技术预见（只考虑技术本身的因素，由研究者推动）、第二代技术预见（开始考虑经济的因素，与市场相联系并由研究者和企业共同推动）和第三代技术预见（综合考虑科学、社会、环境等因素，与社会相联系并由研究者、企业和stakeholders共同推动）等。第三代技术预见是技术预见发展的当代形态。这里的"预见"也不是单纯预测未来，而是有理性选择未来、主动塑造未来的含义。它是一种预测科技发展趋势、选择重点方向、优化科技资源配置的社会系统工程，是信息占有者与相关利益人共同参与的前瞻性、科学性的活动，是分析和综合过程的统一；它更多的强调是对所选择的未来进行"建构"（shaping）和"创造"（creating）。

技术预见注重交流（Communication）、聚焦未来长远（Concentration on the Longer Term）、协商一致（Consensus）、协作（Co-ordination）以及承诺（Commitment），从而使得技术预见具有科学性和可操作性。

（2）技术预见的理论依据

之所以能对技术进行预见，这需要追溯到技术本身的特性以及其他理论的支持，而这些构成了技术预见的理论依据。没有理论支持的实践，只能让我们看到表象，根据表象积累起来的仅仅是一些经验，而建立在理论基础上的实践，却能让我们看到更深入的事物本质所在。

技术不是独立于社会系统之外而完全自主发展的独立客体。这是能对技术进行预见的一个重要前提。技术从来就没有脱离人和社会的控制而独立自我发展。技术领域中的一切事物都是人创造出来的。技术的这种主体性也就体现在技术开发者、技术使用者、技术所赖以存在的国家与社会。也正因为技术的存在方式是实践——人的一种有理性的活动，必然会受人的有意识的价值支配，从而使它服从于人类的目标的制约。技术是一种社会历史现象。技术对象的产生和使用总有一定的具体历史条件，而这些具体条件又有自己的历史背景。特定技术系统的复杂性、它的生产方式和技术活动的实际后果在不同时期是如此不同，以至于使人说它们是不同现象间的"家族相似"（维特根斯坦语）而不是同一现象的不同表现。也就是说，技术活动从来就是人类的社会活动，任何具体的技术活动都有着明确的社会目的,并且同其他社会活动相联系。技术来源于社会,在社会中成长,最后又总要产生一定的社会后果。技术的这种社会性使得技术预见得以展开。

技术发展的累积性与技术生命周期现象上技术预见的重要根据。技术成就有累积性,一个新获得的见解、程序和设计都会扩充已有的技术储备,从而成为将来的技术革新所要依据的技术能力和技术知识的一个组成部分。同时,技术变化一般是不可逆的,无论是什么性质,变化的方向总是从锄头到犁具,而不是相反。即使是发明了许多方法,也只有那些在有效和效率方面代表进步的方法,才实际上被采纳并流传下来。从火和轮子到太阳能电池和集成电路,技术变化的不可逆在整个历史上都是千真万确的。而且,技术是人类社会中的技术,而社会是一个不断发展变化的历史过程,所以技术也有一个不断发展变化的过程,具有历史性,表现为技术的产生、发展、技术知识等诸多方面的历史性。同时,就某一项具体的技术或技术系统来说,也有一个产生、生长、发育、成熟和消亡的过程,即技术具有一定的生长周期。任何一种技术的发展演化,都有一个S形曲线的生命周期(见图7-3)。

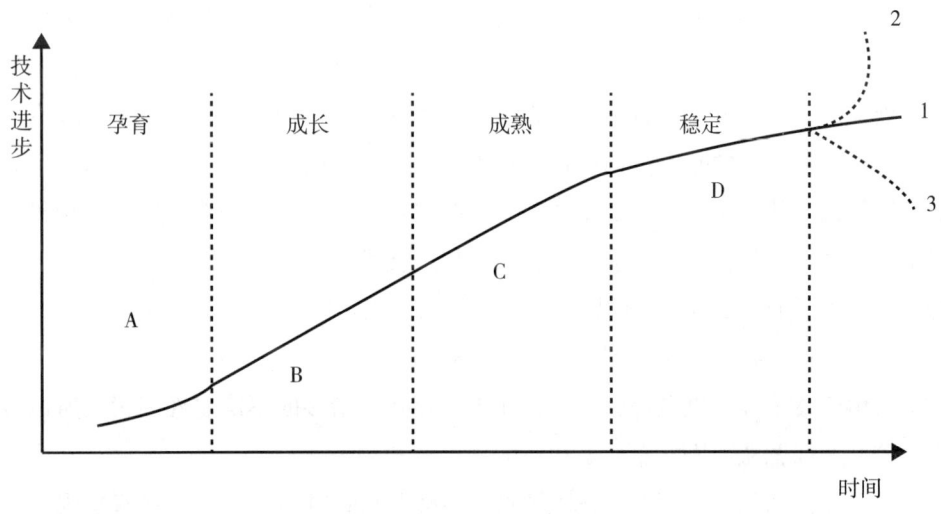

图7-3 技术发展的生命周期

在技术发展的生命周期中每一个阶段,技术及其进步又各有不同的特点,而各种技术又各自处于生命周期的不同阶段,而且每一种技术都有其特有的时效性。这就决定了技术预见的历史性。也就是说,世界上的一切技术,都曾经不存在,无非是人创造、孕育出来的,不要只基于过去没有就不敢创造;世界上的一切技术,都不会永远存在下去,无非是寿命长短不一,不要只基于现在有用就不敢突破。

技术发展的这种路径依赖,使得重大的技术创新为后来的技术发展提供了新的平台并在此基础上的发展变得有选择性而不再随机。因此，任何时候的技术进步都可被理解为路径上的进一步延伸和开拓。这使得对技术进行预见有了切实的基础与可能。

资源稀缺论以及国家间、企业间甚至人与人之间的竞争是技术预见的重要动因。根据英国古典经济学体系的奠基人亚当·斯密的经济学观点，资源的供给相对需求在数量上的不足，即生存资源是稀缺的。这注定并不是每个人、每个企业和每个国家都能得到他所想要的。人与人之间、企业与企业之间、国家与国家之间注定存在竞争；而由于生存资源的稀缺性，注定了人们用来竞争的手段也是稀缺的。这就使得任何国家和地区、任何企业和个人在发展自己的科学技术事业时总要受到资源稀缺性的制约，任何国家和地区、任何企业和个人都不可能发展所有的科学技术领域，而只能选择最符合自己需要和实情的科学和技术。这就使得技术预见有了存在的必要。

技术应用后果的不可避免性是技术预见的重要原理。任何现实技术的应用都会产生一定的后果——自然后果或社会后果（包括政治、经济、文化、精神等各个层面的）。也就是说，技术现在成了一种导管，不管人们决定在其中放入什么目标或意图，它都不可避免地会流出特定的产物，从而影响着生产方式、生产关系直至人们的生活方式。技术预见承认技术是可能对将要到来的工业、经济、社会和环境有着重要性的影响。如果人们能在早期阶段识别和检验这种出现的技术，那么政府和企业就能将资源目标定位在需要确保快速有效的发展战略研究领域，而且也能检查来自技术应用的伦理的、社会的和法律的问题。

另外，科技政策中的基本方向选择、技术预见研究者的决定权、预见能力、一致意见的形成机制等都是技术预见的重要支持因素。技术社会学、技术经济学以及系统科学理论的发展也会为技术预见提供理论支撑并进一步促进技术预见的科学性与准确性。

(3) 技术预见面临的潜在问题

尽管如此，由于技术预见受到需求拉动（pull）和科技推动（push）等诸多方面因素的影响，同时由于技术预见也是理解未来，而未来存在着诸多的不确定性因素，所以技术预见也面临着一些问题从而影响着技术预见的预见性和准确性。

就技术预见活动的主体而言，技术预见的主体是科技领域的人员（尽管也强调民主参与，但技术外行由于信息不对称，实际上很难对技术的未来发展提出什么真正有价值的意见），但是，由于科学家、工程师所能支配，并且真正能够设想到的，不过是他本行技术的一个很小的部分，而技术硕大无比的全貌，则非他所能企及。而且，他们也很少涉及自己的研究对人类产生的影响，也很少涉及他们的活动必然导致的社会变动以及未来的各种可能。这种客观存在的局限性影响着对技术整体的未来走向的把握，从而影响着技术预见的准确性。而且，技术预见者都有着各自不同的利益取向和价值取向，对于同样的信息和数据的解释可能存在差异，从而使得技术预见存在着一定的模糊性。

就技术预见的对象而言，技术本身也存在诸多不确定的因素。技术是一种人们征服自然、改造自然的社会活动过程，技术的发展根植于特定的社会环境中，而社会的不同群体的利益指向、文化选择、价值取向和权力争夺等都影响着技术发展的轨迹和状况。同时，由于技术活动离不开人的主观能动性，并且技术过程是在极为复杂的重重矛盾中实现的，而人们在解决矛盾时的主观能动性必然会导致不确定性。可以说技术不确定性是技术固有的一种属性。法国技术哲学家斯蒂格勒就认为，不确定性是现代机器固有的属性，但它也体现了一切技术物体的本质。这种不确定性杜绝了根据技术物体的用途这类外在标准来对它们进行分析的可能性。构成技术物体类别的不是它们用途本身，而是实现于各类用途的广泛领域中的方法。由于技术本身的不确定性，必然带来技术预见的不确定性。因为有许多因素是人们所难以控制和左右的。技术哲学家马里奥·邦格（Mario Bunge）在描述人工物的价值中立性时指出：大多数工业产品是道德中立的，就这种意义而言，它们可以被用于好的或者坏的方面。一把刀可能用来切大块的面包，也可能用来割断喉咙；一种具有强大功效的药物既可以治愈疾病，也可以杀死人。这种不确定性的关系太复杂，以至于很难完全分解，即使简单的关系可能也与更高的不确定性相联系，从而产生人们难以预料的结果和趋势。这使得技术预见具有一定的不确定性。

从技术预见所运用的逻辑关系来看，技术预见主要是运用因果关系的推理，即从当前的技术原因中找出未来的技术结果。只有正确地把握因果关系才能预见技术可能发生的结果。不过，尽管原因和结果揭示了客观世界中普遍联系着的事物具有先后相继、彼此制约的关系并具有一定的确定性，但当把两个或两组具有因果关系的现象放在无发展的链条中去考察的时候，原因与结果之间也存在着不确定性。在世界无限发展的错综复杂的普遍联系中，同一个现象在一种关系中是结果，在另一种关系中则可能是原因。也就是说，这种因果关系并不总是十分明显的，引起原因的因素之间可能相互影响，在原因和结果之间也可能存在长期的滞后性。正如恩格斯所说的那样：我们不要过分陶醉于我们对自然界的胜利。对于每一次这样的胜利，自然界都报复了我们。每一次胜利，在第一步都确实取得了我们预期的结果，但是在第二步和第三步却有了完全不同的、出乎预料的影响，常常把第一个结果又取消了。这就使得技术预见面临着复杂性的挑战。

同时，技术与技术应用是分不开的。但是，现实生活中却存在着技术开发与技术应用的"灾难性的分裂"。科技成果由科学家、工程师和技术专家构想出来并将其变成现实，但这些成果被政府和产业界的领导者或管理者所应用、误用或滥用，这些人不能正确地认识科学技术及其潜力和威力，从而使得人们往往关注技术的道德或经济的后果而常常忽视技术的未来可能产生的影响。这种技术与技术应用之间的"灾难性的分裂"增加了技术预见对未来技术状况及走势的难预见性。

技术预见的兴起源于对技术发展和社会发展相互作用决定技术发展轨迹，而不只是单纯技术发展内在逻辑起作用的特点的认识。技术预见的基本前提是假设未来存在多种可能性，最佳的可能性的最后实现有赖于我们现在的选择。它对于国家、地区和企业的技术战略领域的确立和关键技术的选择等都有着积极的作用；它把社会对技术的作用从"事后评价"发展到"事先选择"，从而提高了社会对技术进行干预和控制的主动性和积极性，有利于技术本身及其与社会、自然、人之间的和谐方向发展。但是，技术预见本身面临的一些问题也是不容忽视的。技术预见面临的问题，直接影响着技术预见的准确性和可行性。正视技术预见面临的问题并在技术预见行为中努力克服这些问题以提高技术预见的预见性，是急需认真研究的。

(4) 技术预见评价

1) 技术预见评价概况

技术预见评价，是技术预见运行过程的重要环节，也是技术预见运行科学化的重要保障。技术预见评价本质上属评价范畴，关于技术预见的评价对象，初步可以从三个角度进行。第一，对技术预见预测方案进行评价。技术预见评价主要是对各种技术预见预测方案和过程进行分析和判断，评价技术预见方法的科学性、专家组成的合理性、评价程序的完整性以及评价组织的协调性等方面的内容。第二，技术预见效果评价。它包括技术预见结果评价、技术预见效益评价和技术预见效力评价三个方面，从技术预见制定的目的来看，技术预见必然为实现某一目的而制定，因而技术预见实施的效果就是技术预见评价的关键和大家注意的焦点。主要目的在于鉴定人们所执行的技术预见在达成其目标上的效果，确认技术预见实施对于技术预见问题的解决程度和影响程度，寻求通过优化技术预见运行机制的方式来强化技术预见效果。第三，技术预见全过程评价。技术预见评价是对技术预见全过程的评价，既包括对技术预见预测的评价，也包括对技术预见执行、技术预见监控、技术预见终结以及技术预见结果的评价。即有系统地应用各种社会研究程序，搜集有关的资讯，用于论断技术预见概念化与设计是否周全完整；知悉技术预见实际执行的情形，遭遇的困难，有无偏离既定的方向，指出干预技术预见的效用。也就是说，技术预见评价意味着评价者运用各种不同的社会研究方法，以搜索有效的、可靠的资料和信息，对技术预见运行的全过程进行广博的分析与研究。

2) 技术预见评价的意义

技术预见评价的意义主要体现在以下几个方面：

① 技术预见评价是一个完整过程的重要组成部分。通过技术预见评价人们不仅能够判断某一技术领域的延续、革新或终结，而且还能够对技术预见过程的诸阶段进行全面的考察和分析，总结经验，吸取教训，为以后的技术预见实践提供良好的基础。

② 技术预见评价是决定技术预见执行走向的科学依据。技术预见的运行是一个动态过程，任何技术预见在执行一段时间后，技术预见决策者必须根据实际情况，决定该项技术预见是延续、革新或终止，而技术预见评价则为这种决定的做出提供了现实的依据，从

而引导技术预见运行趋向于正确、科学的方向。

③ 技术预见评价是提高技术预见水平的重要途径。通过评价活动，技术预见的制定者、决策者能够对该技术预见对整个社会经济环境与政治系统的影响得到一个较为完整与理性的认识，在以后的技术预见制定中能更全面地进行通盘考虑，使技术预见制定的水平得以提高。

④ 技术预见评价是技术预见运行民主化、科学化的必由之路。实践证明通过技术预见评价能够广泛动员社会成员参与技术预见制定和实施，使技术预见运行能够真正地反映公众和社会意愿，有助于技术预见运行的民主化。通过技术预见评价，人们不仅能够对技术预见本身的价值做出科学的评判，而且能够对技术预见的各个方面进行考察分析、发现问题、提供建议，为连续的技术预见实践提供良好的基础。

3）技术预见评价的原则

技术预见评价是一件十分复杂的事情，不仅关系到技术预见本身的预测准确度问题，还关系到技术预见所带来的技术发展的成果以及相应的经济发展的效益，而且关系到科技发展方向的调整的问题，因此，评价的原则对于评价本身至关重要。

① 实事求是的原则

技术预见的评价活动必须从技术预见的实际出发，遵循实事求是的原则。技术预见的评价活动主要是检验技术预见的实际效果，因此，要保证技术预见评价结果的客观性，必须实事求是地进行技术预见评价。评价技术预见效应必须依据一定的客观标准，尽量依据数字与资料来得出结果。

② 系统性原则

技术预见本身是一个系统，其内部各环节之间相互作用、相互影响。因此，对技术预见进行评价的时候，要根据系统论的有关理论，系统、全面地考察每一环节。

③ 连续性原则

技术预见的运行是一个连续的过程，技术预见的预测阶段完成后，即处于长期连续的行动过程中，每一阶段的技术发展状态和效果各有不同，因此，进行技术预见评价的时候要考虑技术预见的连续性，不能只评价其中的某一环节、某一阶段，而应从纵向和横向上来评价技术预见总的效果。

④ 最大效益原则

技术预见的目的就是选择最有利的技术发展方向和领域，以取得经济、科技、社会、环境等的最大效益，这是技术预见的出发点和落脚点。因此，在对技术预见进行评价的时候，首先要考虑的是技术预见产生的效益是否最大化。

⑤ 可操作性的原则

技术预见评价的目的就是要快速有效、准确地评价出技术预见所取得的效果，为此，要制定可行的评价方法、简洁的评价步骤和易于获取的信息资料，以保证评价的顺利进行。

4）技术预见的评价过程

对技术预见进行评价的过程实际上就是一个分析问题、制订方案解决问题的过程。这一过程大致包括以下几个方面：

① 确定要评价的技术预见。对任何技术预见进行评价，首先都是确定评价的内容和范围。技术预见是一个系统的体系，对技术预见进行评价有一个时间的先后顺序，这与技术预见问题的确认是一样的。

② 制定统一的评价标准。对技术预见进行评价必须有统一的标准，这是进行评价的基础。标准的设置应具有广泛性、可检验性和客观性。

③ 制订技术预见评价方案。制订评价方案，包括技术预见评价的机构设置、人员、物质准备、时间进度安排等，方案可以有多种，决策者要选择其中最佳的方案。

④ 建立各种评价模型。我们可以依据最基本的评价理论和方法，借鉴其他比较成熟的评价方法的应用，如政策评价、项目评价等，针对技术预见的本质属性和特点，建立简约而系统的评价模型，每一种模型都有一定的适用范围，到底选用何种模型应视不同的情况选用，具体问题具体分析。

⑤ 进行评价。主要是利用收集到的信息，通过定性分析与定量分析，得出评价结果。在这一过程中，一定要尽可能收集各方面的信息。

⑥ 传递评价结果。技术预见评价的目的是检验技术预见的效果，为技术预见的修改、调整提供依据，因此，技术预见评价完成以后，必须通过一定的渠道将评价结果传递到技术预见的决策者和执行者以及相关的社会成员，这样才算是完成了一个技术预见评价的过程。

7.5 预测理论

（1）技术预测概念

技术预测是根据尽可能全面收集的现在和历史资料，通过科学的方法、技术和手段，对某项技术未来的发展方向、水平和商业化程度等所作的推测和估计。

技术预测是预测的一个分支，是对技术发展趋势及应用，以及可能导致的社会、经济、环境等方面产生的影响所作的尽可能最有根据、最符合客观发展规律的推测和估计。

主要是针对新技术、新设备、新工艺、新材料、新产品的发展动态的预测,包括:产品生命周期及其更新换代的预测;新产品所占比重的预测;先进的工艺方法及其带来的技术经济效益的预测;专业化与协作水平的预测;产品标准化程度的预测;机械化、自动化水平的预测等。随着科技的蓬勃发展和技术贸易的日益频繁,技术预测越来越成为技术开发、产品开发和合理投资的重要依据。

(2) 技术预测的种类

技术预测按其对象和内容的不同,可以分为:基础研究预测(预测基础理论新的科学原理的未来发展情况)、应用研究预测(预测工业技术基础的发展情况)、开发研究预测(直接对新产品、新技术发展进行预测)。

技术预测按预测的期限不同可以分为:长期预测,一般为15~30年,主要用于基础研究预测;中期预测,一般为5~15年,与一项新技术的研究、开发到生产中应用的期限相一致,用于应用研究和基础研究预测;短期预测,一般为1~5年,与某些产品的寿命周期一致,主要用于开发研究预测。

按照预测方法的不同,技术预测可分为:定性预测、定量预测、定时预测、概率预测;也可以分为专家评估法、趋势外推法、模型法;还可以分为直观性预测、探索性预测、目标预测、反馈预测等。

按照预测的范围不同,可以分为:国际范围预测、全国范围预测、部门范围预测、企业范围预测。

(3) 技术预测的作用

在科学技术飞速发展的今天,经济的发展越来越取决于技术进步。做好技术预测,对于认识和掌握科学技术发展变化的趋势和规律性,提高工作的主动性和有效性,发挥技术进步对经济增长的促进作用都有着重要意义,其作用具体表现在:

① 作好技术预测,对进行技术选择,开展技术创新和技术评价具有重要作用,是加速实现科技成果使用价值的重要前提。

② 技术预测可以提高工作的预见性、主动性和有效性。科学的预测,展示了未来发展的客观趋势及规律,给人们工作方向和目标指明了前进的道路,能大大消除由于盲目决策所造成的损失和不良影响。在许多发达国家,政府运用技术预测方法对航空航天技术开展大量的探索性工作,企业的预测费用占科研费用的3%~10%,通过预测发展新产品所获得的利润却成倍增长,甚至最高达到±50倍。

③ 技术预测能为技术经济问题提供一定的参考依据,使技术经济项目的实施具有可靠性。

(4) 预测的基本原则

预测是指对事物未来的推测,是根据已知事件通过科学分析去推测未知事件。它是一项理论性和实践性都很强的工作活动,为此,在进行技术预测时必须遵循以下原则。

① 延续性原则。是指预测变量经常遵循一定的发展规律,并以这种速度持续发展。

② 相似性原则。是指事物发展过程中,不同的一些变量所遵循的发展规律具有一定的相似之处。

③ 相关性原则。是指事物发展过程中,一些变量之间存在着相互依存的因果关系。

④ 统计规律原则。是指事物发展过程中,对于某个变量所作的观察结果往往是随机的,多次观察具有某种统计规律性。

(5) 预测程序

预测工作是一项涉及众多因素的复杂性工作,必须充分理解和把握各个因素的影响作用,同时具有严密的逻辑性。因此,预测工作必须遵循一定程序进行。一般情况下,预测可分成七个主要步骤和严格反馈过程。预测程序如图7-4所示。

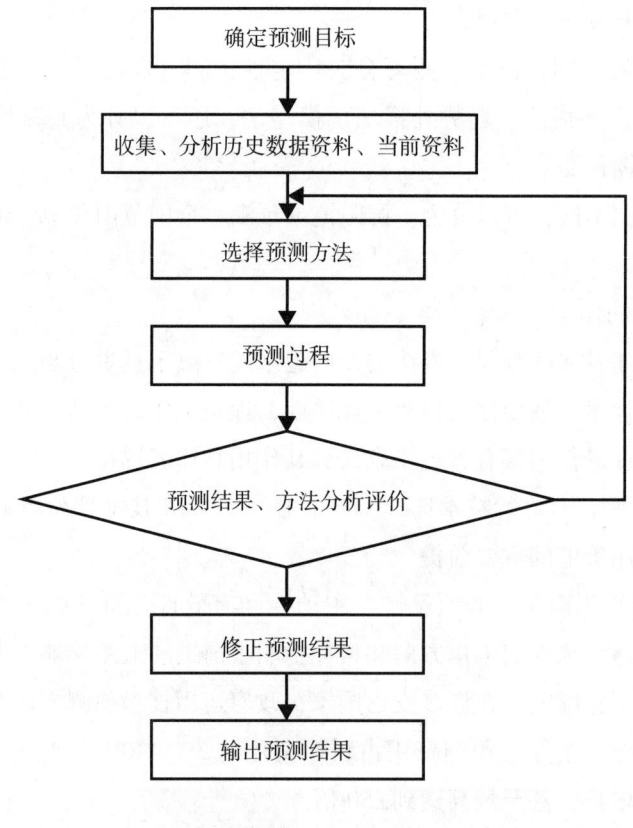

图 7-4 预测程序

如图7-4所示,预测工作主要按照以下步骤进行:

① 确定预测目标。预测目标是指预测工作预期的目的,主要是指预测结果、预测时

间及数量单位。

② 收集、分析历史数据资料、当前资料。根据问题的性质和预测目标的要求,广泛收集有关预测对象历史的、当前的资料以及预测的背景材料,并对收集到的数据、资料进行分析、整理、选择,去伪存真,去粗取精,为作出正确预测奠定基础。

③ 选择预测方法,建立预测模型。根据所收集的资料作出初步分析,找出与预测对象密切相关的影响变量,判断变量间关系的性质,确定变量的数学特征,选定一种或几种预测方法作为进行预测的主要工具,并按照选择的预测方法建立起预测模型。此外,在建立预测模型时,所选择的预测方法还必须要考虑自己的预测条件等因素。

④ 预测过程。运用选择的预测方法和建立的预测模型进行预测。建立了预测模型之后,定量预测应将实际数据输入数学模型,并将结果外延类推,通过计算将模型推展到未来;定性预测则应利用所选定的预测方法,通过逻辑推理,对未来加以判断。所得的结论即为预测结果,它应该是明确的、可检验的。

⑤ 预测结果、方法分析评价。对所选择的预测方法和所建立的预测模型要利用统计检验进行一系列的检验与分析,还要利用经济理论检验准则进行检验与分析。通过对资料数据的反复处理和选择判断,并多次进行检验分析评价后,即可找出预测与实际间可能产生的误差,分析出误差的大小和产生的原因。

⑥ 修正预测结果。对于用定量方法进行的预测,常常因为有一些因素由于数据不足或无法定量表示,或因为忽略了一些必要修正而影响预测的精度。因此,需要用定性的方法考虑这些因素,并修正定量预测的结果。而对于定性预测的结果也常常可用定量的方法加以补充、修正,以使结果更接近于实际。定量预测与定性预测方法的有机结合、补充修正,可以提高预测准确性。

⑦ 输出预测结果。对修正的预测方法往往给出不同的预测结果,对不同的预测方法也会得出不同的预测结果,分析和综合这些预测,输出最后的预测结果作为预测问题的结论。

(6) 技术预测的基本方法

1) 德尔菲法

德尔菲法预测(Delphi Method)是函询调查法。即将所要预测的问题和有关的背景材料,用通信的形式向专家们提出,得到答案后,把各种意见经过综合、归纳和整理再反馈给专家,并进一步征询意见,再次进行综合、归纳、整理反馈,如此反复多次,直到预测的问题得到较为满意的结果。该方法的本质是利用专家的知识、经验、智慧等无法量化的带来很大模糊性的信息,通过多次信息交换,逐步取较一致的意见,达到预测的目的。

德尔菲法的工作步骤一般分为以下四个阶段。

① 确定预测主题,编制预测事件一览表。首先,领导小组根据预测的目的和内容确

定预测主题，列出预测事件一览表，这样做可以使参加预测的专家工作时目的性更加明确。

② 选择专家。参加预测的专家最好是在某一领域工作多年，而且是该工作领域的权威人士，但权威到底是有限的，而且，当预测的主题范围较广泛时，也很难找到一批对预测专题中各个领域都有很深造诣的权威。德尔菲法拟选定的专家是指在该领域从事十年技术工作以上的专业干部。选择专家的范围可以在本单位、本地区或从国内有关部门中选择。参加预测工作的专家人数一般为15人以上即可。

③ 预测过程。德尔菲法的预测过程包括3~4个循环。第一轮，由预测领导小组将预测的主题和预测事件表发给每一位专家，专家们围绕着预测主题对每个预测事件作出评论，并阐明理由，然后，领导小组对专家们的意见进行统计处理。经典德尔菲法的第一轮只提供给专家一张预测主题表，由专家提出预测事件，这样不但增加了一次循环，而且有时会因为各专家对预测主题的熟悉程度不同，而使提出的预测事件杂乱无章，无法归纳。第二轮，将统计处理过的专家意见进行归类，发给专家们再一次进行判断和预测。在这一轮中，尤其要使持不同意见的专家充分陈述理由，因为他们的依据经常是其他专家忽略的或未曾研究过的问题，这些依据往往使其他成员对前一次的预测意见作出重新判断。第三轮，在上一轮预测的基础上，专家们再次进行预测，根据领导小组的要求，专家组的部分成员需要重新作出论证。一般经过三次循环，预测意见基本可以相当协调，必要时可进行第四轮循环。

④ 预测结果的统计处理。对预测结果进行分析和处理，是德尔菲法预测的最后阶段，也是最重要的环节。

对于预测结果的统计处理比较常用的有四分位点法和比重数据处理法。

ⅰ) 四分位点法

采用德尔菲法预测进行统计处理时，通常用中位数代表专家们预测的协调结果，用上下四分位点代表专家们的意见分歧程度。假设应答小组共有 m 名专家，对于某一个问题，每个专家都给出一个定量的回答，设为 $y_i(i = 1, 2, \cdots, m)$，不妨取 $y_1 < y_2 < \cdots < y_n$，则 $y_m/2$ 等表示中位数，$y_m/4$ 表示下四分位数，$y_{3m}/4$ 表示为上四分位数。在下、上四分位数的区间，称为四分位区间，它包含了50%的应答者的预测结果。四分位区间越小，说明专家意见越趋一致；反之说明专家意见比较分散。

在每次进行下轮征询时，将中位数和四分位区间的统计结果反馈给应答小组，让专家修改自己上一轮的预测结果，对那些做出的预测远离四分位区间的专家，请求他们说明理由。如果四分位区间在向中位数收缩，则说明预测过程收敛良好。预测收敛过程如图7-5所示。

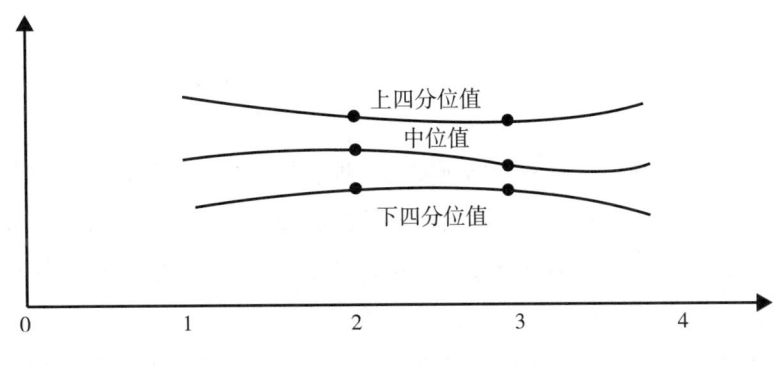

图 7-5 预测收敛过程

四分位点法促使专家给出明确的定量答复,统计简单,反馈清晰,结果明确,便于了解预测过程的收敛程度以确定是否需要继续征询。一般德尔菲法采用四轮,个别五轮,但如果收敛程度越来越小,输出结果已足够稳定,采取三轮,甚至两轮也是可以的。

ⅱ)比重数据处理法

对所有专家预测的结果进行适当分组,如果考虑专家的权威程度,可以分别确定其权重,然后计算每组专家的比重,该比重为预测结果在该组的专家的权重和,再以其比重值作为频数绘制直方图,取频数最大组的预测值作为确定的预测结果。权重可取 1~5 之间的值,权威程度最大可取 5,最小可取 1。

2)监督预测法

任何技术都有其自身发展的历程,而跟踪或者监督其发展过程有助于尽早对未来的技术发展做好准备并采取相应的对策和措施。用监督的方法预测技术发展是完全可能实现的。

① 监督技术变革信号。人们认识到,技术的外界条件(事件)与现象,往往激发人们去开发新的技术功能与新的技术能力,并推动新技术的使用和改进技术的结构,可见,技术变革的信号及其重要性往往是从技术系统的外部环境中产生的。

技术系统受到外界环境多方面的作用与影响。一项技术创新往往是一段时期内很多个不同事件相互作用与结合的产物。这就要求预测人员善于在环境与事件的动态发展进程中捕捉预测技术创新的苗头,要对环境的变化与发展作系统的观察与监督。这里,预测者的才能与素质起着主导作用。除个人素质外,还需要有科学的监督方法与记忆系统,以防止忽略与遗忘重要的技术变革信号。在这方面,"监督日记"是一种简易而有效的手段。监督主要包括以下四个方面的内容:

ⅰ)在环境中搜索、寻找技术变革的前兆信号;

ⅱ)如果这些信号是真实的而且存在着延续的趋势,则应论证其可能产生的种种结果；

ⅲ）选择那些对技术发展方向、速度和使用后起作用的参数、政策、事件和决定，以便对它们进行跟踪监督；

ⅳ）从上述各项活动中及时整理出所需的数据，供领导者与管理者制定对策用。

预测者要在信息不充分的情况下，站在技术发展和应用的前沿，以便及时向组织（企业）提供必要的结论。预测者的贡献在于：通过监督及早提出"警告"，并对其可能产生的重要性保持清醒的头脑。

② 数据的收集与分析。当识别出一个潜在信号后，预测人员应该进行以下工作：

· 弄清事实和获取有关这一信号的确凿数据；

· 弄清不同方案的主要差别，这些方案之间可能有矛盾，也可能相互补充；

· 要弄清那些影响各方案进程的因素，以便跟踪监督。

通过不断监督、评价、分析以及与其他信号相比较，逐步删除某些不现实的方案（途径），使发展方向逐渐集中，直到最后引向真正的方向。

为了便于监督，可以对观察事项设置一些界限值，当事件超出界限时，将引起监督人员的进一步重视与分析。

③ 技术突破的预测。技术突破（Technical Breakthrough）是指运用未被利用过的原理，使技术或技术装置，在性能与水平方面有巨大进步或飞跃性发展，大大超过了现有技术或装置的性能（功能）的上限。也可以说，技术突破意味着从原有技术的增长曲线转移到一个具有更高限的新的增长曲线。

预测突破的关键在于仔细地辨识前兆事件，并用于提供"报警"信号。技术突破的预测法也就是一种辨识前兆事件、用于"报警"的系统化方法。监督的方法要有助于解决两个问题：哪些是前兆事件，这些前兆事件意味着什么。对技术突破的监督过程包括四个步骤：收集、筛选、评价与设定界限，其内容与前述的监督的四方面活动大体相同。

3）情景分析法

情景分析法（Scenario Analysis）又称前景描述法、脚本法，是假定某种现象或某种趋势将持续到未来的前提下，对预测对象可能出现的情况或引起的后果作出预测的方法。通常用来对预测对象的未来发展作出种种设想或预计，是一种直观的定性预测方法。

情景分析法从现在的情况出发，把将来发展的可能性以电影脚本的形式进行综合描述。这种方法以各种特定的预测结果为前提，再把可能出现的偶然变化因素考虑进去，从而描述可能性较高的未来情景。应用这种方法不是只描绘出一种发展途径，而是把各种可能发展的途径，用彼此交替的形式进行描绘。另外，此方法所描述的不是未来某一时刻静止的图景，而是动态的发展图景。情景分析法包括以下三种模式：

第一，单一情景分析法。单一情景分析法是预测一个主体思想、一种趋势、一种发展前景或一种结构，以引起组织的重视。

第二，邻接情景分析法。邻接情景分析法是预测一组前景，以其中的一个最可能发生的前景为中心，并以它为基础，发展出围绕它的与它相邻的若干个前景。图 7-6 为邻接前景的示意图。

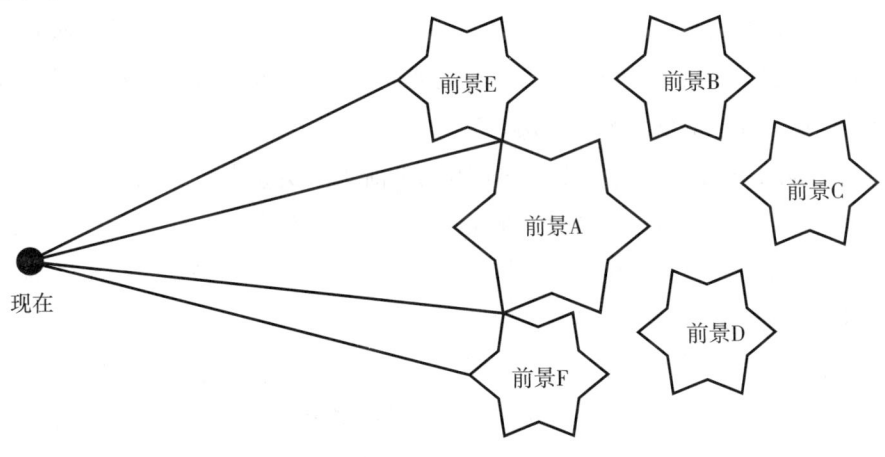

图 7-6　邻接前景示意图

在邻接情景分析法中，首先预测居于核心地位的前景（如图 7-6 所示的前景 A），然后预测出周围的前景 B~F。事件与问题主要是通过询问专家，研究现有文献资料和由管理部门提供问题而获得的。

邻接情景分析法的步骤如下：①确定预测目标和组织前景预测人员小组。②收集有关资料。③列出同目录有关的主要因素。④选定较重要的因素（基本因素）。⑤为各个前景选定主题。⑥根据上述因素来定义现有状况。⑦根据所选定的前景时期，预测"核心前景"（图 7-6 中的前景 A）。⑧改变基本因素和拟定相邻前景。⑨检查所有前景中的一致性、明确性和完整性。⑩修改前景使之更趋完善，以供应用。

第三，多主题情景分析法。多主题情景分析法已在欧洲各国的很多公司中得到实际的应用。此法与上述方法的主要差别在于：各主题前景之间不存在联系，每一个前景均根据所选的不同的主题，适应于某种特定的环境与条件。与邻接情景分析法不同的是，这里不必寻求最可能的前景，但要了解发展趋势，要做到当条件变化，组织即能应变。用多主题情景分析法进行预测工作的步骤如下：①确定前景的目标。②确定描述前景所需的因素、事件、条件与水平等，拟定各个环节因素（包括社会的、技术的、政治的、经济的、生态的）及各种可能出现情况的一览表。③选择适应前景目标的重要因素。④展开每一前景的主题，确定名词，写出一个将指导未来、制约未来，并对未来定基调的简明说明。⑤对每种前景通过选定题目的领域和规划其范围，规定其格式，以便根据此格式进行前景的描述。⑥对前景作比较，比较其因素用途数据。⑦研究对组织的影响。⑧允许特种事件的介入及分析。⑨进行前景分析。

综上所述，在前景法的应用过程中要注意以下几点：

① 必须有明确的目标。前景法实践中失败的教训之一是：企业家或预测分析人员没能很好地理解目标及其结构。他们往往认为自己对其前景的分析是最好的，从而不能客观地分析探索各种前景及其组合情况。为了有效地进行分析，企业或者预测分析人员必须规定明确目标，作为开展前景预测的依据。

② 配备素质良好的人员。人员配备不当也是前景法实践失败的原因之一。在组成预测组时，要注意根据预测目标的需要，配备具有各种知识结构和实践经验的人才，以防偏之于某一方面；要具有分析各个方面环境（社会、经济、技术、政治、生态）的人员，要注意选择不抱偏见能客观分析环境与情况的人才。

③ 要注意深入分析。某些企业使用前景法收效不大的原因之一，是缺乏对前景目标进行深入思考和分析，因而其前景分析往往对当前的战术决策无益。对全球前景的分析应该是战略预测的重要背景材料，但很多企业在这方面却力量薄弱，以致视野不开阔。另一缺陷是在作世界发展前景分析时，没有将全球前景与企业活动联系起来，缺乏其互相作用的信息。

（7）技术预测与技术预见的区别

值得一提的是，技术预测（Technology Forecasting）不等同于技术预见（Technology Foresight），两者相互区别又紧密联系，尤其是在实现过程中存在较大差别。王瑞祥和穆荣平在其研究中对技术预测与技术预见的差异做了辨析，他们指出传统的技术预测仅仅是准确地推测未来的技术动向；而技术预见可以通过对未来发展趋势以及带来这些发展变化因素的分析，为政府和企业决策者提供作为决策基础的战略信息。

技术预测与技术预见的区别如表 7-2 所示。

表 7-2　　　　　　　　　　技术预测与技术预见的差异

项目	技术预测	技术预见
语义	技术可能如何发展	技术应该如何发展
对象	相对独立的技术，强调的是技术系统内在因素决定技术和产业发展的途径和方向	与社会、经济、科学等相互作用的通用技术，强调社会因素决定了技术和产业的发展途径和方向，不局限于技术本身的发展，还要分析与估量技术未来发展的背景及其可能的效应，涉及科学、技术、经济、社会和政治等多个领域

续表

项目	技术预测	技术预见
目标及次序	通过对科学技术的投资来促进经济增长,强调经济与社会的关系,即经济目标是第一位的	通过选择适当的关键技术和通用技术,经济发展、社会发展与环境的和谐统一,强调社会与经济,及社会目标是第一位的
驱动因素	技术的推动	社会、市场的拉动,既包括对科学技术机会的选择,也包括对经济、社会相关需求的认识
研究方法	探索性方法,以历史数据为基础,通过数学模型,对未来进行推测和演绎	规范性方法,以人们的创造性思维为基础,通过集成各方面专家意见,全面展望未来
实施主体	利益群体	精英专家或技术专家
时间效力	3年	5~30年
基本假设	社会契约论:即只要满足科学技术研究所需要的投资需求,科学技术就必定会给社会带来高额回报,二者之间形成一种契约关系	资源稀缺论:社会的总资源相对稀缺,对科学技术的投资要坚持"有所为有所不为"的原则,选择那些最具有投资价值和战略意义的重点领域、关键技术和通用技术

【习题】

【简答题】

1. 什么是技术选择?技术选择的原则有哪些?
2. 宏观技术选择分析包含了哪些内容?
3. 技术评价的程序是什么?有哪些方法?
4. 技术预测的基本方法有哪些?
5. 技术预测是如何开展的?

第八章　技术创新与技术创业

【本章导读】

创业与创新既相互联系，又相互区别，二者通过"创"联系在一起，而不同在于"新"与"业"的区别。对企业而言，技术创新并不刻意以追求技术"第一"为标准，而是以市场的承认和占有率作为评价标准。技术创新不仅包括过去某一种设备、某一工艺方法上的改进，而且包括从研究与开发或采用别人的研究与开发成果入手，经过中间试验、进行技术改造、建成新的生产线、批量生产出产品，再用先进的营销手段，使其商业化的全过程。技术创业是创业的特殊形式，是技术开发及商业化的重要方式。技术创业利用科学和工程上的突破性为顾客开发更好的产品和服务。技术创业是技术机会和市场机会的匹配。技术创业包括对技术机会的识别、把握和实现及市场机会的识别、把握和实现。本章将先介绍技术进步与技术创新，接着介绍创业管理，最后阐述技术创业的基本理论及方法。

【学习目标】

1. 掌握技术创新的含义和类型，了解技术进步的概念，学会利用创业过程分析创业管理的问题，理解创业精神。

2. 培养具有技术专业知识大学生的创业意识与精神，强化其结合专业知识进行或准备创业的志向；掌握将特定技术转化为产业成功的创业活动所需要的重要知识与技能。

8.1　技术进步与技术创新

（1）技术创新的含义及其类型

随着新经济时代的到来和世界经济一体化步伐的加快，经济环境瞬息万变，企业正在面临着更具挑战且更为严峻的形势。技术创新作为企业发展的先决保证，有利于企业更新产品、开拓市场和提升竞争力，对企业的可持续发展具有关键作用。

1) 技术创新的含义

技术创新是一个从产生新产品或新工艺的设想到市场应用的完整过程，它包括新设想的产生、研究、开发、商业化生产到扩散这样一系列活动，本质上是一个科技、经济一体化过程，是技术进步与应用创新共同作用催生的产物，它包括技术开发和技术应用这两大环节。

技术创新既可以由企业单独完成，也可以由高校、科研院所和企业协同完成，但是，技术创新过程的完成，是以产品的市场成功为全部标志，因此，技术创新的过程，无论如何是少不了企业参与的。具体从某个企业看，企业取何种方式进行技术创新，要视技术创新的外部环境、企业自身的实力等有关因素而定。从大企业来看，技术创新的要求具体表现为：企业要建立自己的技术开发中心，提高技术开发的能力和层次，营造技术开发成果有效利用的机制；从中小企业看，主要是深化企业内部改革，建立承接技术开发成果并有效利用的机制。对政府而言，就是要努力营造技术开发成果有效转移和企业充分运用的社会氛围，确立企业在技术创新中的重要地位。至于提供技术开发成果的科研院所和高校，需要强化科技成果转化意识，加大技术开发成果面向市场的力度，使企业有可能获得更多的、有用的技术开发成果。

2) 科研技术创新案例

对企业而言，形成竞争优势即意味着企业在技术上的不断发展和创新，推出改进型和创新型产品，适应越来越细化的市场需求。现代企业制度体现的是企业资源配置的高效性，而这种高效率能否充分发挥，主要依靠企业技术的发展。技术创新是要结合企业的改革，在企业中加快建立技术开发中心，组织重点产品的研制开发和引进技术的消化吸收，进一步推动产学研结合，培育和扶持一批拥有自主知识产权和市场前景的高新技术产品。技术发展与企业的新产品开发、技术改造或扩散行为相关，决定着企业的产品市场拓展能力、成本水平和技术水平，从而构成企业竞争力的最重要的决定因素，技术创新能力的强弱是反映企业技术竞争水平乃至整体竞争实力的高低的一个重要的组成要素。

Google 公司的科研技术在全球都是首屈一指的，它拥有过万人的工程师团队，这为 Google 公司长期保持技术领先提供了保证。Google 秉持着开发"完美的搜索引擎"的信念，在业界独树一帜。所谓完美的搜索引擎，就如公司创始人之一 Larry Page 所定义的那样，可以"确解用户之意，切返用户之需"。为了实现这一目标，Google 坚持不懈地追求创新，而不受现有模型的限制。因此，Google 开发了自己的服务基础结构和具有突破性的 PageRank 技术，使得搜索方式发生了根本性变化。不仅仅是在搜索领域，其他领域 Google 的科研技术水平也很突出，对世界尖端技术的跟进和研制，Google 毫不懈怠，并致力于对技术"超前性"的把握,这些科研技术培植了新的增长点、打下了向多元化发展的基础。在技术研究方面,Google 在全球范围内建立了 10 多个超前技术研究实验室,通过该子系统的开发与企业发展密切相关的应用技术项目,为其技术在能力上的不断升级储备资本。Google 通过国际化的技术开发网络、全球范围的人才网络来保证科研技术优势。

Google 是一家互联网公司,信息技术对于 Google 来说是其核心价值所在,信息化技术的应用对 Google 的管理来说事半功倍,提高了 Google 在收集竞争情报方面信息化的效率,降低了成本。Google 实施信息化管理是一个长期的发展过程,投入在技术上的人力、物力和财力也并不是在近期内能见成效的,因此 Google 通过提高其信息化管理水平,应用信息技术,有效利用信息资源,不仅可以使 Google 内部的信息化建设有序地实施,提高效率,而且可以降低信息化成本。

3) 技术创新的类型

一般认为,技术创新根据对企业经营中的冲击程度大小可分为渐进型创新(incremental innovation)与激进型创新(radical innovation)两种类型,前者以既有知识为基础进行创新,对于企业既有的核心能力具有逐步强化的效果;后者则在与现有知识几乎完全不同的新知识基础上进行创新,对于企业既有产品可能产生替代性的破坏效果。学术界根据不同的标准对技术创新的类型进行了不同的划分。例如被分成重大产品创新和改良式生产创新;或者延续性创新(sustaining innovation)与突破性创新(disruptive innovation)等。Henderson & Clark 认为创新活动所运用的新知识可能强化现有知识,也可能摧毁现有知识,他采用元件知识(component knowledge)与建构知识(architectural knowledge)两个变量(如表 8-1 所示),依据创新对于现有知识破坏和强化的程度将创新活动分为渐进型创新、建构型创新、模组型创新和激进型创新四类,如图 8-1 所示。

表 8-1　　　　　　　　　元件知识和建构知识的特性

知识类型	内容
元件知识	技术性的知识,可编码的显性知识(codified knowledge)
	有关某一产品中某一零件的知识
	关于产品各项核心设计观念以及这些观念如何在各元件上实施的知识
建构知识	系统性、整合性的隐性知识(tacit knowledge)
	串联某一产品中各零件的知识
	通常存在于组织的例行工作或程序之中,即使对其作任何改革也是难以观察或表达的知识
	如何将各元件完整地、系统地进行整合的知识

		建构知识（隐形知识）	
		强化现有知识	摧毁现有知识
元件知识 （显性知识）	强化现有知识	渐进型创新 Incremental Innovation	建构型创新 Architectural Innovation
	摧毁现有知识	模组型创新 Modular Innovation	激进型创新 Radical Innovation

图 8-1　技术创新的类型

① 渐进型创新。针对现有产品的元件作细微的改变，强化并补充现有产品设计的功能，至于产品架构及元件的连接则不作改变。② 建构型创新。重新设计产品的结构以及元件的连接方式，而对产品的元件以及核心设计基本上不作改变。③ 模组型创新。这种创新是针对现有产品的几种元件或核心设计作摧毁式的创新变革。对产品结构和产品之间的连接不作改变，新的元件可以同时相容于新的产品结构中。例如数字电话的发明，改变了拨号盘的核心设计，但整个电话的结构并未改变。④ 激进型创新。创造出新的核心设计概念，同时所需的元件、结构及其中的连接都进行变革，此类创新力求产生新的产品。Henderson & Clark 的分类将创新的类型与知识的内涵进行了整合，所以适合探讨知识管理方法与创新活动类型的互动关系。

（2）技术进步

从广义上讲，技术进步是指技术所涵盖的各种形式知识的积累与改进。在开放经济中，技术进步的途径主要有三个方面即技术创新、技术扩散、技术转移与引进。对于后发国家来说，工业化的赶超就是技术的赶超。根据当前的情况，后发国家技术赶超应该分为三个阶段，第一阶段以自由贸易和技术引进为主，主要通过引进技术，加速自己的技术进步，促进产业结构升级；第二阶段，技术引进与技术开发并重，实施适度的贸易保护，国家对资源进行重新配置，通过有选择的产业政策，打破发达国家的技术垄断，进一步提升产业结构；第三阶段，必须以技术的自主开发为主，面对的是新兴的高技术产业，国家主要通过产业政策，加强与发达国家跨国公司的合作与交流，占领产业制高点，获得先发优势和规模经济，将动态的比较优势与静态的比较优势结合起来，兼顾长期利益与短期利益，宏观平衡与微观效率，有效配置资源，实现跨越式赶超。目前国内城市主要通过各类高新技术园区和开发区来完成国家的技术赶超工作，政府通过政策等引导资金、技术、人才、产业等的集聚来孵化高新企业和高新技术。

(3) 技术创新的影响因素

1) 技术创新的影响因素

① 公司治理

一般而言，公司治理主要包括股东、董事会和激励机制三个层面。股东层面涉及股权集中度和股权性质，较高的股权集中度可以减轻两权分离所产生的代理问题，国有股东与民营股东的关注重点显著不同。股东委派董事，董事会选聘管理层，因此股权集中度和股权性质决定了一个公司最基本的治理架构，公司发展和公司治理的各种问题均可在股东层面找到根源。大股东的背景及持股比例在一定程度上决定了一个公司对创新的态度、对研发的支持力度。董事会是现代公司治理的核心。董事之间知识的差异性和互补性、适度规模的董事会可以缓解经营者在技术创新中的代理问题，促进经营者进行技术创新活动。在技术创新决策中，独立董事一方面要保持独立性和制衡性，防止经理人因短视而推动高风险项目，另一方面需提供专业化的咨询，鼓励开展有利于企业长远发展的项目，提高企业的创新效率。董事长和总经理两职合一有利于提高决策效率，但不利于权力监督和制约；两职分离有利于职责分工，但可能产生信息不对称和道德风险。

② 激励机制

激励机制包括薪酬激励、股票激励和期权激励等。薪酬激励是最常见的激励方式，高额的薪酬是管理层价值的体现，如果管理层不能实现既定的经营目标，其更换职位的机会成本往往很高。为防止逆向选择和道德风险，一些公司相继推行管理层持股计划、管理层和核心人员的期权激励计划。期权持有者可以获得股价上升的收益，因此更加关注公司的长远发展。总体而言，良好的激励机制有利于企业开展技术创新活动，加大研发力度。

③ 融资结构

目前我国技术产业研发资金来源主要包括自有资金、政府资金和金融机构贷款。政府资金在技术创新中起到重要的引导和调节作用。政府通过为高等院校、科研院所等机构提供科研经费，来推动国家在基础科学领域的技术创新。同时，也根据国家产业发展规划对重点行业的科技创新给予财政补贴。此外，获取金融机构贷款也是企业弥补自有资金不足的重要手段。技术创新的资金需求具有长期性、连贯性和不确定性，开拓外部融资渠道有利于减轻企业技术创新的资金压力。

④ 内部创新因素

首先是研发经费投入。经费投入是研发（R&D）活动投入的重要组成部分，是形成高技术产业技术创新能力的基础。高技术产业依靠持续不断的资金支持得以开展科学实验并实现科技成果转化，研发经费对技术创新的作用体现在研发链条的各个环节，比如提供前期策划和设备购买费用、劳务报酬以及后期市场运作资金等，为创新活动开展提供保障。其次是研发人员投入。高技术产业发展是研发人员不断创造科研成果并将其产品化、商业化的过程。作为技术创新成果的创造者和传播者，研发人员是研发活动投入的另一重要组成部分，人力资本要素与其他要素的配置比例以及人力资本内部结构和质量都决定着技术创新的水平和效率。最后是技术消化吸收。技术引进能够在短期内使企业接近于"新技术"或"高技术"，从而快速提升整体的技术创新能力。如果企业借助于自身的科技存量，通过消化吸收，实现二次创新，那么技术引进的效率就会大大提高。企业在技术引进后能否及时将其消化吸收并实现再创新，是检验企业自身技术能力的关键标准。

2）技术进步对经济增长的作用的理论分析

将技术进步视为经济增长因素的经济增长模型，主要有两类：内生技术进步的增长模型和外生技术进步的增长模型。经济学中一般把那些将技术进步因素视为内生变量，在经济系统内部讨论技术进步的来源与演进，以及技术进步与其他经济变量之间相互关系的经济增长模型称为内生技术进步的经济增长模型。而外生技术进步的增长模型，则将技术进步因素视为经济系统外生给定的，技术因子只是时间 T 的函数，其变化无法由经济系统中的变量去解释或说明。

① 从历史上看，首先占据着经济增长理论主流地位的是外生技术进步的新古典增长理论，其代表性理论为索洛—斯旺模型。该模型的基本结论是：在平衡增长路径上，人均产出增长率与人均资本增长率均等于外生决定的技术进步的变化率。由于假定技术变化率为外生给定的 G，所以该模型没有探讨技术变化的决定问题，而是将技术进步因素视为外生变量。

外生技术进步的新古典经济增长理论，在研究方法与研究视角上，为经济增长问题的后续研究指明了方向。因此具有重要的历史意义。但这一理论却存在以下几个方面的缺陷：第一，该理论没有讨论技术进步的来源及成本问题；第二，它只描述了技术进步表现形式的一种情形——给定同样的投入可以生产更多的产出，即生产率的提高，而对现有产品质量的改进和生产出全新的产品这两种形式未加讨论；第三，该模型对一些重要的经济增长事实无法作出合理的解释，如该理论认为各国的经济增长将趋于一致，而事实是各国的经济增长率存在着广泛的差异；第四，该模型将技术进步视为外生给定的，经济的自发运行使经济最终处于最优增长路径上，经济政策不会对经济的长期增长产生显著的影响，因而新古典增长理论无法为政策的制定提供理论指导。

② 早期内生技术进步的经济增长理论——阿罗的"干中学"模型和宇泽弘文模型。

阿罗的"干中学"模型是第一个内生技术进步的增长模型。他将技术进步视为资本积累的产物，集中讨论了通过实践经验的积累来获取知识，促进技术进步。在阿罗模型中，技术进步被视为资本积累的副产品，并且具有正的外部性，进行投资的厂商可以通过积累生产经验来提高生产率。据此，阿罗将技术进步因素描述为由经济系统本身决定的内生变量。

宇泽弘文（Hirofumi Uzawa）模型是最早用两部门模型来分析内生技术进步经济增长问题的模型之一。宇泽弘文在阿罗的"干中学"理论的基础上进一步认为，为获得新的知识和技术而连续地从事某一种生产活动，必然需要劳动或其他资源的投入。为了实现一定的技术进步，社会应相应地投入一定的劳动资源给提供技术进步的部门，从而使得整个社会的生产达到最优的结果。

总之，早期的内生技术进步增长模型主要探讨了技术进步因素的来源、技术进步的成本问题。他们对新古典模型的修正也在于将技术因子 A 描述成为经济体系的内生变量。但上述模型对技术进步因素的描述仍然是继承新古典外生技术进步模型的传统，把技术进步单纯理解为劳动生产率的提高，而未讨论技术进步在经济系统中的另外两种重要表现形式——现有产品质量的改进和新产品的产生。

③ 以罗默（Paul M. Romer）和卢卡斯（Robert B. Lucars）的模型为代表的第一阶段新增长理论。罗默模型沿用了阿罗的思路。他强调了知识的"溢出效应"和知识的"部分排他性"对经济增长的作用。他认为知识的这两个特性，使得任何企业生产的知识都能提高全社会的生产率，产生知识的社会效益，因此资本的边际生产率才不会因固定生产要素的存在而无限降低，从而整个社会的生产率才具有收益递增的特征，进而经济的持续增长才能实现。卢卡斯则在宇泽弘文模型的基础上构筑了一个两部门的人力资本模型。它将社会经济系统划分为消费品、物质资本生产部门和人力资本生产部门。人力资本生产具有溢出效应，即具有较高人力资本的个体能对其周围的人产生更多的有利影响，提高他们的生产率。因而消费品、物质资本生产部门的生产，便能在人力资本生产外部性的作用下，显示出收益递增的发展态势。

这一阶段的新增长理论主要有以下两点不足：1）在技术进步表现形式的讨论上，他们仍未取得突破性进展。2）罗默和卢卡斯的模型均是在完全竞争的框架下展开的，而有的研究表明，阐述技术进步过程的较好框架是垄断竞争框架。

④ 20 世纪 90 年代，内生技术进步增长模型进入了一个全面的繁荣发展期，这一时期的新增长理论主要有以下几个特点：

第一，分工被认为是推动社会技术进步的更深层次的原因，在具体的模型表述上，分工经济具有两种基本表现形式——专业化经济和多样化经济。前者指工人由于专业化于某一项具体的工作，而带来的生产率的提高；后者指分工所带来的新行业的出现和生产迂回度的提高，具体表现为产品品种的增加。它们直接促进了社会的技术进步。

第二，分工范畴的引入，也带来了新增长理论对技术进步表现形式探讨的突破。

第三，在模型的建构上，垄断竞争框架成为大多数模型的首选。

20 世纪 90 年代后，部分学者在产品品种增加型和质量升级型内生增长模型的基础上，讨论了开放经济条件下技术进步与经济增长的关系。

(4) 技术创新的体系

企业技术创新体系建设的指导思想是以市场为导向，以提高企业自主创新能力和产业竞争力为主要目标，坚持企业主体和政府推动相结合，发展高新技术产业和传统产业改造提升相结合，重点突破和一般提升相结合，以完善创新投入、运行和激励机制为重点，加快高新技术产业化和传统产业改造提升，推动企业技术进步，实现经济可持续发展。

企业技术创新体系是以政府主导，企业为主体，由企业、政府、科研单位、大专院校、科技工作者和技术中介机构等构成，以促进产业升级、产品结构调整和工业经济增长方式转变为目标，是以新产品、新技术开发并实现产业化为主要内容的开放式系统。其主要载体是企业技术中心、行业或区域技术中心和产学研联合创新服务平台。

1）主要特征

① 企业技术创新体系作为企业技术创新相关活动的整合体，必须具有系统性的特征。

企业技术创新体系是由组织系统、规则系统、资源配置系统与决策系统之间相互作用共同构成的有机整体，其中每一要素的性质或行为都将影响到整体的性质和行为，牵一发而动全身，系统的每一要素都起作用，如果系统的某一要素有缺陷，失去了与其他要素恰当的相互作用的能力，不能完成它特定的功能，就会影响整个系统。这就启示我们在进行技术创新体系建设时，不能仅仅注重某项要素的建设，而忽略其他要素，仅仅变革一个要素有时会产生始料不及的后果，要把各要素建设看作是一个整体而等同对待，共同发展。

② 企业技术创新体系具有开放性特征。

按照创新体系研究的对象不同，可以分为宏观层面上的国家技术创新体系、中观层面上的区域技术创新体系和微观层面的企业技术创新体系，其中，企业技术创新体系是国家技术创新体系这一大系统的子系统，在国家技术创新体系占有核心地位。

企业技术创新体系是国家创新体系的重要组成部分，与国家创新体系其他要素有着密切的联系，是一个开系统。微观层面的各个企业的技术创新体系相互之间也进行着密切的联系与影响，相互之间进行着资源的交换与共享，进行着技术创新的广泛的合作。

③ 企业技术创新体系还具有动态调整的特性，随着外部环境的变化，趋向动态平衡。

自组织理论揭示出，开放的系统不断与外界环境进行充分的物资、能量和信息的交换，获得了足够的负熵，使系统向远离平衡的非平衡状态发展，然后通过系统之间各要素的相互作用，促使系统向熵减方向即有序方向演化，从而形成新的有序结构。企业技术创新体系就是这样一种开系统，不断地与外界进行着物资、能量和信息的交换，从中获取资金、人才、信息等负熵流，从平衡状态到非平衡状态再到新的平衡状态，不断进行着动态的调整。

2）重要性和必要性

首先，加快企业技术创新体系建设，是提高企业技术创新能力，增强企业核心竞争力的必然选择。技术创新是企业发展的基础和决定性因素。随着经济的不断发展，江西省形成了一批产业和区域明显的化纤及面料、皮革及制品、五金制品、品牌服装、化学原料药、高低压电器、电子材料、氟化工、汽摩零部件等特色产业，构成了制造业基地的产业基础，但这些产业大都是传统产业，产业层次和附加值较低，核心竞争力不强，同时，江西省中小企业占绝大多数，这一特点决定了企业技术创新动力不足，急需开展技术创新，用高新技术提升江西省产业水平。

其次，加快企业技术创新体系建设，是全面贯彻落实科学发展观，促进产业结构优化升级，推进浙江经济结构战略性调整和经济可持续发展的关键途径。面对当前国际市场竞争日趋激烈、技术飞速发展、知识产权保护力度不断增强的局面，江西省低、小、散的产业结构面临重大挑战。与此同时，江西省人多地少，能源资源对外依存度很高，要素缺口对经济影响日益增大。随着经济的发展，生态环境容量对经济发展已构成硬约束。这些矛盾和现实严重阻碍了企业和经济的进一步发展，只有依靠企业技术创新，进一步增强企业核心竞争力，才能实现企业进一步发展和经济社会的进一步繁荣。

技术创新是企业生命的源泉，一次新的技术的创新将赋予企业一轮新的生命，持续不断的技术创新是企业永葆青春的根本原因。加快企业技术创新体系建设，是全面贯彻落实科学发展观，促进产业结构优化升级，推进区域经济结构战略性调整和经济可持续发展的关键途径。

3) 提升技术创新体系的措施

① 建立健全政策法规体系，完善创新环境。

将企业技术创新条例纳入省立法规划并适时出台。通过立法，对企业技术创新工作进行统一规划，确定指导思想、战略目标，规范政府、企业、科研机构、社会中介等各方行为和责任，为企业技术创新提供法律支持。

② 转变政府职能，充分运用政策手段，引导全社会重视企业技术创新工作。

要按照经济发展和科技进步的新要求，积极主动地为企业提供政策和信息服务。应用现代信息手段，定期发布产业政策、技术创新指南。充分调动产学研各方面的创新活力。每年安排专项资金，重点用于推动企业技术中心建设，创新能力项目建设、产学研联合以及创新成果转化等。各地也应制定相应政策，加大对技术创新体系建设的引导、扶持力度。

③ 加强产学研联合，促进科研成果转化。

重点支持企业与中国科学院、中国工程院及其他科研院所、高等院校建立长期、稳定的合作机制。鼓励有条件的高等院校、科研院所以不同形式进入企业，成为企业的研发机构。鼓励企业在高等院校、科研院所设立专业研发机构，或通过联营、投资、参股、控股、兼并等方式实现与院校的联合。每年扶持一批产学研合作项目，并促进其成果转化。支持有条件的企业与国际跨国公司，特别是世界500强企业共建技术中心，进行技术创新合作和交流。

④ 加强重点企业创新能力建设。

每年选取30家左右省级优秀企业技术中心，优先享受政府专项资金。定期公布企业创新项目投资指南，吸引研究单位、外资、金融机构、民间资本等参与我省企业技术创新建设。通过实施企业技术中心创新能力建设专项，引导和鼓励企业加大技术创新投入，促进省认定企业技术中心的能力建设和提高。

⑤ 推动行业或区域技术创新服务平台建设。

加大对应用技术研究的支持力度，真正形成有核心竞争力的支柱产业。按照"十一五"技术创新规划确定的重点领域选择一批关键和共性技术项目，公开招标攻关。鼓励建立以咨询、检测、培训和研究开发等各种形式的行业或区域技术中心，为广大中小企业提供专业化的服务。发挥集成优势，鼓励中心跟踪和参与国家在科技和产业领域的重大攻关项目，使其成为承担国家和省重大技术创新项目的主体。鼓励大企业技术中心拓展为行业服务的职能，并积极引导其向行业技术中心发展。

⑥ 推进技术标准和知识产权战略。

引导企业将有利于本地区发展的技术法规、技术标准及检测方法纳入国家和国际标准，掌握技术和经济竞争的主动权。从专利、技术标准等角度出发，支持一批在战略或关键领域拥有自主知识产权的核心技术。鼓励有条件的企业把自主研发形成的专利技术，实施对外专利许可或专利权转让，使专利技术产业化。鼓励企业采用国际标准，对参与国际标准制定和发起制定国家或行业标准的企业，予以重点支持。与有关部门协调一致，形成合力，推动我省专利、名牌产品、驰名商标等建设。

⑦ 完善考核监督激励机制，完善企业技术中心绩效评价体系。

把研发投入、自主知识产权、企业研发预算机制、科技人员培养使用和创新成效等作为评价主要内容。系统科学地设计评价指标、统计口径、评价程序、评价方法，对技术中心企业实行动态的管理，使之更符合技术创新体系的发展要求，更符合企业发展的需要。加强对政府引导型资金的绩效评估，确实把有限的资金用足用好。每年对省级优秀新产品、优秀企业技术中心、技术创新优秀企业和先进工作者进行表彰奖励，使之带动全社会重视企业技术创新工作。

8.2 创业管理

（1）创业管理与传统管理的关系

传统管理理论是在一种相对稳定的市场环境下，以指导大公司成长和发展为核心的理论，强调企业的计划、组织、领导和控制。但在创业活动特别是大公司创业实践越来越频繁的前提下，传统的理论解释力明显不足，如在产品生命周期日益缩短的情况下，传统的大批量生产方式开始失效。如何适应动态复杂环境并进行创新是广大企业，特别是大公司面临的非常紧迫的现实问题，因此传统管理理论需要创新。

(2) 创业的含义

1) 什么是创业

创业是一种创新性活动，它的本质是独立地开创并经营一种事业，使该事业得以稳健发展、快速成长的思维和行为的活动。走上创业之路，是人生的一个大转折，它是成就自己事业的过程，是自我价值和能力的体现。创业，要直接面对社会，直接对顾客负责，个人的收入直接与经营利润连在一起。其实，创业就是解决一个接一个的矛盾的过程。正如一位作者指出："创业最大的好处，就是可以当自己的主人。"

2) 创业的定义

创业被学者们从不同的方面进行如下定义。创业是新颖的、创新的、灵活的、有活力的、有创造性的，以及能承担风险的过程，许多学者说，发现并把握机遇是创业的一个重要部分。创业是包括创造价值、创建并经营一家新的营利性企业的过程，通过个人或一个群体投资组建公司，来提供新产品或服务，以及有意识地创造价值的过程。创业是创造不同价值的一种过程，这种价值的创造需要投入必要的时间和付出一定的努力，承担相应的金融、心理和社会风险，并能在金钱上和个人成就感方面得到回报。国际管理科学学会的教授协会对创业也有自己广义上的定义：对新企业、小型企业和家庭企业的创建和经营。

综上所述，我们对创业的定义是：创业是这样的一种过程，在这个过程中，某一个人或一个团队，使用组织力量去寻求机遇，去创造价值和谋求发展，并通过创新和特立独行来满足愿望和需求，而不管企业家们手中当时有什么样的资源。

该定义包括以下重要主题：

① 企业家。毫无疑问，如果没有一位愿意去做一名企业家要做的事情的人，就不会有创业。因为企业家是创业行动中的关键要素，没有企业家就不会有创业。

② 创新。创业包括变化、改革、改造，以及新方法的引进。

③ 组织创建。为了寻求已感知到的创新机遇，为了去创造价值，就必须具备有组织的努力和行动。必须有人挑头来做一些事情——采取行动让创业型企业建立并运行起来。

④ 成长。创业型企业区别于其他小型企业的主要特点，就是创业型企业侧重于企业的成长。创业是创建一家企业，并在其成长过程中把握住发展机会。它不是静止不前，或满足于一个市场或一种产品，创业包含着成长。

⑤ 过程。创业是一系列的进行中的决策和行动。创业不是昙花一现，而是一个需要时间的过程。它包括从创业伊始，到企业的经营管理，甚至到某一时间的退出之间的所有的各类决策和行动。

(3) 创业的过程

1) 发现和评估市场机会

发现与评估市场机会是创业过程的起点，也是创业过程中一个具有关键意义的阶段。许多很好的商业机会并不是突然出现的，而是对于"一个有准备的头脑"的一种回报，或是当一个识别市场机会为机制建立起来之后才会出现。例如，一个创业者可以在每一个公众活动场合都询问与会者，是否在使用某种产品的时候发现有什么不够令人满意之处；另一个创业者则可能时时关注着孩子们正在玩什么玩具，他们是否对玩具感到满意。

虽然大多情况下并不存在正式的识别市场机会的机制，但通过某些来源往往可以有意外的收获，这些来源包括消费者、营销人员、专业协会成员或技术人员等。无论市场机会的设想来源于何处，都需要经过认真细致的评估，对于市场机会的评估或许是整个创业过程的关键步骤。

创业者初创企业的动力往往是发现了一个新的市场需求，或者发现市场需求大于市场的供给能力，或者认为新产品能够开启新的市场需求。但是，这样的市场机会并非只有创业者自身认识到了，其他的竞争者也许同样准备加入这个行列。因此，并不是每个市场机会都需要付出行动去满足它，而是评估这个机会所能带来的回报和风险，评估这个市场机会所创造的服务或产品生命周期，它能否支持企业长期获利，或者能够在适当的时候及时退出。

对于一位目光敏锐的创业者来说，市场机会每时每刻都在出现。但是，并不是所有的市场机会都是通向成功与财富的康庄大道，相反，许多时候，一个看似前景远大的市场机会背后，往往隐藏着危险的陷阱。毫无经验的创业者，如果仅凭激情行事，匆忙做出决定，就很容易误入歧途，掉进失败的泥沼中无法自拔。因此，在发现市场机会后，对市场机会进行客观的评估，以理性的方式来决定下一步的行动，是一名优秀的创业者所必须具备的能力。一般来说，市场机会评估的步骤如下：

① 对市场的了解与把握

企业要生存，要在市场中占据一定的地位，要保持一定的市场优势，就必须把握市场的消费形态、市场特征等。特别是在产品研究方面，不管新旧产品，及时了解消费者和市场的反映，经常需要进行与产品有关的各种调查研究等来为产品技术与销售服务注入新的元素。

对市场的了解与把握分为以下六个层次：市场定位、市场结构、市场规模、市场渗透力、市场占有率、产品的成本结构。

② 对竞争者的了解与分析

许多创业者都会犯这样的错误，认为自己的创意或者技术是独一无二的，因此就不需要竞争，进而忽略了竞争分析的重要性。事实上，除了极少数的垄断性行业之外，世界上不存在没有竞争的生意。竞争者暂时没有出现，不代表以后也不会出现。对来自竞争者的威胁做出客观准确的评估是一件非常重要的事。

谁是你的竞争对手？那些已经出现在市场上，正在开展业务的竞争者当然是你的竞争对手；另外，也要考虑到那些潜在的竞争对手，即在未来有可能与你竞争的人。只有掌握相关资源、与目标市场有一定的联系的企业才是最重要的潜在竞争对手，要分析在相关领域中，有哪些企业有可能把触角伸展到你的领域中来。

对竞争对手的了解及应对策略分为以下六个层次：能够找出谁是竞争对手；描述竞争对手的状况；分析竞争对手的状况；掌握竞争对手的方向；洞悉竞争对手的战略意图；引导竞争对手的行动和战略。

2）准备和撰写创业计划

写创业计划书，要依目的（即看计划书的对象）而有所不同，是要写给投资者看，还是要拿去银行贷款，从不同的目的来写，计划书的重点也会有所不同。就像盖房子之前要画一个蓝图，才知道第一步要做什么，第二步要做什么，或是同步要做些什么，别人也才知道想要做什么。而且大环境和创业的条件都会变动，事业经营也不只二三年，有这份计划书在手上，当环境条件变动时，就可以逐项修改，不断地更新。

创业计划书是说服自己，更是说服投资者的重要文件。不仅如此，创业计划书也将使创业者深入地分析目标市场的各种影响因素，并能够得到基本客观的认识和评价。使创业者在创业之前，能够对整个创业过程进行有效的把握，对市场机会的变化有所预警，从而降低进入新领域所面临的各种风险，提高创业成功的可能性。

3）确定并获取创业所需要的各种资源

创业企业需要对创业资源区别对待，对于创业十分关键的资源要严格地控制使用，使其发挥最大价值。而且对于创业企业来说，掌握尽可能多的资源有益无害。当然还有一个问题是，如何在适当的时机获得适当的所需资源。创业者应有效地组织交易，以最低的成本和最少的控制来获取所需的资源。

4）管理创新事业

从企业发展的生命周期来说，新创企业需要经过初创期、早期成长期、快速成长期和成熟期。在不同的阶段，企业的工作重心有所不同。因此创业者需要根据企业成长时期的不同来采取不同的管理方式和方法，以有效地控制企业成长，保持企业健康的发展。例如，在初创时期和早期成长期，创业者直接影响着创业企业的命运，在这一时期，集权的管理方式灵活而富有效率，而到快速成长期和成熟期，分权的管理方式才能使企业获得稳步的发展。

(4) 创业精神和创业类型

1) 创业精神

Entrepreneurship 有人翻译为创业精神，也有人翻译为企业精神，但它的本质仍着重于是一种创新活动的行为过程，而非指企业家的人格特质。创业精神的主要意涵为创新，也就是创业者透过创新的手段，将资源更有效的利用，为市场创造出新的价值。虽然创业常常是以开创新公司的方式产生，但创业精神不一定只存在于新事业。一些成熟的组织，只要创新活动仍然旺盛，该组织依然具备创业精神。

创业精神类似一种能够持续创新成长的生命力，一般可区分为个体的创业精神（independent entrepreneurship）及组织的创业精神（corporate entrepreneurship）。所谓个体的创业精神，指的是以个人力量，在个人愿景引导下，从事创新活动，并进而创造一个新事业；而组织的创业精神则指在已存在的一个组织内部，以群体力量，追求共同愿景，从事组织创新活动，并进而创造组织的新面貌。

创业精神所关注的在于是否创造新的价值，而不在于设立新公司，因此创业管理的关键在于创业过程能否将新事物带入现存的市场活动中，包括新产品或服务、新的管理制度、新的流程等。Stevenson（1999）认为，创业精神指的是一种追求机会的行为，这些机会还不存在于目前资源应用的范围，但未来有可能创造资源应用的新价值。Roberts（1999）则认为，创业精神即是促成新事业形成、发展和成长的原动力。

综合以上各种说法，我们认为创业精神可以包括两方面的含义。第一方面是其精神层面的含义，创业精神代表一种以创新为基础的做事与思考方式。第二方面是其实质层面的含义，创业精神代表一种发掘机会，并组织资源建立新公司，进而提供市场新的价值。

2) 创业类型

创业类型选择与创业动机、创业者风险承受能力密切相关，也会影响创业策略的制定，因此也是探讨创业管理不可忽视的议题。Gartner，Mitchell 和 Vesper（1989）三位学者对 106 位创业者发出问卷，针对个人、组织、环境、过程四构面进行研究，发现创业类型可以分为八种：

① 离职创立新公司，新公司与原来任职公司属于不同行业性质，新公司也必须立即面对激烈的市场竞争。

② 新公司由原行业的精英人才所组成，企图以最佳团队组合，集合众家之长，来发挥竞争优势。

③ 创业者运用原有的专业技术与顾客关系创立新公司，并且能够提供比原公司更好的服务。

④ 接手一家营运中的小公司，快速实现个人创业梦想。

⑤ 创业者拥有专业技术，能预先察觉未来市场变迁与顾客需求的新趋势，因而决定

掌握机会，创立新公司。

⑥ 为了提供给特殊区隔市场顾客更好的产品与服务而离职创立新公司，新公司具有服务特殊区隔市场的专业能力与竞争优势。

⑦ 创业者为实现新事业理想，在一个刚萌芽的新市场中从事创新，企图获得领先创新的竞争优势，但相对的不确定性风险也比较高。

⑧ 离职创立新公司，产品或服务和原有公司相似，但是在制程与行销上有所创新，能提供顾客更满意的产品与服务。

Christian（2000）认为创业依照其对市场和个人的影响程度，可以区分为四种类型，如图8-2所示。

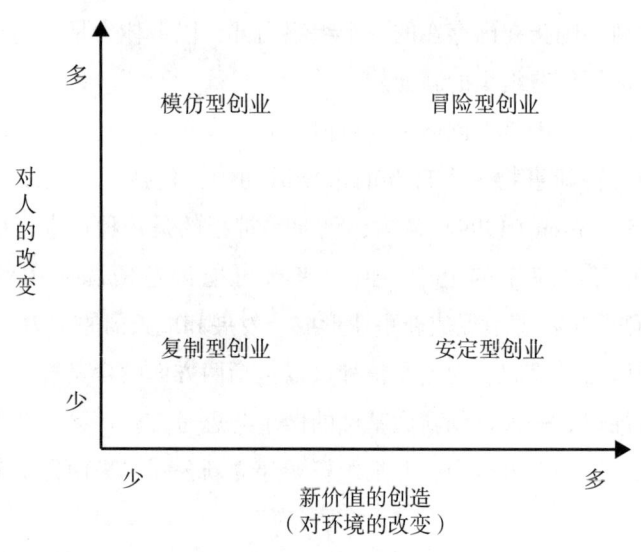

图8-2 创业类型

① 复制型创业（Entrepreneurial reproduction）：复制原有公司的经营模式，创新的成分很低。例如某甲原本在乙餐厅里当任厨师，后来某甲离职自行创立一家与乙餐厅类似的餐厅。新创公司中属于复制型创业的比率虽然很高，但由于这类型创业的创新贡献太低，缺乏创业精神的意涵，不是创业管理主要研究的对象。这类型的创业基本上只能称为"如何开办新公司"，因此很少会被列入"创业管理教育"的课程。

② 模仿型创业（Entrepreneurial imitation）：这种形式的创业，对于市场虽然也无法带来新价值的创造，创新的成分也很低，但与复制型创业不同之处在于，创业过程对于创业者而言还是具有很大的冒险（venture）成分。例如某一制鞋公司的经理辞掉工作，去开设一家当下流行的网络咖啡店。这一种形式的创业具有较高的不确定性，学习过程长，犯错

的机会高，代价也较昂贵。这种创业者如果具有适合的创业人格特质，经由有系统的创业管理培训，掌握正确的市场进入时机，还是有很大机会可以获得成功。

③ 安定型创业（Entrepreneurial valorization）：这种形式的创业，虽然为市场创造了新的价值，但对创业者而言，本身并没有遭遇太大的改变，做的也都是比较熟悉的工作。这种创业类型强调的是创业精神的实现，也就是创新的活动，而不是新组织的创造，企业内部创业即属于这种类型。例如研发单位的某小组在开发完一个产品之后，继续在公司中开发另一个新产品。

④ 冒险型创业（Entrepreneurial venture）：这种类型的创业，除了对创业者本身的转变大，不确定性高；对新事业的产品创新而言，也将面临很高的市场不确定风险。冒险型创业是一种难度很高的创业类型，有很高的失败率，但成功所得的报酬也很惊人。这种类型的创业如果想要获得成功，则必须要在创业者能力、创业时机、创业精神发挥程度、经营策略、创业过程管理等方面，都有很好的搭配。

(5) 创业管理的观念性模式

为了解创业活动的内涵以及掌握创业管理的关键要素，建构观念性的模式架构将会对于创业管理研究带来极大的助益。有关建构创业管理观念模式的研究论文数量不少，其中主要差异在于模式构面要素的选择与互动关系的诠释。在诸多的创业管理模式中，我们认为 Timmons（1999）与 Christian（2000）两位学者所提出的观念性模式最具有参考价值，此分述如下：

1) Timmons's Model

Timmons（1999）在他所著 *Creating New Venture* 一书上提出一个创业管理模式，他认为成功的创业活动，必须要能将机会、创业团队和资源三者作出最适当的搭配，并且也要能随着事业发展而作出动态的平衡。创业流程由机会所激活，在取得必要的资源与组成创业团队之后，创业计划方得顺利推展。

Timmons 认为在创业前期，机会的发掘与选择最为关键，创业初期的重点则在于团队的组成，当新事业顺利激活后，才会增加对于资源的需求。也就是说，Timmons' Model 十分强调弹性与动态平衡，他认为创业活动随着时空变迁，机会、团队、资源三项因素会因比重发生变化，而产生失衡的现象。良好的创业管理就必须要能及时地进行调整，掌握当时的活动重心，使创业活动重新获得平衡。

Timmons 认为在创业过程中，由于机会的模糊、市场的不确定性、资本市场的风险、以及外在环境的变迁等，经常地冲击着创业活动，使得创业过程充满了风险。因此就必须要依靠创业家的领导、创造力与沟通能力来发掘问题，掌握关键要素，弹性调整机会、资源、团队三个构面的搭配组合，使得新事业在波涛汹涌、一望无际的大海中，仍然乘风破浪地航向事业的目标远景。

2）Christian's Model

Christian（2000）认为创业管理的整个焦点应该放在创业家与新事业（New Venture）之间的互动，所以他提出来的创业管理模式（如图8-3所示）主要的两个构面元素为创业家与新事业。由于Christian's Model主要强调创业家与新事业的互动关系，因此他将如何创立新事业，随着时间而变化的创业流程管理，以及影响创业活动的外部环境网络三个议题，视为创业管理的核心问题。

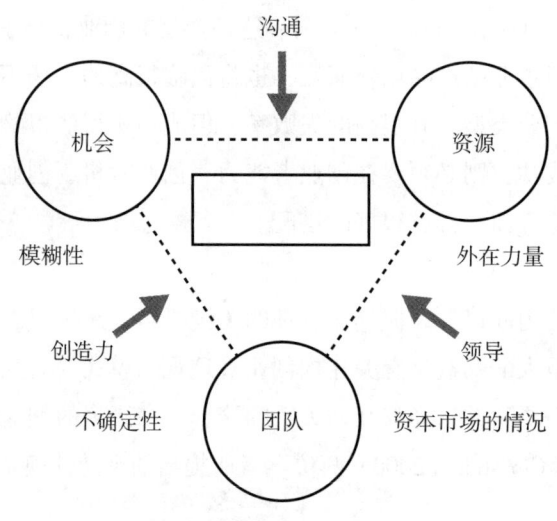

图8-3 创业管理模式

Christian's Model与Timmons' Model同样地重视创业家的功能，视创业家为创业活动的灵魂与推手，显示如何发展创业家的创业才能，将是创业管理工作上的一大重点。虽然有人说创业家的冒险犯难精神与积极开创的个性，是属于先天的人格特质，在后天上很难加以培养。但Christian's Model所强调的创业家与新事业互动的能力以及Timmons' Model所强调的创业家随着环境变迁而动态调整创业模式的能力，都与人格特质的关联性不高，也可说明创业家的能力确实可以经由有系统的创业管理教育加以培育。

Christian's Model（2000）所强调的创业家与新事业的互动，其内涵正可以Timmons' Model的"机会、团队、资源"三要素的互动关系加以说明。而Timmons' Model强调创业系统的动态平衡问题，Christian's Model则是以重视创业流程管理来表现。这两个模式也都没有忽略外部环境的因素，由于创业所需的机会、资源、团队都需要经由外部的市场网络、资本网络、人际网络来获取，因此认识创业的市场环境，发展创业的网络关系，对于创业成功必然具有关键性的作用。

8.3 技术创业

8.3.1 技术创业与技术商业化

(1) 技术创业与技术创新的联系与区别

技术创业和技术创新是两个跟"创造"有紧密联系的概念,但前者强调创造新的事业,后者强调创造新的产品或工艺。此外,技术创业与技术创新两者都涉及技术活动,但创业活动毕竟不同于创新活动,因此两个概念存在较大差别。

虽然技术创业包括技术创新,但技术创业者也可以利用别人的技术创新成果进行市场开发活动,即技术创业可以不进行技术创新活动,而只是利用技术创新结果开发市场。但技术创业一定包括创新活动,如果没有创新,连创业都算不上,更别说是技术创业了。比如一个生产型企业通过购买国外成熟技术在国内进行加工生产,如果在此过程中企业不断吸收国外技术,通过引进、吸收和消化,最后形成了自己的核心技术优势,就可以称为技术创业。否则,如果只是简单复制国外技术,没有创新,就只能算作加工贸易型创业。

(2) 技术商业化的过程

1) 新技术商业化过程的五阶段

技术的商业化一般是指从产品相关的基础知识理论研究直到产品进行规模生产、在市场上销售并获取利润之间的过程,同时也包括通过技术转让、技术许可等方式创造利润的过程,这已经成为大多数人的共识。但是,由于新技术从实验室中的一个构想转化为最终在市场上向顾客全面交付的产品或服务的过程远比想象中更加复杂,不仅具有多种多样的表现形式,涉及的参与方也众多,在许多层面都和外部环境发生密切的反馈和作用。

在实践中,传统的线性商业化模型已经遇到困难,越来越多的人认识到技术创新和商业化的过程不能拆分成离散的、线性的活动,只有从一开始就把创新作为与市场耦合的单一的、整体的过程,技术创新和商业化行为才更加有可能取得成功。为此本书采用Vijay(2001)的商业化模型,将商业化过程划分为构想、孵化、示范、推广、升级五个阶段(子过程),这种划分法从管理的角度区分了商业化不同阶段的指导思想,在不同的商业化阶段,技术发明者面临的任务和需要采取的行动都有很大的差异。借助这一模型,有助于我们认识新技术发展逐步融入创新的整个过程,并且由于模型允许不同的子过程在时间上出现重叠,也就避免了线性模型的固有缺陷。

从系统化的观点来看,新技术的商业化是一种充分调动各种积极因素,各种可利用的资源的行为。除了技术发明者以外,零部件供应商、潜在用户和最终用户、研究伙伴、传播者等多种要素在新技术商业化中都发挥着重要的作用。另外，随着技术进步与发展，现在的技术环境已经越来越倾向于在短期内迅速发生变化，技术发明者无法掌握充分的信息，商业化失败的可能性也随之增加。笔者认为，在不同的商业化阶段，技术团队充分和效率地实现与相关参与人以及参与要素的知识整合有利于提高商业化成功的概率，加速新技术从构想向产品的转化过程。商业化团队的知识整合能力不仅是一种重要的组织能力，而且是新技术竞争能力的综合体现，知识整合的行为贯穿着新技术商业化的整个流程。本书着重分析商业化过程五个阶段技术团队面临的知识整合的任务和内容。

2）构想阶段的知识整合

作为商业化的起点，构想阶段的主要任务是把新技术和一个有价值的市场机会相联系。因此，创新者必须不仅拥有技术的背景知识和能力以从技术上解决问题，也拥有对市场的鉴别能力，知道如何运用成果。技术团队进行构想的知识来源主要有以下几个方面：

① 存量基础知识

新技术的构思需要基础科学研究作为指导，为了把构想和纯粹的臆测区别开来，研发团队必须拥有基础科学研究的知识库，虽然基础研究的知识能够从外部获取，但拥有充足的基础性知识并对其进行激发，是正确理解新技术可行性的基本前提，同时也有助于把握产品概念的方向，提高构思方案的正确性。这一部分知识是团队内部的显性知识，知识存量的多寡有一定的重要性。如 Grant（1996）认为，知识整合过程中，公司所拥有的相关知识存量越多，就越能将知识以共同语言的形式来表达，而促成知识的整合应用。

② 竞争产品

竞争对手或行业领先者对类似技术的研究进展也是外部的知识源之一。在实践中，许多企业对竞争对手的产品进行分析，以获取他们的设计方法和产品中隐含的知识。特别对于实力较弱的企业来说，通过研究竞争对手的产品，发现其中的不足，可以从中获取本企业产品创新的来源，弥补企业知识存量不足的劣势。

③ 用户

在构想的形成阶段，用户作为概念源快速提供和评价创新的想法，已经成为技术商业化的一个重要特征。目前多数文献认为在这一阶段应着重关注领先用户的需求知识（郭斌等，2004；陈力等，2007）。领先用户具有两个特点，一是领先用户在市场上大部分人遇到新需求的几个月或几年之前就产生了类似的需求；二是他们不能或不愿等到从市场上获得新产品或服务的时间，所以他们经常提前自主地开发新产品或服务。在知识整合方式上，主要通过对领先用户的拜访、调查和跟踪，了解他们的需求，包括用户对产品的价值诉求、对现有同类产品的缺陷认知、对产品的使用习惯等多个方面。

3）孵化阶段的知识整合

在完成对新技术的初步构想之后，需要对技术商业化的可行性进行评估，判断潜在收益的大小。因此孵化阶段的任务是作出是否进一步推进一项技术以及如何推进该技术的决策。知识整合在本阶段起着重要作用,覆盖范围越广,越能够降低新项目的风险。

① 技术功能和应用知识

当新技术对现有技术具有功能性的突破时,商业化可行性就明显增加。因此,对现有技术知识的跟踪和掌握,是首先需要加以整合的知识。其次,应当整合其他技术应用的各种有关知识,而不是仅仅限于在新技术产生的原有领域内应用。整合相关领域的知识能够扩大新技术的可应用层面,从而最大限度地利用这一发明。

② 风险投资者

在孵化阶段,风险投资者能够提供资本以保证研发过程获得充足的资金来源。他们选择投资项目的依据包括对新技术商业化项目的筛选规则、对市场需求的理解、对投资收益的预期等,在交流过程中就新技术的前景、管理团队的经验、市场的可测性、时间限制等方面的知识与风险投资者作充分地整合有利于提高成功融资的概率。风险投资者一旦作出投资决策,其拥有的丰富经验也可以对新技术的开发起到一定的指引和推动作用。

③ 供应商

随着技术创新周期的缩短,供应商的角色逐渐从部件的提供者转变为信息和知识的提供者,他们关于部件、原材料的使用方法、技巧对开发过程都有很大的帮助,同时如果供应商能够理解产品开发的成本、技术标准等方面的知识,也能够更快地提供所需部件。供应商在孵化阶段参与商业化可以为技术开发过程带来很大的好处,例如缩短提前期,降低产品开发的风险,提高产品柔性和产品质量等。像波音、丰田等跨国企业都在全球范围内与其供应商进行合作创新,让供应商参与到企业内部的技术创新和产品开发中。

④ 专利知识

新技术的孵化阶段,扩展技术的应用和围绕新技术建立起最佳的独占区域具有同样的重要性,申请专利有助于划定要公开和要保留秘密的知识区域,防止他人损害技术发明者的研究成果。由于竞争压力的存在,在技术尚未完全成型之前就必须考虑是否为技术申请专利。专利知识包括专利所在国家的知识产权政策,专利范围内相关技术的文档资料、竞争对手的专利申请等。

8.3.2 技术创业机会、创业风险技术以及创业企业的设立

(1) 机会的识别和创造

创业机会是指能够产生投资回报的市场机会,它通常表现为具有商业价值的创意。创业机会是创业的切入点,它蕴含着市场要素特定的组合关系。创业机会虽然常常来自一些富有想象力的创意或企业想法,但并不是每一个创意或企业想法都能带来投资回报,都能成为创业机会。

1) 创业机会的发现

创业机会的发现是创业机会识别过程中最重要的一步，它意味着创业者发现存在着的创业机会并使之成为自己所理解、认识的创业机会。

形成创意。一个企业创业成功开始的关键，可能来源于一个经适当评价的新产品或服务较完美的创意，而创意往往来源于对市场机会、技术机会和政策机会的感觉和把握，具体来源于顾客、现有企业、企业的分销渠道、政府机构，以及企业的研发活动等。

① 顾客。创业者可以通过正规或非正规的方式，接触有关新产品或服务的创意的最终焦点——潜在顾客，了解顾客的需求或潜在需求，从而形成创意。

② 现有企业。主要是对市场竞争者的产品和服务进行追踪、分析和评价，找出现有产品存在的缺陷，有针对性地提出改进产品的方法，形成创意，并开发有巨大潜力的新产品，进行创业。

③ 正业的分销渠道。由于分销商是直接面向市场的，他们不仅可以提供顾客所需的产品改进和新产品类型等方面的广泛信息，而且能对全新的产品提出建议并帮助推广新产品。因此，与分销商保持沟通，是形成创意的一条途径。

④ 政府机构。一方面，专利局的文档中蕴含着大量的新产品创意，尽管其专利本身可能对新产品的引进形成法律制约，却可能对其他具有市场潜力的创意带来有益的启发；另一方面，创意可能来源于对政府有关法规的反应。

⑤ 正业的研发活动。企业本身的研发活动通常装备精良，有能力为企业成功地开发新产品，它是创意的很大一个来源。

2) 创业机会信息的搜集

创业机会信息的收集是使创意变为现实的创业机会的基础工作。首先，根据创意，明确研究的目的或目标。例如，创业者可能会认为他们的产品或服务存在一个市场，但他们不能确信：产品或服务如果以某种形式出现，谁将是顾客。这样，一个目标便是向人们询问他们如何看待该产品或服务，是否愿意购买，并了解有关人口统计的背景资料和消费者个人的态度。当然，还有其他目标，如了解有多少潜在顾客愿意购买该产品或服务，潜在的顾客愿意在哪里购买，以及预期会在哪里听说或了解该产品或服务等。其次，从已有数据或第二手资料中收集信息。这些信息主要来自商贸杂志、图书馆、政府机构、大学或专门的咨询机构以及因特网等。一般可以找到一些关于行业、竞争者、顾客偏好趋向、产品创新等方面的信息。该种信息的获得一般是免费的，或者成本较低，创业者应尽可能利用这些信息。

3) 创业机会的识别

如何识别创业机会在成功创业的路上，是创业者首先要解决的问题。好的创业机会，必然具有特定的市场定位，专注于满足顾客需求，同时能为顾客带来增值的效果，创业需要机会，机会要靠发现。要想寻找到合适的创业机会，创业者应识别以下创业机会：

① 现有市场机会和潜在市场机会。

现有市场机会是市场机会中那些明显未被满足的市场需求，往往发现者多，进入者也多，竞争势必激烈。潜在市场机会是那些隐藏在现有需求背后的、未被满足的市场需求，不易被发现，识别难度大，往往蕴藏着极大的商机。

② 行业市场机会与边缘市场机会。

行业市场机会是指在某一个行业内的市场机会，发现和识别的难度系数较小，但竞争激烈成功的概率低。边缘市场机会是在不同行业之间的交叉结合部分出现的市场机会，处于行业与行业之间出现"夹缝"的真空地带，难以发现，需要有丰富的想象力和大胆的开拓精神，一旦开发，成功的概率也较高。

③ 目前市场机会与未来市场机会。

目前市场机会是那些在目前环境变化中出现的机会，未来市场机会是通过市场研究和预测分析它将在未来某一时期内实现的市场机会。若创业者提前预测到某种机会会出现，就可以在这种市场机会到来前早做准备，从而获得领先优势。

④ 全面市场机会与局部市场机会。

全面市场机会是指在大范围市场出现的未满足的需求，在大市场中寻找和发掘局部或细分市场机会，见缝插针，拾遗补阙，创业者就可以集中优势资源投入目标市场，有利于增强主动性，减少盲目性，增加成功的可能。局部市场机会则是在一个局部范围或细分市场出现的未满足的需求。

(2) 创业的风险

创业风险是指在企业创业过程中存在的风险，是指由于创业环境的不确定性、创业机会与创业企业的复杂性，创业者、创业团队与创业投资者的能力与实力的有限性而导致创业活动偏离预期目标的可能性。

1) 创业风险的来源

创业环境的不确定性，创业机会与创业企业的复杂性，创业者、创业团队与创业投资者的能力与实力的有限性，是创业风险的根本来源。研究表明，由于创业的过程往往是将某一构想或技术转化为具体的产品或服务的过程，在这一过程中，存在着几个基本的、相互联系的缺口，它们是上述不确定性、复杂性和有限性的主要来源，也就是说，创业风险在给定的宏观条件下，往往就直接来源于这些缺口。

① 融资缺口

融资缺口存在于学术支持和商业支持之间，是研究基金和投资基金之间存在的断层。其中，研究基金通常来自个人、政府机构或公司研究机构，它既支持概念的创建，还支持概念可行性的最初证实；投资基金则将概念转化为有市场的产品原型（这种产品原型有令人满意的性能，对其生产成本有足够的了解并且能够识别其是否有足够的市场）。创业者可以证明其构想的可行性，但往往没有足够的资金将其实现商品化，从而给创业带来一定的风险。通常只有极少数基金愿意鼓励创业者跨越这个缺口，如富有的个人专门进行早期项目的风险投资，以及政府资助计划等。

② 研究缺口

研究缺口主要存在于仅凭个人兴趣所做的研究判断和基于市场潜力的商业判断之间。当一个创业者最初证明一个特定的科学突破或技术突破可能成为商业产品基础时，他仅仅停留在自己满意的论证程度上。然而，这种程度的论证后来不可行了，在将预想的产品真正转化为商业化产品（大量生产的产品）的过程中，即具备有效的性能、低廉的成本和高质量的产品，在能从市场竞争中生存下来的过程中，需要大量复杂而且可能耗资巨大的研究工作（有时需要几年时间），从而形成创业风险。

③ 信息和信任缺口

信息和信任缺口存在于技术专家和管理者（投资者）之间。也就是说，在创业中，存在两种不同类型的人：一是技术专家；二是管理者（投资者）。这两种人接受不同的教育，对创业有不同的预期、信息来源和表达方式。技术专家知道哪些内容在科学上是有趣的，哪些内容在技术层面上是可行的，哪些内容根本就是无法实现的。在失败类案例中，技术专家要承担的风险一般表现在学术上、声誉上受到影响，以及没有金钱上的回报。管理者（投资者）通常比较了解将新产品引进市场的程序，但当涉及具体项目的技术部分时，他们不得不相信技术专家，可以说管理者（投资者）是在拿别人的钱冒险。如果技术专家和管理者（投资者）不能充分信任对方，或者不能够进行有效的交流，那么这一缺口将会变得更深，带来更大的风险。

④ 资源缺口

资源与创业者之间的关系就如颜料和画笔与艺术家之间的关系。没有了颜料和画笔，艺术家即使有了构思也无从实现。创业也是如此。没有所需的资源，创业者将一筹莫展，创业也就无从谈起。在大多数情况下，创业者不一定也不可能拥有所需的全部资源，这就形成了资源缺口。如果创业者没有能力弥补相应的资源缺口，要么创业无法起步，要么在创业中受制于人。

⑤ 管理缺口

管理缺口是指创业者并不一定是出色的企业家，不一定具备出色的管理才能。进行创业活动主要有两种：一是创业者利用某一新技术进行创业，他可能是技术方面的专业人才，但却不一定具备专业的管理才能，从而形成管理缺口；二是创业者往往有某种"奇思妙想"，可能是新的商业点子，但在战略规划上不具备出色的才能，或不擅长管理具体的事务，从而形成管理缺口。

2) 创业风险的分类

① 按风险来源的主客观性划分，可分为主观创业风险和客观创业风险。主观创业风险，是指在创业阶段，由于创业者的身体与心理素质等主观方面的因素导致创业失败的可能性。客观创业风险是指在创业阶段，由于客观因素导致创业失败的可能性，如市场的变动、政策的变化、竞争对手的出现、创业资金缺乏等。

② 按创业风险的内容划分，可分为技术风险、市场风险、政治风险、管理风险、生产风险和经济风险。技术风险，是指由于技术方面的因素及其变化的不确定性而导致创业失败的可能性。市场风险，是指由于市场情况的不确定性导致创业者或创业企业损失的可能性。政治风险，是指由于战争、国际关系变化或有关国家政权更迭、政策改变而导致创业者或企业蒙受损失的可能性。管理风险，是指因创业企业管理不善产生的风险。生产风险，是指创业企业提供的产品或服务从小批试制到大批生产的风险。经济风险，是指由于宏观经济环境发生大幅度波动或调整而使创业者或创业投资者蒙受损失的风险。

③ 按风险对所投入资金即创业投资的影响程度划分，可分为安全性风险、收益性风险和流动性风险。创业投资的投资方包括专业投资者与投入自身财产的创业者。安全性风险，是指从创业投资的安全性角度来看，不仅预期实际收益有损失的可能，而且专业投资者与创业者自身投入的其他财产也可能蒙受损失，即投资方财产的安全存在危险。收益性风险，是指创业投资的资本和其他财产不会蒙受损失，但预期实际收益有损失的可能性。流动性风险，是指投资方的资本、其他财产以及预期实际收益不会蒙受损失，但资金有可能不能按期转移或支付，造成资金运营的停滞，使投资方蒙受损失的可能性。

④ 按创业过程划分，可分为机会的识别与评估风险、准备与撰写创业计划风险、确定并获取创业资源风险和新创企业管理风险。创业活动须经历一定的过程，一般而言，可将创业过程分为四个阶段：识别与评估机会；准备与撰写创业计划；确定并获取创业资源；新创企业管理机会的识别与评估风险，指在机会的识别与评估过程中，由于各种主客观因素，如信息获取量不足，把握不准确或推理偏误等使创业一开始就面临方向错误的风险。另外，机会风险的存在，即由于创业而放弃了原有的职业所面临的机会成本风险，也是该阶段存在的风险之一。准备与撰写创业计划风险，指创业计划的准备与撰写过程带来的风险。创业计划往往是创业投资者决定是否投资的依据，因此创业计划是否合适将对具体的创业产生影响。创业计划制订过程中各种不确定性因素与制订者自身能力的限制，也会给创业活动带来风险。确定并获取资源风险，指由于存在资源缺口，无法获得所需的关键资源，或即使可获得，但获得的成本较高，从而给创业活动带来一定风险。新创企业管理风险，主要包括管理方式，企业文化的选取与创建，发展战略的制定、组织、技术、营销等方面存在的风险。

3) 企业组织设计的过程

① 规划

规划阶段是整个设计工作的开端，也是设计工作的基础。这一阶段的主要任务就是要对组织设计的内容进行规划，并确定组织设计的原则、目标和推进的时间进度。管理者在规划阶段应当明确本企业进行组织设计的内容究竟是上述哪一个或者是几个模块，这样才能够做到有的放矢。

确定好设计的内容之后，规划阶段需要完成的另一个重要工作就是确定设计的原则。此时制定的原则需要符合企业组织的实际情况，应当是针对企业现存的实际问题或者是企业高层管理者对未来的规划而提出的。要做到这一点，需要设计人员对设计的环境进行认真分析。

企业首先要分析设计工作所面临的外部环境，通常讲也就是企业的外部环境。企业的外部环境包括哪些内容，它们又具有什么样的特征，这些特征对于组织的发展会产生什么样的影响，企业组织应当如何去面对这些影响等一系列的问题都是企业在分析组织设计的外部环境时所必须要考虑的重要问题。

除此之外，企业组织自身的某些特性也是企业组织设计的环境，同样也会影响组织设计的过程，例如组织的规模、文化、生命周期等等。为了与外部环境相对应，我们称这部分因素为企业组织设计的内部条件。

② 模块设计

模块设计是指按照规划阶段所确定的设计内容、原则以及目标，对企业组织进行具体模块设计的阶段。

组织结构是企业组织设计中最为重要的模块之一，它决定了企业组织的整体形态。企业组织有了这一结构，才具备了活动的框架，也才可能履行各项职能，完成企业组织的使命。作为组织结构的设计人员，我们需要按照企业的使命将其所需要的职能按照一定标准进行分类切分，将职能的集合固化为部门，并确立部门之间的联系，这也就是对企业组织进行结构设计的大致思路和方法。通过结构设计，我们应当能够为企业组织画出一张详细的组织结构图，通过它来说明组织中的部门分布以及部门间的关系。

流程是企业组织设计的第二大模块。所谓流程就是指特定的业务由谁、如何去完成。经过设计的流程应当详细地反映三大信息：第一，业务完成需要经历哪些逻辑步骤，例如本书所介绍的企业组织设计所需经历的规划、模块设计、整合、实现四大步骤；第二，业务的各个步骤分别由谁来执行，也就是各个阶段的负责人或者是具体操作人员；第三，业务的进行伴随哪些信息的传递，也就是业务流程中所伴随的信息流。流程管理研究的深入为流程设计人员提供了许多种可以选用的方法，但不管采用何种方法，流程设计的成果都应当体现为一张反映上述三方面信息的企业业务流程图。通过这张流程图，操作人员能够明确地看出流程的各个步骤分别由谁来执行，应当从谁那里获取何种信息，又应当向谁提供何种信息。

组织设计的第三大模块为职权设计。这一模块设计的主要目的是实现组织职权在组织中的合理分配和控制。我们需要设计出适合于组织特点的职权分配方式和方法。从另一方面来说，职权有分配就必须有控制，否则职权将会在失去控制的情况下造成组织的混乱。因此，在组织的职权设计中，我们还需要研究如何对分配出去的职权实施有效的控制。通过分配与控制两个手段的配合，设计人员才可能完成职权模块的设计。

企业组织设计中的另外一个重要模块是绩效管理设计，其目标是为企业内部的不同级别组织和部门甚至是个人制订详细的绩效管理方案。在绩效管理模块中，我们需要设计四个方面的内容：第一，如何评价企业整体的绩效。这里的企业整体可以是企业高层人员站在管理人员的角度评价自身的绩效，也可以是集团型企业站在母公司的角度衡量子公司或者是分公司的成绩。第二，如何评价部门的绩效。所谓部门就是指公司所包含的各个职能部门，它们虽然无法独立核算，但其绩效的评价和管理仍然十分重要。第三，如何评价个人的绩效。面向个人的绩效评价也就是我们通常所说的考评，在收入同绩效评价相挂钩的情况下，评价体系的合理程度将直接影响到员工收入的公平性。第四，如何评价流程的绩效。流程的绩效是相对于部门绩效而言的，对它进行管理是在实施流程管理的企业新的需要。

模块设计的最后一个部分是激励设计。进行激励设计的目的是为企业组织制定好各种类型的激励制度。企业组织激励措施不应当仅仅是一种临时性的奖励，而应当成为一种制度固定下来，这样能够使员工产生更大的期望，从而产生更大的激励作用。因此，在进行企业组织设计时，我们需要对企业的激励方法进行设计，并使之落实成为一种企业制度。我们在激励模块中的设计空间在于根据实际情况采取不同的激励手段组合，对员工产生最大的激励作用。

③ 整合

整合的目的在于使组织设计的方案同企业的具体因素相匹配，可以从以下三个方面来检查这种匹配的程度。

首先，检查组织设计方案同组织战略的匹配程度。组织设计方案是否同企业的发展战略相匹配是整合过程中所需要考虑的首要问题，我们称这种整合为基于战略的组织设计整合。企业的各种制度、结构都必须以战略为出发点进行安排，有利于实现其战略的就是合理的，反之则是应当改变的。组织设计方案也是如此，它必须同企业的战略保持一致，才可以称得上是成功的设计方案。因此，在不同类型的战略之下，我们最终的设计方案应当具备不同的特征。

其次，检查组织设计方案同组织环境的匹配程度。企业生存的外部环境千变万化，对于生存在不同环境中的企业，其组织所需要具备的特征也不相同。我们将检查组织特征同环境特征之间匹配性的整合过程称为基于生态的组织设计整合。企业首先需要认清自己在生态系统中扮演的是一个什么样的角色，然后根据这些角色的不同要求去培养不同的能力。从组织设计的角度来说也就是根据角色特征来对组织设计进行调整，使之与组织在系统中的定位相匹配。

最后，检查组织设计方案同组织类型的匹配程度。不同类型的企业需要不同的组织，我们将检查组织特征同组织类型之间匹配程度的过程称为基于类型的组织设计整合。企业规模特征对企业组织设计的影响十分明显，因此不同规模的企业——如企业集团、上市公司和中小企业——就必须采取不同特征的组织设计。企业集团的组织设计在很大程度上需要考虑母、子公司之间的关系，上市公司的组织设计则需要着重突出企业的治理结构，而中小企业则因为其规模较小在设计中主要需要体现其组织的灵活性特征等。基于类型的设计整合就是需要在认清这些类型企业特点的基础上，使组织设计的方案与企业类型特点相匹配，从而最大限度地完善组织设计的方案。

基于战略、生态和类型的组织设计整合是企业组织设计不可或缺的一个重要环节，它实际上是在设计方案最终进行实施之前最后一次对其进行评价和完善，是保障设计质量的有力手段。值得注意的是，整合的阶段尤其需要企业高层人员的参与，否则所谓的整合也就失去了原本的意义，而成为了一种单纯的复查。

④ 实现

在设计好理想的结构、流程、职权、绩效管理和激励方案之后，企业所面临的问题就是如何有效地将这些先进的方案运用到日常管理实践中去，使之能够真正起到提高企业绩效的作用。从纸上的方案、技术到真正的企业组织，这一转变的过程称为企业组织设计的实现。在实现这一环节，有两个问题值得企业组织设计人员加以关注——实现的过程与实现的阻力控制。

组织设计开始真正的实现之前，企业管理人员应当明确实现的过程，并制订详细的实现进度计划。设计的实现是一项很大的工程，不同于规划、模块设计和整合三个阶段的独立操作，它需要牵涉到企业各个部门甚至是每一名员工。正确的实现步骤能够帮助管理人员顺利地完成整个方案的实施过程，而错误的实现步骤则会将组织设计的实现引入歧途。按照这一实现步骤，管理人员还需要事先提出一个实现的进度计划，明确各阶段的主要任务是什么，主要目标又是什么，它相当于一张地图，指引组织设计方案所涉及的部门和员工一步步朝着实现的总目标迈进。

从另外一个角度来说，了解组织设计实现的过程，制定详细的实现进度其实也是控制实现过程中所存在的阻力的有效手段。

实现不仅仅是将方案运用到企业那样简单，它本身也是对设计方案进行实践检验的一个过程。评估与修正应当是在设计方案初次实施结束后进行。评估的内容包括两个部分：对设计方案的评估和对设计过程的评估。这一过程类似于企业的内部审计，它首先需要评价新的方案是否达到了预期的目标，找出通过初步实施暴露出了哪些问题和有待完善的地方；其次，评估人员需要评估整个设计过程的有效性，成本的合理性等，通过评估检查企业在组织设计中所采取的设计步骤以及方式方法是否合理。通过这两个方面的评估，不仅起到了完善现有方案的作用，对今后的组织设计工作也起到了借鉴的作用。之后，企业需要对评估中所暴露出来的问题加以修正，或者修改现有的组织设计方案，或者完善组织设计的流程。

8.3.3 技术创业策略

（1）技术开发策略

技术开发是把研究所得到的发现或一般科学知识应用于产品和工艺上的技术活动。企业技术开发战略是对企业技术开发的谋略，是对企业技术开发整体性、长期性、基本性问题的计谋。

1）自我选择发展战略

企业由于资源的限制，就要根据自己的条件决定哪些领域靠自己来研究，哪些领域靠购买外部技术。外国企业一般都采用领先或追随战略，以避免技术上遭淘汰的巨大风险。即使在企业实力很强的技术领域也不应排斥外部的技术来源，而根据各种内外因素的分析，比较各自的利弊，决定是购买外部技术还是自己开发。这对采用领先战略的企业来说是如此，而对采用追随战略的企业而言则更是要重视技术来源的选择问题，更多地依靠外部技术。仿制战略则主要依靠外部技术，辅之以适当的技术开发。对技术来源的选择是技术开发战略管理中至关重要的一项工作，它将在很大程度上影响技术开发投资的效益，为国外各企业高度重视。例如，日本就有部分企业对外部技术有较大的依赖性，而在美国也有50%的企业重视引进外部技术。

2）战略联盟

由于日益增加的技术复杂性及其迅速发展变化以及开发项目规模及所需投资的增大，使得技术开发工作越来越难以由单个企业承担，为了应付激烈市场竞争的压力，各企业只有走到一起来，建立战略联盟，进行联合投资，实现优势互补，以促进技术开发生产率的提高。建立联盟的另一个原因是标准化工作越来越重要，而标准化的本质又要求建立联盟。由于竞争企业之间不仅存在着利益上的冲突，而且也往往存在着共同的利益。因此，与其两败俱伤，不如联合起来利益分享。这种共生竞争成为了开放技术市场的未来发展趋势，企业应当在自由竞争的基本原则下，为生存与发展而相互支持、相互依赖。在这样的形势下，每一个企业都需要认真考虑战略联盟的问题，通过对外合作来更有效地利用有限的技术开发资源，更有效地开发一般技术，更及时地满足市场的需求。因此，联盟的建立和管理成了当代技术开发战略管理中一项最主要的工具，它对于企业成功地开展技术开发活动具有重大意义。

3）国际化

国际化是伴随跨国公司的出现而产生的一种新活动。企业在制定技术开发战略时，需要根据总体的全球战略及各地的技术开发力量来合理安排技术开发活动在各地的开展，并加强协调管理工作，促进沟通，以取得最大的协同效果，实现公司总体目标。目前，世界各大跨国公司都已将技术开发的国际化管理问题作为其战略管理的一项重要工作来抓，随着世界经济一体化，它还将会得到更广泛的重视。上述三种形式和内容反映了当前进行技术开发战略管理时所从事的一些主要活动，实际上，这些活动都是相互关联的，企业应将其作为一个整体来考虑，以实现系统的优化。由于各企业自身条件及所处行业、地区的不同，对一个企业来说最优的战略管理程序、方法和内容，并不一定就适合于另外一个企业。因此，我们很难找到具有普遍意义的技术开发战略管理实践活动。最优的管理常常要依赖于公司的传统及总经理和技术主管的个人偏好，并且要充分考虑到企业的实际情况才能确定。

(2) 技术引进策略

在引进技术的过程中，应当借鉴国内外先进企业在引进技术、消化吸收和创新上的宝贵经验，采取引进、消化吸收和创新的阶梯战略。具体策略为：

1）恰当的市场定位

对世界高科技发展、国内市场及可能的国际市场的判断和选择是否准确，是对引进技术进行恰当的市场定位、取得引进技术成功和较好经济效益的前提。在我国正式加入了WTO后，我国市场已经成为世界市场的一部分，我国的企业面临巨大的机遇和挑战，企业要在国际国内众多企业的夹缝中求发展，必须从自身的实际出发，找准市场定位，才能抓住机遇，加快发展。在市场定位上，我们一定要清楚世界主要工业发达国家的高科技发展重点，紧紧围绕我国的高科技发展重点和战略任务，要站得高、定得准，以宽阔的视野和前瞻的眼光，对世界先进的技术进行分析、论证，选择适合我国现代化建设的高新技术作为引进的切入点，做出恰当的市场定位，确定引进技术的目标和重点。

2）从实际出发，选择好引进途径

在产品开发技术的引进上，应千方百计引进有利于提升现有产品质量、档次和未来高新技术装备研制开发的核心技术，以利于提高现有产品的高科技水平和过硬的产品质量及高新技术装备研制开发的能力，不断适应国内市场的需要和争取赢得更多的出口贸易份额。

在基础性技术方面，重点应放在信息技术、数控技术和制造技术上。信息技术能使传统产业的生产率获得前所未有的提高，是企业产业结构优化升级的有效技术途径。从我国工业的发展看，用信息技术改造传统产业，将加快企业实现现代化的进程，促进企业产业结构的优化升级，对推动企业的技术进步，具有重大的现实意义和深远的历史意义。

数控技术是具有智能化、柔性化的高新技术，是当前企业技术改造所需的共性技术，能为企业的数控化改造提供强大的技术支撑，可在许多重大项目研制中发挥不可替代的重要作用。在产品开发生产中广泛应用，能使企业的产品、工艺和装备在自动化水平、标准化程度等方面得到较大提高，加快传统产业改造的步伐。

制造技术是发展高科技的基础，无论从哪个行业、哪种产品来看，它们都是以加工制造技术为基础的，没有广泛而雄厚的基础，高科技产品就难以制造出来，即使能够制造出来，其成本会很高，合格率也必然很低，缺乏竞争力。我国大部分企业都属于机械加工制造行业，自身加工制造技术和设备都比较落后，缺乏产品开发创新能力，高新技术产品的生产能力明显不足，很难适应当前面临的机遇和挑战，因此，对制造技术的需求尤为迫切。

3）注重消化吸收

引进技术后的消化吸收，是企业技术进步工作的关键环节之一，是引进技术成功的重点。

企业技术能力的形成是一个学习、积累的过程。对于引进技术的企业，不仅要在引进技术之后培养、增强技术消化吸收能力，而且要在引进技术前、引进技术过程中和引进技术之后进行系统的学习、积累和能力培养。

引进技术前要做好技术准备工作，对拟引进的技术要进行必要的基础知识学习，掌握基本原理，尽可能收集相关资料，了解技术细节。在可能的条件下，进行模拟试验，以掌握技术特性，摸索、发现问题。

引进技术过程中要全面学习，要利用与技术供给方全面接触的机会，力求把技术的各方面要领掌握到手。对生产设备的安装、调试、运转和流程管理技术要全面掌握，自主进入正常运行。

引进技术后一定要花大力气做好消化吸收和研究工作，切忌"知其然而不知其所以然"。技术和设备投入正式运行后，首先在全面掌握操作技术、熟悉设备结构、性能、积累维修经验的基础上进行研究，进而进行改进创新和仿制创新，集国内外各厂家同类技术和产品的优势，加以杂交变成自己的技术和产品。

4）不断改进和创新

改进和创新是企业引进技术中制胜的关键，只有改进和创新才能适应国内外市场的需要，才能形成自己的特色，才能造就本企业持久的竞争力。我们引进国内外新技术，目标不能简单地定位在技术和产品的直接应用上，而要立足于为提高自主创新能力服务。

改进和创新的主要特点是对现有技术进行局部创新，使其性能日臻完善和提高，并由此产生新的重大科技成果。但改进和创新又必须建立在扎实的基础上，不管是技术还是管理，都有自己固有的规律，在没有掌握其基本原理的基础上就盲目改进和创新，必然会走弯路。所以，我们在对引进技术进行及时和有效的消化吸收的同时，一定要扎扎实实地掌握其基本原理，并在此基础上不断地改进和创新。

5）实施模仿创新战略

模仿创新战略是在引进技术中被广泛采用的战略。其主要特点是在消化吸收引进技术的基础上，掌握其基本原理、技术诀窍和工艺，然后再模仿开发出新的技术和适合市场需求的新产品。

模仿创新有利于降低风险、提高投资效益。我国工业技术资源和能力都比较薄弱，通过模仿创新可大大地减少研究开发探索的风险。通过向多个技术先驱学习，选择经济效果可靠的技术进行模仿可以降低市场风险，回避市场开发的不确定性，少走弯路。模仿创新战略更重要的是要通过模仿培育自主开发能力，由模仿为主逐步走向自主开发创新为主，不断开发出具有自主知识产权的核心技术或产品，占领知识产权的制高点。但必须要注意的是，模仿创新应在法律的规范下进行，避免侵权。

【习题】

【简答题】

1. 简述技术创新概念。
2. 从创新内容的角度论述创新的分类，及每种创新类别的特点。
3. 简述技术发展的一般过程。
4. 创业要经过哪几个过程？
5. 技术创业与技术创新的联系与区别。

【案例分析题】

1. 化学工业常常被称为是第一个以科学为基础的工业。从最初的与纺织行业结合紧密的无机化学的发展，到首先是煤焦油派生物到石油化工的有机化学工业的发展，再到20世纪30年代通过对大分子结构的基础研究而导致碳氢化合物化学的重大突破，大量的创新迅速出现了：聚苯乙烯、有机玻璃、PVC、聚乙烯、合成橡胶、尼龙和所有的人造纤维。化学工业的所有的重大创新几乎都是在大型化工企业的实验室内完成的。

杜邦公司发明的尼龙（nylon）就是一个很好的例子。1930年杜邦研究实验室从严格合成的材料中第一次获得有使用价值的纤维,被称为人造丝,通过4年的反复试验,终于完全合成了实用的合成纤维,到1938年正式宣布这项发明,定名为"尼龙",并与1939年开始投产。由于它强度大、耐摩擦和不易腐烂,在国内外市场大受欢迎,并在第二次世界大战中广泛地应用到飞机和汽车轮胎用衬布、军用服装、降落伞和其他用途等。杜邦公司这个存在近两个世纪的世界最大的化工企业,一直是以它的科技创新为动力,以其工业研究实验室为核心,展开了可能是世界历史最悠久的化工企业的发展历程。它的四次产品大换代都是由科技研发的重大创新并打开新的产品领域所产生的。杜邦公司近200年的发展过程说明,科技研究是一个企业得以生存和发展的主要动力。

大型联合企业在有机化学工业创新中起到了主要作用,这些企业本身构成了创新系统的重要组成部分。创新的主要动力来自企业内部的研究与发展部门。

请结合本案例简述化工工业是以什么作为技术创新的基础?

2. 20世纪80年代中期以来,长虹彩电在全国市场的市场占有率节节上升,直至1997年高达35%,取得全面成功。长虹成功的基础之一是电视机技术能力的增长。技术能力增长的基础之一是电视机技术能力的增长。机芯设计是电视机技术中的关键技术,机芯设计技术能力是电视机技术中的关键技术,机芯设计技术能力是电视机技术的高层次体现。因此,这里以机芯发展为主线,来讲述长虹电视机能力的发展。

长虹电视机能力的发展可以分为四个阶段:

第一阶段(20世纪70年代),封闭条件下的自主研制。1974年,长虹厂保军转民。首先确定尝试的民用项目就是电视机。70年代,长虹厂自己研制生产出5个型号的黑白电视机和4个型号的彩色电视机。这种封闭条件下的自主创新,不但能力提高慢,而且造成不必要的低水平重复研制。

第二阶段(20世纪80年代),技术引进、消化吸收,模仿创新。这一阶段以1979年10月,长虹与松下达成协议,为松下组5000台14英寸彩电起步。1985年,长虹再度和松下合作,引进第二条生产线。这条生产线的蓝图是日本的,但松下和长虹合作完成了安装至投产的全过程。通过这一过程,长虹彻底消化了松下的这条生产线。消化吸收之后,就开始仿制生产线。至1988年,长虹已仿制四条生产线。在消化吸收和模仿创新生产技术的同时,长虹开始改进机芯,在引进的M11机芯的基础上,模仿设计了TA机芯。

第三阶段(20世纪90年代初),合作设计,在合作中学习。90年代初,长虹作出上马大屏幕彩电的抉择。长虹选择东芝公司作为合作伙伴,派技术人员赶赴东芝研究本部合作设计大屏幕彩电机芯,不到半年时间,他们就拿出了长虹29英寸大屏幕彩电的设计图纸。在设计过程中,解决的技术难题不限于NC-2和NC-3,甚至连29英寸以后的一些技术问题都取得了进展。NC-3机芯的开发成功,把长虹人一步带到了国际一流水平之上。

第四阶段(20世纪90年代中),自主设计。1995年,长虹公司采用荷兰飞利浦单片集成电路 TDA8361/8362，成功研制开发 TDA 机芯，并用于生产大屏幕彩电机芯。这一阶段 NC-6、CN-5、CN-7 和 A6 机芯的成功开发，使第三代长虹产品在技术上始终处于国内领先地位。这一阶段的自主开发是在开放条件下，了解国际上先进技术的发展趋势，而且与国际水平差距不大的情况下进行的。因此，这种自主开发中的学习对自主技术能力的提高非常有效，长虹技术能力逐步提高，接近世界先进水平。

请简述长虹电视机技术能力提升的过程，以及长虹电视机技术能力提升的动力。

附录　复利因素表

$$i = 4\%$$

	一次支付		等额多次支付				
N	(F/P, i, n)	(P/F, i, n)	(F/A, i, n)	(P/A, i, n)	(A/F, i, n)	(A/P, i, n)	N
1	1.0400	0.9615	1.0000	0.9615	1.0000	1.0400	1
2	1.0816	0.9246	2.0400	1.8861	0.4902	0.5302	2
3	1.1249	0.8890	3.1216	2.7751	0.3203	0.3603	3
4	1.1699	0.8548	4.2465	3.6299	0.2355	0.2755	4
5	1.2167	0.8219	5.4163	4.4518	0.1846	0.0246	5
6	1.2653	0.7903	6.6330	5.2421	0.1508	0.1908	6
7	1.3159	0.7599	7.8983	6.0021	0.1266	0.1666	7
8	1.3686	0.7307	9.2142	6.7327	0.1085	0.1485	8
9	1.4233	0.7026	10.5828	7.4353	0.0945	0.1345	9
10	1.4802	0.6756	12.0061	8.1109	0.0833	0.1233	10
11	1.5395	0.6496	13.4864	8.7605	0.0741	0.1141	11
12	1.6010	0.6246	15.0258	9.3851	0.0666	0.1066	12
13	1.6651	0.6006	16.6268	9.9856	0.0601	0.1001	13
14	1.7317	0.5775	18.2919	10.5631	0.0547	0.0947	14
15	1.8009	0.5553	20.0236	11.1184	0.0499	0.0899	15
16	1.8730	0.5339	21.8245	11.6523	0.0458	0.0858	16
17	1.9479	0.5134	23.6975	12.1657	0.0422	0.0822	17
18	2.0258	0.4936	25.6454	12.6593	0.0390	0.0790	18
19	2.1068	0.4746	27.6712	13.1339	0.0361	0.0761	19
20	2.1911	0.4564	29.7781	13.5903	0.0336	0.0736	20
21	2.2788	0.4388	31.9695	14.0292	0.0313	0.0713	21
22	2.3699	0.4220	34.2480	14.4511	0.0292	0.0692	22
23	2.4647	0.4057	36.6179	14.8568	0.0273	0.0673	23
24	2.5633	0.3901	39.0826	15.2470	0.0256	0.0656	24
25	2.6658	0.3751	41.6459	15.6221	0.0240	0.0640	25
26	2.7725	0.3607	44.3117	15.9828	0.0226	0.0626	26
27	2.8834	0.3468	47.0842	16.3296	0.0212	0.0612	27
28	2.9987	0.3335	49.9676	16.6631	0.0200	0.0600	28
29	3.1187	0.3207	52.9663	16.9837	0.0189	0.0589	29
30	3.2434	0.3083	56.0849	17.2920	0.0178	0.0578	30
31	3.3731	0.2965	59.3283	17.5885	0.0169	0.0569	31
32	3.5081	0.2851	62.7015	17.8736	0.0159	0.0559	32
33	3.6484	0.2741	66.2095	18.1476	0.0151	0.0551	33
34	3.7943	0.2636	69.8579	18.4112	0.0143	0.0543	34
35	3.9461	0.2534	73.6522	18.6646	0.0136	0.0536	35

$i = 5\%$

N	一次支付		等额多次支付				N
	(F/P, i, n)	(P/F, i, n)	(F/A, i, n)	(P/A, i, n)	(A/F, i, n)	(A/P, i, n)	
1	1.0500	0.9524	1.0000	0.9524	1.0000	1.0500	1
2	1.1025	0.9070	2.0500	1.8594	0.4878	0.5378	2
3	1.1576	0.8636	3.1525	2.7232	0.3172	0.3672	3
4	1.2155	0.8227	4.3101	3.5460	0.2320	0.2820	4
5	1.2763	0.7835	5.5256	4.3295	0.1810	0.2310	5
6	1.3401	0.7462	6.8019	5.0757	0.1470	0.1970	6
7	1.4071	0.7107	8.1420	5.7864	0.1228	0.1728	7
8	1.4775	0.6768	9.5491	6.4632	0.1047	0.1547	8
9	1.5513	0.6446	11.0266	7.1078	0.0907	0.1407	9
10	1.6289	0.6139	12.5779	7.7217	0.0795	0.1295	10
11	1.7103	0.5847	14.2068	8.3064	0.0704	0.1204	11
12	1.7959	0.5568	15.9171	8.8633	0.0628	0.1128	12
13	1.8856	0.5303	17.7130	9.3936	0.0565	0.1065	13
14	1.9799	0.5051	19.5986	9.8986	0.0510	0.1010	14
15	2.0789	0.4810	21.5786	10.3797	0.0463	0.0963	15
16	2.1829	0.4581	23.6575	10.8378	0.0423	0.0923	16
17	2.2920	0.4363	25.8404	11.2741	0.0387	0.0887	17
18	2.4066	0.4155	28.1324	11.6896	0.0355	0.0855	18
19	2.5270	0.3957	30.5390	12.0853	0.0313	0.0827	19
20	2.6533	0.3769	33.0660	12.4622	0.0302	0.0802	20
21	2.7860	0.3589	35.7192	12.8212	0.0280	0.0780	21
22	2.9253	0.3418	38.5052	13.1630	0.0260	0.0760	22
23	3.0715	0.3256	41.4305	13.4886	0.0241	0.0741	23
24	3.2251	0.3101	44.5020	13.7986	0.0225	0.0725	24
25	3.3864	0.2953	47.7271	14.0939	0.0210	0.0710	25
26	3.5557	0.2812	51.1135	14.3752	0.0196	0.0696	26
27	3.7335	0.2678	54.6691	14.6430	0.0183	0.0683	27
28	3.9201	0.2551	58.4026	14.8981	0.0171	0.0671	28
29	4.1161	0.2429	62.3227	15.1411	0.0160	0.0660	29
30	4.3219	0.2314	66.4388	15.3725	0.0151	0.0651	30
31	4.5380	0.2204	70.7608	15.5928	0.0141	0.0641	31
32	4.7649	0.2099	75.2988	15.8027	0.0133	0.0633	32
33	5.0032	0.1999	80.0638	16.0025	0.0125	0.0625	33
34	5.2533	0.1904	85.0670	16.1929	0.0118	0.0618	34
35	5.5160	0.1813	90.3203	16.3742	0.0111	0.0611	35

i=6%

N	一次支付		等额多次支付				N
	(F/P, i, n)	(P/F, i, n)	(F/A, i, n)	(P/A, i, n)	(A/F, i, n)	(A/P, i, n)	
1	1.0600	0.9434	1.0000	0.9434	1.0000	1.0600	1
2	1.1236	0.8900	2.0600	1.8334	0.4854	0.5454	2
3	1.1910	0.8396	3.1836	2.6730	0.3141	0.3741	3
4	1.2625	0.7921	4.3746	3.4651	0.2286	0.2886	4
5	1.3382	0.7473	5.6371	4.2124	0.1774	0.2374	5
6	1.4185	0.7050	6.9753	4.9173	0.1434	0.2034	6
7	1.5036	0.6651	8.3938	5.5824	0.1191	0.1791	7
8	1.5938	0.6274	9.8975	6.2098	0.1010	0.1610	8
9	1.6895	0.5919	11.4913	6.8017	0.0870	0.1470	9
10	1.7908	0.5584	13.1808	7.3601	0.0759	0.1359	10
11	1.8983	0.5268	14.9716	7.8869	0.0668	0.1268	11
12	2.0122	0.4970	16.8699	8.3838	0.0593	0.1193	12
13	2.1329	0.4688	18.8821	8.8527	0.0530	0.1130	13
14	2.2609	0.4423	21.0151	9.2950	0.0476	0.1076	14
15	2.3966	0.4173	23.2760	9.7122	0.0430	0.1030	15
16	2.5404	0.3936	25.6725	10.1059	0.0390	0.0990	16
17	2.6928	0.3714	28.2129	10.4775	0.0354	0.0954	17
18	2.8543	0.3503	30.9057	10.8276	0.0324	0.0924	18
19	3.0256	0.3305	33.7600	11.1581	0.0296	0.0896	19
20	3.2071	0.3118	36.7856	11.4699	0.0272	0.0872	20
21	3.3996	0.2942	39.9927	11.7641	0.0250	0.0850	21
22	3.6035	0.2775	43.3923	12.0416	0.0230	0.0830	22
23	3.8197	0.2618	46.9958	12.3034	0.0213	0.0813	23
24	4.0489	0.2470	50.8156	12.5504	0.0197	0.0797	24
25	4.2919	0.2330	54.8645	12.7834	0.0182	0.0782	25
26	4.5494	0.2198	59.1564	13.0032	0.0169	0.0769	26
27	4.8223	0.2074	63.7058	13.2105	0.0157	0.0757	27
28	5.1117	0.1956	68.5281	13.4062	0.0146	0.0746	28
29	5.4184	0.1846	73.6398	13.5907	0.0136	0.0736	29
30	5.7435	0.1741	79.0582	13.7648	0.0126	0.0726	30
31	6.0881	0.1643	84.8017	13.9291	0.0118	0.0718	31
32	6.4534	0.1550	90.8898	14.0840	0.0110	0.0710	32
33	6.8406	0.1462	97.3432	14.2302	0.0103	0.0703	33
34	7.2510	0.1379	104.1838	14.3681	0.0096	0.0696	34
35	7.6861	0.1301	111.4348	14.4982	0.0090	0.0690	35

$$i = 8\%$$

N	一次支付		等额多次支付				N
	(F/P, i, n)	(P/F, i, n)	(F/A, i, n)	(P/A, i, n)	(A/F, i, n)	(A/P, i, n)	
1	1.0800	0.9259	1.0000	0.9259	1.0000	1.0800	1
2	1.1664	0.8573	2.0800	1.7833	0.4808	0.5608	2
3	1.2597	0.7938	3.2464	2.5771	0.3080	0.3880	3
4	1.3605	0.7350	4.5061	3.3121	0.2219	0.3019	4
5	1.4693	0.6806	5.8666	3.9927	0.1705	0.2505	5
6	1.5869	0.6302	7.3359	4.6229	0.1363	0.2163	6
7	1.7138	0.5835	8.9228	5.2064	0.1121	0.1921	7
8	1.8509	0.5403	10.6366	5.7466	0.0940	0.1740	8
9	1.9990	0.5002	12.4876	6.2469	0.0801	0.1601	9
10	2.1589	0.4632	14.4866	6.7101	0.0690	0.1490	10
11	2.3316	0.4289	16.6455	7.1390	0.0601	0.1401	11
12	2.5182	0.3971	18.9771	7.5361	0.0527	0.1327	12
13	2.7196	0.3677	21.4953	7.9038	0.0465	0.1265	13
14	2.9372	0.3405	24.2149	8.2442	0.0413	0.1213	14
15	3.1722	0.3152	27.1521	8.5595	0.0368	0.1168	15
16	3.4259	0.2919	30.3243	8.8514	0.0330	0.1130	16
17	3.7000	0.2703	33.7502	9.1216	0.0296	0.1096	17
18	3.9960	0.2502	37.4502	9.3719	0.0267	0.1067	18
19	4.3157	0.2317	41.4463	9.6036	0.0241	0.1041	19
20	4.6610	0.2145	45.7620	9.8181	0.0219	0.1019	20
21	5.0338	0.1987	50.4229	10.0168	0.0198	0.0998	21
22	5.4365	0.1839	55.4568	10.2007	0.0180	0.0980	22
23	5.8715	0.1703	60.8933	10.3711	0.0164	0.0964	23
24	6.3412	0.1577	66.7647	10.5288	0.0150	0.0950	24
25	6.8485	0.1460	73.1059	10.6748	0.0137	0.0937	25
26	7.3964	0.1352	79.9544	10.8100	0.0125	0.0925	26
27	7.9881	0.1252	87.3507	10.9352	0.0114	0.0914	27
28	8.6271	0.1159	95.3388	11.0511	0.0105	0.0905	28
29	9.3173	0.1073	103.9659	11.1584	0.0096	0.0896	29
30	10.0627	0.0994	113.2832	11.2578	0.0088	0.0888	30
31	10.8677	0.0920	123.3459	11.3498	0.0081	0.0881	31
32	11.7371	0.0852	134.2135	11.4350	0.0075	0.0875	32
33	12.6760	0.0789	145.9506	11.5139	0.0069	0.0869	33
34	13.6901	0.0730	158.6267	11.5869	0.0063	0.0863	34
35	14.7853	0.0676	172.3168	11.6546	0.0058	0.0858	35

i = 10%

	一次支付		等额多次支付				
N	(F/P, i, n)	(P/F, i, n)	(F/A, i, n)	(P/A, i, n)	(A/F, i, n)	(A/P, i, n)	N
1	1.1000	0.9091	1.0000	0.9091	1.0000	1.1000	1
2	1.2100	0.8264	2.1000	1.7355	0.4762	0.5762	2
3	1.3310	0.7513	3.3100	2.4869	0.3021	0.4021	3
4	1.4641	0.6830	4.6410	3.1699	0.2155	0.3155	4
5	0.6105	0.6209	6.1051	3.7908	0.1638	0.2638	5
6	1.7716	0.5645	7.7156	4.3553	0.1296	0.2296	6
7	1.9487	0.5132	9.4872	4.8684	0.1054	0.2054	7
8	2.1436	0.4665	11.4359	5.3349	0.0874	0.1874	8
9	2.3579	0.4241	13.5795	5.7590	0.0736	0.1736	9
10	2.5937	0.3855	15.9374	6.1446	0.0627	0.1627	10
11	2.8531	0.3505	18.5312	6.4951	0.0540	0.1540	11
12	3.1384	0.3186	21.3843	6.8137	0.0468	0.1468	12
13	3.4523	0.2897	24.5227	7.1034	0.0408	0.1408	13
14	3.7975	0.2633	27.9750	7.3667	0.0357	0.1357	14
15	4.1772	0.2394	31.7725	7.6061	0.0315	0.1315	15
16	4.5950	0.2176	35.9497	7.8237	0.0278	0.1278	16
17	5.0545	0.1978	40.5447	8.0216	0.0247	0.1247	17
18	5.5599	0.1799	45.5992	8.2014	0.0219	0.1219	18
19	6.1159	0.1635	51.1591	8.3649	0.0195	0.1195	19
20	6.7275	0.1486	57.2750	8.5136	0.0175	0.1175	20
21	7.4002	0.1351	64.0025	8.6487	0.0156	0.1156	21
22	8.1403	0.1228	71.4027	8.7715	0.0140	0.1140	22
23	8.9543	0.1117	79.5430	8.8832	0.0126	0.1126	23
24	9.8497	0.1015	88.4973	8.9847	0.0113	0.1113	24
25	10.8347	0.0923	98.3471	9.0770	0.0102	0.1102	25
26	11.9182	0.0839	109.1818	9.1609	0.0092	0.1092	26
27	13.1100	0.0763	121.0999	9.2372	0.0083	0.1083	27
28	14.4210	0.0693	134.2099	9.3066	0.0075	0.1075	28
29	15.8631	0.0630	148.6309	9.3696	0.0067	0.1067	29
30	17.4494	0.0573	164.4940	9.4269	0.0061	0.1061	30
31	19.1943	0.0521	181.9434	9.4790	0.0055	0.1055	31
32	21.1138	0.0474	201.1378	9.5264	0.0050	0.1050	32
33	23.2252	0.0431	222.2515	9.5694	0.0045	0.1045	33
34	25.5477	0.0391	245.4767	9.6086	0.0041	0.1041	34
35	28.1024	0.0356	271.0244	9.6442	0.0037	0.1037	35

i = 12%

	一次支付		等额多次支付				
N	(F/P, i, n)	(P/F, i, n)	(F/A, i, n)	(P/A, i, n)	(A/F, i, n)	(A/P, i, n)	N
1	1.1200	0.8929	1.0000	0.8929	1.0000	1.1200	1
2	1.2544	0.7972	2.1200	1.6901	0.4717	0.5917	2
3	1.4049	0.7118	3.3744	2.4018	0.2963	0.4163	3
4	1.5735	0.6355	4.7793	3.0373	0.2092	0.3292	4
5	1.7623	0.5674	6.3528	3.6048	0.1574	0.2774	5
6	1.9738	0.5066	8.1152	4.1114	0.1232	0.2432	6
7	2.2107	0.4523	10.0890	4.5638	0.0991	0.2191	7
8	2.4760	0.4039	12.2997	4.9676	0.0831	0.2013	8
9	2.7731	0.3606	14.7757	5.3282	0.0677	0.1877	9
10	3.1058	0.3220	17.5487	5.6502	0.0570	0.1770	10
11	3.4785	0.2875	20.6546	5.9377	0.0484	0.1684	11
12	3.8960	0.2567	24.1331	6.1944	0.0414	0.1614	12
13	4.3635	0.2292	28.0291	6.4235	0.0357	0.1557	13
14	4.8871	0.2046	32.3926	6.6282	0.0309	0.1509	14
15	5.4736	0.1827	37.2797	6.8109	0.0268	0.1468	15
16	6.1304	0.1631	42.7533	6.9740	0.0234	0.1434	16
17	6.8660	0.1456	48.8837	7.1196	0.0205	0.1405	17
18	7.6900	0.1300	55.7497	7.2497	0.0179	0.1379	18
19	8.6128	0.1161	63.4397	7.3658	0.0158	0.1358	19
20	9.6463	0.1037	72.0524	7.4694	0.0139	0.1339	20
21	10.8038	0.0926	81.4987	7.5620	0.0122	0.1322	21
22	12.1003	0.0826	92.5026	7.6446	0.0108	0.1308	22
23	13.5523	0.0738	104.6029	7.7184	0.0096	0.1296	23
24	15.1786	0.0659	118.1552	7.7843	0.0085	0.1285	24
25	17.0001	0.0588	133.3339	7.8431	0.0075	0.1275	25
26	19.0401	0.0525	150.3390	7.8957	0.0067	0.1267	26
27	21.3249	0.0469	169.3740	7.9426	0.0059	0.1259	27
28	23.8839	0.0419	190.6989	7.9844	0.0052	0.1252	28
29	26.7499	0.0374	214.5828	8.0218	0.0047	0.1247	29
30	29.9599	0.0334	241.3327	8.0552	0.0041	0.1241	30
31	33.5551	0.0298	271.2926	8.0850	0.0037	0.1237	31
32	37.5817	0.0266	304.8477	8.1116	0.0033	0.1233	32
33	42.0915	0.0238	342.4294	8.1354	0.0029	0.1229	33
34	47.1425	0.0212	384.5210	8.1666	0.0026	0.1226	34
35	52.7996	0.0189	431.6635	8.1755	0.0023	0.1223	35

i = 15%

N	一次支付		等额多次支付				N
	(F/P, i, n)	(P/F, i, n)	(F/A, i, n)	(P/A, i, n)	(A/F, i, n)	(A/P, i, n)	
1	1.1500	0.8696	1.0000	0.8696	1.0000	1.1500	1
2	1.3225	0.7561	2.1500	1.6257	0.4651	0.6151	2
3	1.5209	0.6575	3.4725	2.2832	0.2880	0.4380	3
4	1.7490	0.5718	4.9934	2.8550	0.2003	0.3503	4
5	2.0114	0.4972	6.7424	3.3522	0.1483	0.2983	5
6	2.3131	0.4323	8.7537	3.7845	0.1142	0.2642	6
7	2.6600	0.3759	11.0668	4.1604	0.0904	0.2404	7
8	3.0579	0.3269	13.7268	4.4873	0.0729	0.2229	8
9	3.5179	0.2843	16.7858	4.7716	0.0596	0.2096	9
10	4.0456	0.2472	20.3037	5.0188	0.0493	0.1993	10
11	4.6524	0.2149	24.3493	5.2337	0.0411	0.1911	11
12	5.3502	0.1869	29.0017	5.4206	0.0345	0.1845	12
13	6.1528	0.1625	34.3519	5.5831	0.0291	0.1791	13
14	7.0757	0.1413	40.5047	5.7245	0.0247	0.1747	14
15	8.1371	0.1229	47.5804	5.8474	0.0210	0.1710	15
16	9.3576	0.1069	55.7175	5.9542	0.0179	0.1679	16
17	10.7613	0.0929	65.0751	6.0072	0.0154	0.1654	17
18	12.3755	0.0808	75.8364	6.1280	0.0132	0.1632	18
19	14.2318	0.0703	88.2118	6.1982	0.0113	0.1613	19
20	16.3665	0.0611	102.4436	6.2593	0.0098	0.1598	20
21	18.8215	0.0531	118.8101	6.3125	0.0084	0.1584	21
22	21.6447	0.0462	137.6316	6.3587	0.0073	0.1573	22
23	24.8915	0.0402	159.2764	6.3988	0.0063	0.1563	23
24	28.6252	0.0349	184.1678	6.4338	0.0054	0.1554	24
25	32.9190	0.0304	212.7930	6.4641	0.0047	0.1547	25
26	37.8568	0.0264	245.7120	6.4906	0.0041	0.1541	26
27	43.5353	0.0230	283.5688	6.5135	0.0035	0.1535	27
28	50.0656	0.0200	327.1041	6.5335	0.0031	0.1531	28
29	57.5755	0.0174	377.1097	6.5509	0.0027	0.1527	29
30	66.2118	0.0151	434.7451	6.5660	0.0023	0.1523	30
31	76.1435	0.0131	500.9569	6.5791	0.0020	0.1520	31
32	87.5651	0.0114	577.1055	6.5905	0.0017	0.1517	32
33	100.6998	0.0099	664.6655	6.6005	0.0015	0.1515	33
34	115.8048	0.0086	765.3654	6.6091	0.0013	0.1513	34
35	133.1755	0.0075	881.1702	6.6166	0.0011	0.1511	35

i = 20%

	一次支付		等额多次支付				
N	(F/P, i, n)	(P/F, i, n)	(F/A, i, n)	(P/A, i, n)	(A/F, i, n)	(A/P, i, n)	N
1	1.2000	0.8333	1.0000	0.8333	1.0000	1.2000	1
2	1.4400	0.6944	2.2000	1.5278	0.4545	0.6545	2
3	1.7280	0.5787	3.6400	2.1065	0.2747	0.4747	3
4	2.0736	0.4823	5.3680	2.5887	0.1863	0.3863	4
5	0.4883	0.4019	7.4416	2.9906	0.1344	0.3344	5
6	2.9860	0.3349	9.9299	3.3255	0.1007	0.3007	6
7	3.5832	0.2791	12.9159	3.6046	0.0774	0.2774	7
8	4.2998	0.2326	16.4991	3.8372	0.0606	0.2606	8
9	5.1598	0.1938	20.7989	4.0310	0.0481	0.2481	9
10	6.1917	0.1615	25.9587	4.1925	0.0385	0.2385	10
11	7.4301	0.1346	32.1504	4.3271	0.0311	0.2311	11
12	8.9161	0.1122	39.5805	4.4392	0.0253	0.2253	12
13	10.6993	0.0935	48.49M	4.5327	0.0206	0.2206	13
14	12.8392	0.0779	59.1959	4.6106	0.0169	0.2169	14
15	15.4070	0.0649	72.0351	4.6755	0.0139	0.2139	15
16	18.4884	0.0541	87.4421	4.7296	0.0114	0.2114	16
17	22.1861	0.0451	105.9306	4.7746	0.0094	0.2084	17
18	26.6233	0.0376	128.1167	4.8122	0.0078	0.2078	18
19	31.9480	0.0313	154.7400	4.8435	0.6500	0.2065	19
20	38.3376	0.0261	186.6880	4.8696	0.0054	0.2054	20
21	46.0051	0.0217	225.0256	4.8913	0.0044	0.2044	21
22	55.2061	0.0181	271.0307	4.9094	0.0037	0.2037	22
23	66.2474	0.0151	326.2369	4.9245	0.0031	0.2031	23
24	79.4968	0.0126	392.4842	4.9371	0.0025	0.2025	24
25	95.3962	0.0105	471.9811	4.9476	0.0021	0.2021	25
26	114.4755	0.0087	567.3773	4.9563	0.0018	0.2018	26
27	137.3706	0.0073	681.8528	4.9636	0.0015	0.2015	27
28	164.8447	0.0061	819.2233	4.9697	0.0012	0.2012	28
29	197.8136	0.0051	984.0680	4.9747	0.0010	0.2010	29
30	237.3763	0.0042	1181.8816	4.9789	0.0008	0.2008	30
31	284.8516	0.0035	1419.2579	4.9824	0.0007	0.2007	31
32	341.8219	0.0029	1704.1095	4.9854	0.0006	0.2006	32
33	410.1863	0.0024	2045.9314	4.9878	0.0005	0.2005	33
34	492.2235	0.0020	2456.1176	4.9898	0.0004	0.2004	34
35	590.6682	0.0017	2948.3411	4.9915	0.0003	0.2003	35

附录 复利因素表

$i = 25\%$

N	一次支付		等额多次支付				N
	(F/P, i, n)	(P/F, i, n)	(F/A, i, n)	(P/A, i, n)	(A/F, i, n)	(A/P, i, n)	
1	1.2500	0.8000	1.0000	0.8000	1.0000	1.2500	1
2	1.5625	0.6400	2.2500	1.4400	0.4444	0.6944	2
3	1.9531	0.5120	3.8125	1.9520	0.2623	0.5123	3
4	2.4414	0.4096	5.7656	2.3616	0.1734	0.4234	4
5	3.0518	0.3277	8.2070	2.6893	0.1218	0.3718	5
6	3.8147	0.2621	11.2588	2.9514	0.0888	0.3388	6
7	4.7684	0.2097	15.0735	3.1611	0.0663	0.3163	7
8	5.9605	0.1678	19.8419	3.3289	0.0540	0.3004	8
9	7.4506	0.1342	25.8023	3.4631	0.0388	0.2888	9
10	9.3132	0.1074	33.2529	3.5705	0.0301	0.2801	10
11	11.6415	0.0859	42.5661	3.6564	0.0235	0.2735	11
12	14.5519	0.0687	54.2077	3.7251	0.0184	0.2684	12
13	18.1899	0.0550	68.7596	3.7801	0.0145	0.2645	13
14	22.7374	0.0440	86.9495	3.8241	0.0115	0.2615	14
15	28.4217	0.0352	109.6868	3.8593	0.0091	0.2591	15
16	35.5271	0.0281	138.1085	3.8874	0.0072	0.2572	16
17	44.4089	0.0225	173.6357	3.9099	0.0058	0.2558	17
18	55.5112	0.0180	218.0446	3.9279	0.0046	0.2546	18
19	69.3889	0.0144	273.5558	3.9424	0.0037	0.2537	19
20	86.7362	0.0115	342.9447	3.9539	0.0029	0.2529	20
21	108.4202	0.0092	429.6809	3.9631	0.0023	0.3523	21
22	135.5253	0.0074	538.1011	3.9705	0.0019	0.2519	22
23	169.4066	0.0059	673.6264	3.9764	0.0015	0.2515	23
24	211.7582	0.0047	843.0329	3.9811	0.0012	0.2512	24
25	264.6978	0.0038	1054.7912	3.9849	0.0009	0.2509	25
20	330.8722	0.0030	1319.4890	3.9879	0.0008	0.2508	26
27	413.5903	0.0024	1650.3612	3.9903	0.0006	0.2506	27
28	516.9879	0.0019	2063.9515	3.9923	0.0005	0.2505	28
29	646.2349	0.0015	2580.9394	3.9938	0.0004	0.2504	29
30	807.7936	0.0012	3227.1743	3.9950	0.0003	0.2503	30
31	1009.7420	0.0010	4034.9678	3.9960	0.0002	0.2502	31
32	1262.1770	0.0008	5044.7098	3.9968	0.0002	0.2502	32
33	1577.7210	0.0006	6306.8872	3.9975	0.0002	0.2502	33
34	1972.1520	0.0005	7884.6091	3.9980	0.0001	0.2501	34
35	2465.1900	0.0004	9856.7613	3.9984	0.0001	0.2501	35

i = 30%

N	一次支付		等额多次支付				N
	(F/P, i, n)	(P/F, i, n)	(F/A, i, n)	(P/A, i, n)	(A/F, i, n)	(A/P, i, n)	
1	1.3000	0.7692	1.0000	0.7592	1.0000	1.3000	1
2	1.6900	0.5917	2.3000	1.3309	0.4348	0.7348	2
3	2.1970	0.4552	3.9900	1.8161	0.2506	0.5506	3
4	2.8561	0.3501	6.1870	2.1562	0.1616	0.4616	4
5	3.7129	0.2693	9.0431	2.4356	0.1106	0.4106	5
6	4.8268	0.2072	12.7560	2.6427	0.0784	0.3784	6
7	6.2749	0.1594	17.5828	2.8021	0.0569	0.3569	7
8	8.1573	0.1226	23.8577	2.9247	0.0419	0.3419	8
9	10.6045	0.0943	32.0150	3.0190	0.0312	0.3312	9
10	13.7858	0.0725	42.6195	3.0315	0.0235	0.3235	10
11	17.9216	0.0558	56.4053	3.1473	0.0177	0.3177	11
12	23.2981	0.0429	74.3270	3.1303	0.0135	0.3135	12
13	30.2875	0.0330	97.6250	3.2233	0.0102	0.3102	13
14	39.3738	0.0254	127.9125	3.2487	0.0078	0.3078	14
15	51.1859	0.0195	167.2863	3.2382	0.0060	0.3060	15
16	66.5417	0.0150	218.4722	3.2332	0.0046	0.3046	16
17	86.5042	0.0116	285.0139	3.2348	0.0035	0.3035	17
18	112.4554	0.0089	371.5180	3.3037	0.0027	0.3027	18
19	146.1920	0.0068	483.9734	3.3105	0.0021	0.3021	19
20	190.0496	0.0053	630.1655	3.3158	0.0016	0.3016	20
21	247.0645	0.0040	820.2151	3.3198	0.0012	0.3012	21
22	321.1839	0.0031	1067.2796	3.3230	0.0009	0.3009	22
23	417.5391	0.0024	1388.4635	3.3254	0.0007	0.3007	23
24	542.8008	0.0018	1806.0026	3.3272	0.0006	0.3006	24
25	705.6410	0.0014	2348.8033	3.3286	0.0004	0.3004	25
26	917.3333	0.0011	3054.4443	3.3297	0.0003	0.3003	26
27	1192.5330	0.0008	3971.7776	3.3305	0.0003	0.3003	27
28	1550.2930	0.0006	5164.3109	3.3312	0.0002	0.3002	28
29	2015.3810	0.0005	6714.6042	3.3317	0.0001	0.3001	29
30	2619.9950	0.0004	8729.9855	3.3321	0.0001	0.3001	30
31	3405.9940	0.0003	11349.9811	3.3324	0.0001	0.3001	31
32	4427.7920	0.0002	14755.9755	3.3326	0.0001	0.3001	32
33	5756.1300	0.0002	19183.7681	3.3328	0.0001	0.3001	33
34	7482.9690	0.0001	24939.8985	3.3329	0.0000	0.3000	34
35	9727.8600	0.0001	32422.8681	3.3330	0.0000	0.3000	35

参考文献

[1] 刘平,杨浩. 财务管理 [M]. 成都:四川大学出版社,2017:15-32.

[2] 焦永梅,张慧芳. 财务管理 [M]. 郑州:黄河水利出版社,2017:22-32.

[3] 李伟,陶红霞. 工程经济学 [M]. 北京:北京理工大学出版社,2016:27-29.

[4] 谭大璐,赵世强. 工程经济学 [M]. 武汉:武汉理工大学出版社,2012:31-32.

[5] 欧阳培. 企业技术经济学 [M]. 北京:航空工业出版社,1994:34-36.

[6] 王少文. 工程经济学 [M]. 北京:北京理工大学出版社,2017:20,23-25.

[7] 陈立文,陈敬武. 技术经济学概论 [M]. 北京:机械工业出版社,2014.

[8] 傅家骥. 工业技术经济学(第三版)[M]. 北京:清华大学出版社,1996.

[9] 胡斌. 工程经济学 [M]. 北京:清华大学出版社,2016.

[10] 陈立文. 工程经济学 [M]. 北京:中国电力出版社,2014.

[11] 白子建,赵淑芬,赵建伟. 城市交通基础设施项目投资分析 [M]. 天津:天津大学出版社,2008:207-209.

[12] 余炳文. 项目评估 [M]. 大连:东北财经大学出版社有限责任公司,2017:204-206.

[13] 顾雅君. 新编西方经济学 [M]. 上海:同济大学出版社,2018:125-126.

[14] 吴宗法. 技术经济学 [M]. 北京:清华大学出版社,2018:21.

[15] 傅家骥. 微观技术选择 [J]. 工业技术经济,1987(6):1-7.

[16] 肖鹏. 技术经济学 [M]. 北京:对外经贸大学出版社,2013:255.

[17] 王柏轩. 技术经济学 [M]. 上海:复旦大学出版社,2007:337.

特别说明

本书配套精品在线开放课程，拥有授课视频 50 个、题库试题 433 个、其他教辅资料等相关数字资源若干，课程门户：https://mooc1.chaoxing.com/course/216594985.html.